我為什麼相信？
THE REASON FOR GOD:
BELIEF IN AN AGE OF SKEPTICISM

提摩太・凱勒 Timothy Keller 著

趙郁文 譯

來　自　各　界　的　好　評　推　薦

不是硬要「相信」，而是擴展你的世界觀

《我為什麼相信？》這本書很適合現代人，尤其是那些對信仰有很多問題，卻一直找不到清楚答案的人。作者直接切入核心，一開始就回答幾個大家最常問的問題：「宗教沒有對錯，都是勸人為善，不是嗎？」、「神是慈愛的，怎麼會讓人下地獄？」、「科學不是早就證明宗教只是迷信嗎？」這些問題其實很多基督徒都沒真正想過，甚至有時候自己也回答不出來。但這本書不會迴避，而是用簡單、清楚、直白的方式，把這些問題講透。

如果你想要跟現代人討論信仰，或者單純想讓自己的思考更有邏輯，這本書真的很值得一讀。它不是一本硬塞給你要「相信」的書，而是一個幫助你擴展世界觀的工具。不論你是基督徒還是非基督徒，都能從中得到一些新的視角，甚至可能發現原來自己對宗教、信仰，甚至人生的看法，還有很多可以更深入思考的地方。

我自己很喜歡這本書，因為它不囉嗦、不艱澀，沒有一種「我要說服你」的感覺，反而讓人覺得像是在跟一個有智慧的朋友聊天，討論一些平常我們可能不太會去深究的問題。送給年輕朋友、自己閱讀都很適合，讀完之後，你可能不會立刻得到所有的答案，但至少你會開始用更全面的角度來思考「我為什麼相信？」

──基督徒・知名 YouTuber 迺哥

角度宏觀，思路清晰

在強調多元價值和相對觀點的後現代思潮上，作者以宏觀的角度和清晰的思路，搭建出原汁原味的基督信仰橋樑。無論你是宗教人士或非宗教人士，它都是一本值得一讀的好書。

——靈糧教牧宣教神學院院長 謝宏忠

在神學上提供了解構與建構上的支援

讀提摩太・凱勒這本書，讓基督徒社群真實的面對基督教信仰上真理的問題外，在神學上也提供了解構與建構上的支援，去回應上帝在此時此地的呼召與使命。真讓人難能可貴的是，這本書也在化解非基督徒對基督教信仰的疑慮，進而以嚴謹的文章與之討論，去闡明基督教信仰的真理。因此，我強力推薦這本書給台灣讀者。

——玉山神學院院長 布興大立

使徬徨在人生十字路口的靈魂獲得指點

我很樂意推薦此書。因為本書作者提摩太姆·凱勒把一般人對基督教產生誤解的七個主要問題，鞭辟入裡提出合理的解釋。這些問題以前在我的信仰追求中也遭遇過。現今的時代需要這本傑出著作所傳遞的信息，使徬徨在人生十字路口的靈魂可以獲得指點。可以說，這本書是迷霧中的一盞明燈。

——台灣淡水竹圍基督教會主任牧師 呂代豪

真實的盼望，靠岸於真正的真理

這本書像是一盞探照燈，穿透後現代主義的濃霧，把基督教信仰的內涵照得清清楚楚、條分縷析，讓疑惑的人恍然大悟，豁然明白「不要迷信，也不要迷不信」。作者動用了他的全人，盡心、盡性、盡力地寫作本書，這盞探照燈不僅射出講究邏輯的理性之光，也射出講究真實的生命之光，真誠追尋真理的人可以在這裡看見真實的盼望，靠岸於真正的真理。這是一本難得的好書，對基督徒以及未信者都有極大助益。讀完此書我特別想到這世代的年輕人，他們如果有機會盡早接觸到這本書，必定會為他們未來一生帶出深遠的祝福。

——前台北真理堂主任牧師 楊寧亞

目　錄
CONTENTS

前言　006

卷 ❶ 跨越懷疑

第一章　不可能只有一種唯真的宗教　020
第二章　一個良善的上帝怎能容許苦難？　036
第三章　基督教是件緊身衣　047
第四章　教會要對這麼多不公義負責　061
第五章　一個有愛心的上帝怎能把人打下地獄？　075
第六章　科學已經駁斥了基督教　089
第七章　你不可能對聖經完全逐字接受　100

中場休息　115

卷 ❷ 如是我信

第八章　上帝的線索　124
第九章　對上帝的認知　138
第十章　罪的問題　151
第十一章　宗教與福音　164
第十二章　十字架的（真實）故事　175
第十三章　復活的事實　188
第十四章　上帝之舞　198

後記　接下來要往哪走？　210
感謝　223
附註　224

前言

我發現你的缺乏信心——令人惱怒。

——達斯‧維達（Darth Vader，《星際大戰》中的黑武士）

相互敵對的兩邊，其實都對。

在現今一般人所知的自由主義與保守主義之間，存有著巨大鴻溝。任一方都要你非但去否定對方，而且要貶抑對方，將之視為（最好狀況下）瘋狂，甚至是（最壞狀況下）邪惡。當信仰成為爭論焦點時，這樣的情況尤其真實；世俗開明人士大聲疾呼宗教基要主義正快速成長，讓不信的人受到侮蔑；他們指出受到大型教會與動員的正統信徒支持，現今政治已經轉向保守右翼。另一方面，保守人士則不斷地譴責這個持續走向懷疑論與相對論的社會；他們認為主要大學、媒體公司與菁英機構，都已經嚴重的世俗化，而這些人也掌控整個文化。

真相為何？在今日世界，究竟是懷疑主義還是宗教信仰掌握了優勢？答案是：是的，相互敵對的兩邊，其實都對！一方面，對傳統宗教的懷疑、恐懼與憤怒，在力道與影響力上，都是與日俱增的；但在此同時，健全而正統的宗教信仰，卻也是日漸滋長的。

在美國與歐洲，不去教會的人數正穩定地成長①。在美國，民意調查中填寫「無宗教信仰」的人數快速增加，過去十年間達到原來的二到三倍。

在一世紀以前②，多數美國大學，從以基督信仰為學校主流基礎，轉變成現在公開宣示的世俗化價值③。結果，持守傳統信仰者難以立足於任何具有文化力量的機構；然而，即便越來越多人認定自己是「無宗教偏好」，還是有些植基於聖經權威、相信神蹟、理論上應該被淘汰的教會在美國持續成長，這種現象在非洲、拉美與亞洲教會尤其興盛，就算在許多歐洲地區，教會的參與率也有些增長④。在美國，雖然多數的大專院校充斥著世俗主義（Secularism）的氛圍，宗教信仰還是在學術界的角落裡默默成長，估計在美國大約有百分之十到二十五的哲學系教授或教師是正統的基督徒，三十年前，這個比率不到百分之一⑤。知名學者費雪（Stanley Fish）在他的報告中對此趨勢是有其根據的：「當德希達（Jacques Derrida，法國哲學大師，解構主義之父）於二〇〇四年十一月過世時，一位記者打電話問我，想知道在繼種族、性別，與階級三大主流領域的長期主宰後，作為學術界核心智識能量的後繼研究領域將會是什麼？我一語道破地回答：宗教。」⑥

簡言之，在宗教議題上，世界是被兩極化的：它正在向著「越發敬虔」和「越發不敬虔」這兩個極端同時發展。過去一度被相信：世俗化的歐洲國家是全世界走向世俗的先驅；宗教，一度被認為會從原本比較優勢強大、超自然取向的高峰狀態逐漸式微，甚至走向凋亡；但現在這種「科技進步導致世俗主義」的理論現在正在被解構，或是被徹底反省⑦。即便在歐洲，目前在基督教緩步成長，而回教快速發展的現實狀況下，其未來也未必走向世俗化。

兩個陣營

在這種兩個極端現象中，我的論點有其立場上的特別優勢：我成長於賓州東部一個主流信義會的教會。在一九六〇年早期，十來歲的我正接受一個

為期兩年為堅振禮預備的課程，其中包含基督教信仰、實踐與歷史，目的在讓年輕人對信仰有更全面性的瞭解，將來可以在人前公開承諾並接受這信仰。我第一年的老師是一位退休的牧師，他相當傳統與保守，常常談到地獄的危險與強大信心的必要。然而，到了第二年，授課者是一位新來的、剛從神學院畢業的年輕神職人員；他本身是一位活躍的社會運動者，對傳統的基督教義充滿深度的質疑。於是，這兩年的我，好像受教於兩個不同的宗教信仰。第一年，我們站立於一位聖潔、公義的上帝面前，唯有盡全力並付上代價才能止息祂的烈怒；第二年，我們聽到在宇宙中愛的聖靈，祂只要我們為人權努力，並且解放那些受壓迫的人。當時我想問這兩位授課老師的主要問題是：「你們之中哪一位在說謊？」但是十四歲的我，還沒那麼大膽，所以我只是閉口不言。

　　不久，家人找到一個更為保守的小循理會教會，雖然那裡的牧師與會眾其實是溫和的人；但接下來的這些年，因為他們的嚴謹，在我信仰生命的年輪中，留下一圈可被稱為「地獄火層」（Hellfire Layer）的紀錄（譯註：嚴謹的基督信仰，常用地獄火來警示人的罪惡結局）；之後我離家就學於東北部、一個良好又自由的小型大學，很快地，這經驗開始朝我想像中的「地獄火」潑冷水。

　　校中的歷史系與哲學系受到法蘭克福學派那種新馬克思主義批判理論的影響，向來比較激進。在一九六八年，社會運動主義有其吸引力，這算是時髦的玩意兒，對美國資產階級社會的批判，也很有說服力，但它的哲學基礎讓我覺得困擾。我似乎看到在我面前有兩個陣營，而兩者都有其激進的錯誤：醉心於社會正義的人士是道德的相對主義者（moral relativists）（譯註：缺乏堅定的道德標準）；而那些道德正直之士，似乎又對世上普遍發生的壓迫現況漠不關心。在情感上，我心傾向於前者──哪個年輕人不會呢？你可以解放受壓迫的人，然後與你想要的人同睡；但我不斷問一個問題：「如果道德是相對的，為何社會公義就不是相對的呢？」這樣的想法似乎明顯背離我的

年輕教授與其跟隨者；然而，我也由其中開始看清楚，那傳統教會中存在的赤裸裸矛盾：我怎能回到那種會支持南方分離主義與南非種族隔離的正統基督教？基督教對於我開始變得很不實際，即使當時的我還無法摸索出另一條關乎生命與思想的切實可行的道路。

當時我並不知道，這種屬靈的「不實際」來自於阻擋我道路的三種障礙。在我的大學生涯中，這三種障礙不斷困擾著我，自此，信仰開始對我變得重要而關乎生命。第一種障礙是一種心智障礙，我被一堆關於基督教的難題所困擾：一個愛人的上帝怎能審判又懲罰？為何一定要信什麼？我開始閱讀關於這些問題做正反兩方面觀點的書籍和論證，於是慢慢地，但卻是確定地，基督教重新開始對我有了意義。這本書的以下篇幅，正是交代了我的想法，而現在我還如是認定的。

第二種障礙是一種內裡與個人的障礙。作為孩童，信仰的合理性可以只植基於別人的權威之上；但當我們成年後，就同時需要個人的、第一手的經驗。雖然當時我已經會「說」禱告很多年了，雖然我也偶爾在看到大山大海時，激起靈感的、美學的驚喜感動，但我從未個人親身經歷上帝的同在。這並不需要學什麼禱告技巧的知識，只是一種自己前去抓取個人需要、缺點、問題的過程；它是痛苦的，也常常是被失望與失敗所觸發的。這種經歷需要另一本不同的書來深入解釋，在此我需要說的是：信仰之旅絕非僅是一種心智上的操練。

第三種障礙是一種社會障礙。我亟需要找到一個「第三陣營」，一群關心世上公義，而又能以上帝本性為基礎，而非靠自己主觀感受行事的基督徒。當我得著這樣的一群「弟兄幫」與姊妹（同等重要）時，對我而言，事情開始改變。這三種障礙並不會很快的解體，也沒有解決的順序，相反的，它們是糾結並互賴在一起的。我並無任何有條理的方法去解決它們，只有後見之明讓我看到，當時這三個障礙是如何同時運行的。因為不斷在尋找「第

三陣營」，我開始對如何塑造與創始新基督徒社群感到興趣，這代表要去牧會與服事，所以畢業幾年後，我就進入這個職場。

來自曼哈頓的觀點

一九八〇末期，內人凱西（Cathy）與我，帶著我們的三個幼子搬到曼哈頓，開始建立一個主要為不去教會者設立的新教會。在研究階段，幾乎所有人都告訴我，這是一個傻瓜行動。教會，代表溫和保守，但曼哈頓這個城市，卻是自由與激進的；教會，代表家庭，但整個紐約市充滿年輕單身與「非傳統」的家戶；教會最重要的是意味著信仰，但曼哈頓卻是一塊充滿懷疑論者、批判人士與憤世嫉俗者的土地。中產階級──教會的傳統市場，因為犯罪與物價高漲正在逃離這個城市，留下的都是些見過世面的、時髦的、有錢人與一些貧民，他們說這些人多半只會嘲笑教會。這個城市的基督教會眾正在縮減，許多掙扎中的教會，甚至連保留教會的建築物都有困難。

許多早期接觸到的人告訴我，那些勉力維持的教會，是靠著調整傳統基督教的教導，加入更多屬於城市的多元主義觀念，才能存活下來。「別告訴人他們必須相信耶穌──那會被認為是心胸狹隘」；所以，當我告知新教會的信仰將會植基於正統性、原則性的基督教教義──聖經的權威、基督的神性、屬靈重生（新生命）的必要性──所有那些主流紐約客長久以來認為是無可救藥的基本教義時，這些人對我的想法感到難以置信。雖然沒人對我的計畫大聲說出「你省省吧！」但空氣中揮之不去的，都是這種氣氛。

但是，我們終究開始了「救贖者長老教會」（Redeemer Presbyterian Church）的事工。到了二〇〇七年底，這個教會已經成長到五千人，也在鄰近的都會區建立了超過十二個姊妹教會；這個教會相當種族多元並且年輕（平均年齡約三十歲），約有三分之二的會眾是單身。在此同時，數十個類

似的正統信仰教會，也在曼哈頓區扎根成長，而在紐約的其他四區，更有幾百所類似的新教會出現。一項調查顯示，在過去幾年中，單單計算非洲裔基督徒所建立的教會，在紐約市就有一百所之多。對此，我們像其他人一樣感到震驚。

紐約市不是單一個案。二〇〇六年秋季的《經濟學人》（The Economist）雜誌就報導了一篇次標題為〈基督教在各地崩解，倫敦除外〉（Christianity is collapsing everywhere but London）的報導故事，文章的主軸是即便在英國與歐洲各地，基督教信仰的參與及承認比率都不斷下降，但是很多在倫敦年輕的專業人士（以及新移民），卻擁向福音派教會⑧，而這現象也正是我在紐約所看到的。

事實指向一個奇特的結論：我們已來到一個文化的時刻，在此刻，正因為屬世的懷疑主義與屬靈的宗教信仰，都明顯而有力地快速增長，所以懷疑論者與宗教信徒雙方都感到他們的生存被威脅。我們既沒有看到過去西方式基督國度的重現，也沒有發生原先預測將成為的那種無信仰社會，我們目前有的，是一種全然不同的社會文化。

一種分裂的文化

三代以前，多數人的信仰是承襲而來，而非自由選擇的。絕大多數的人都歸屬於歷史上主流的更正教會（基督教）或是羅馬天主教會。然而現今，那些被貼上「老派」標籤的、有著文化繼承式信仰的更正教會，正在日漸式微，其會眾也在快速流失。取而代之的是兩極發展，要不是走向一種非宗教的生活，一種非組織性、任憑個人隨己意建構的靈命狀態；要不就是走向一種正統、高承諾的宗教群體，要求其成員必須有個人的重生經歷。因此，社會人群看來矛盾地，同時變得更加虔誠，卻也更不虔誠。

因為懷疑與篤信都在升高，我們在政治與公眾領域中關於信仰與道德的言行，已經變得深度分裂而且難以解開。這種文化論戰已經造成傷害，情緒與言詞變得緊張，甚至歇斯底里；世俗之人認為：那些相信上帝與基督信仰的人對外傳教，「強加他們的信仰在我們身上」、「走回老路」退化到比較不開明的年代；而激進信仰者認為：那些不相信的人是「真理的敵人」、「相對主義與放縱主義的供應者」。我們從不與對方講理，我們只是譴責他們。

在日漸強化的懷疑與篤信之間，我們遇到一個僵局，這並非單單訴求於更多的文明與對話就能解開。若要爭論，至少雙方必須有共同的參考點，倘若彼此對現實的基本理解，都是矛盾而衝突的，就很難找到任何可以對話的著力點。麥金泰爾（Alasdair MacIntyre）的書名《誰的正義？哪種理性？》（Whose Justice? Which Rationality?）說明這一切：我們的問題在短時間內，是揮之不去的。

我們要如何找到一條向前的道路？

首先，任一方都應接受，宗教信仰與懷疑主義兩者都在成長的事實。無神論作家哈里斯（Sam Harris）與宗教民權領袖羅伯森（Pat Roberson）應該要相信自我部族強大且影響力日增。這樣可以消弭各自陣營中瀰漫的自我催眠，認為自己即將被對手超越而絕跡。當然，這並非一蹴可幾，但如果我們停止這樣想，可以讓每個人變得更文明，且對於反對觀點更加寬容。

這樣的認知不僅令人寬慰，而且是謙虛的。雖然毫無歷史證據顯示宗教正在凋亡，但還是有許多俗世的人，信心滿滿地認為正統信仰「抗拒歷史潮流」的努力，終必無效。宗教信仰者，也應該對世俗的懷疑論觀點少一些排拒；基督徒們應該反省：為何許多曾經以基督信仰為主導的社會中，如今卻

又相當大部分的人背離了信仰？這當然應該要引發自我檢驗。對另一方擺出優雅但排拒姿態的時機已經過去，現在我們需要更多的東西，但那是什麼？

重新檢視「懷疑」這件事

基於過去數年從紐約人身上看到的成果，我要做個提議：兩邊都應該要用全新的觀點，來檢視「懷疑」這件事。

讓我們由信徒先開始。沒有懷疑的信仰，就像一個身體內沒有抗體的人；那些漫不經心忙碌度日，或是沒興趣質疑自己為何相信的人，會發現自己在面對悲劇，或聰明的懷疑論者質疑時，毫無抵抗力。如果一個人未能耐心地傾聽自己內心的懷疑，他的信心可能在一夜間崩潰；而這種懷疑唯有經過長期的反省，才可能排除。

信徒應認識這些懷疑論點，並且與之角力——不僅是自己的懷疑，而且包括朋友與鄰人的。僅是因為你傳承了這些信念，就全盤接受，是不夠的；唯有讓你的信仰經過長久而嚴苛的鬥爭後，你才會有充分的立論，讓這信仰得以泰然面對質疑者和你自己的挑戰，而不是只能做出可笑或攻擊性的回擊。這樣的過程會讓你在取得健全信仰的立場後，還能夠尊重並瞭解那些懷疑的人，在現況中，這種同理心與堅守自我信仰，同等重要。

但是，正如信徒們應該學習檢視他們信仰背後的理由，懷疑者也必須學習去尋找他們質疑的推理，以及背後所隱含的信念。所有的質疑，不論看來何等尖銳與憤世嫉俗，其實都是一套另類的信仰而已[9]；若非先有信念B的立場，你無法去質疑信念A。舉例而言，如果你質疑基督教，是因為「世上不可能只有一種真的信仰」，你必須承認這樣的陳述立場，其實本身就是一種信仰行為；因為，實證上沒人能證明它，而這樣的觀點，也不是人人接受的普世真理。如果你到中東，宣稱「世上不可能只有一種真的信仰」，幾

乎當地所有人都會反駁「為何不？」你反對基督教的信念A，是因為你持守另一種無可證明的信念B，因此，每一種懷疑，都是植基於一種信心的跳躍（a leap of faith）。

有人説「我不信基督教，因為我無法接受道德絕對性的存在。每個人應可決定他自己的道德真理。」對於某些不接受這觀點的人，難道這是一種可以證明的論點嗎？不，這同樣是一種信心的跳躍，是一種深度相信個人權利不僅適用於政治領域，而且可擴及道德領域的信念。這是沒有實證的立論，所以，這樣的質疑（對道德絕對性）也是一種跳躍。

還是會有些人對此表示「我的質疑不是建立在一種信心的跳躍上，我就是對上帝沒有信仰，我就是覺得不需要上帝，也沒有興趣去想它。」但是，在這種感覺的深層，其實是一種現代美國人的信仰，認為除非與我的感情需求有關，否則上帝只是一個無關緊要的東西。説這話的人正用他的生命做賭注，認定並不存在一個可以要他為自己的信仰與行為負責任的上帝。這可能是對的，也可能是錯的，但是，這也同樣是一種信心的跳躍⑩。

對基督信仰最正確與合理的質疑方式，是去分辨每一個質疑論點之後的相對信念，然後問自己，有何理由去相信這些相對信念？你如何知道自己的信念是對的？如果你要求基督信仰要有更多的合理舉證，不也應該要求對自己的信念，提出更多的舉證嗎？否則你的立場，就是不一致而偏頗的，而這，正是常見的狀況。為公平起見，你應也要先質疑自己提出的疑問。我認為：如果你認清自己對基督教質疑背後所根據的信念、如果你用要求基督徒提出證明的方式，去要求對自我信念，提出同樣的證明——你會發現自己的懷疑，並不像它們一開始時，顯得那麼扎實。

我建議讀者採取兩種程序：我敦促懷疑論者挑戰懷疑論本身所植基的、無法檢驗的「盲信」，這樣就可以瞭解，要去説服那些不同立場者有多困難。同樣地，我也敦促信徒，去挑戰他們個人與文化上對信仰的反對觀點。

經過這兩種程序,即便你還是原先的懷疑論者或是信徒,但對於你持守的立場,將會有更清明與謙虛的觀點。然後才會對於對方,產生一種過去不存在的諒解、同情與尊重。信徒與不信者間,會提升到僅是不同意的層次,而非彼此詆毀;這只有在一方瞭解到對手最強立論時才會發生,也唯有此時,才能安全並公平地去不同意對手的立論。在一個多元社會中,要達到這樣的文明程度,並不是一件簡單事。

一個屬靈的第三條路?

這本書接下來的部分,是我過去多年來與信仰懷疑者對話的濃縮結晶。在講道與個人互動中,我嘗試著滿懷尊重地去幫助懷疑者審視他們自己的信仰基礎,同時也將自己的信仰基礎,赤裸裸地呈現在他們最強烈的質疑之下。在這本書的前半部,我們會審視多年來我從人們那裡所聽到的對基督信仰七個最大的反對與質疑,我會慎重地分辨這些質疑底層的另類信念。然後,在本書的第二部分,我們則會察驗,深藏在基督信仰底層的理由。

用尊重的態度,讓過去彼此封閉的傳統保守派與世俗自由派間產生對話,是一件很美好的事,這也是我希望本書能促成的。但作為一個在紐約牧會多年的牧師,寫這本書對我還有另一動機:來到紐約不久,我就發現信心與懷疑之間的情況並不像專家所想得那樣分明。城市裡從事文化事業的年長白人固然是相當世俗的,但在日漸增加的多種族年輕專業人士與打工的移民之間,對健全宗教信仰的觀點,也存在著一種豐富而難以標籤化的多元。然而,基督教在這些人之間卻是快速普及。

我認為這些年輕基督徒是某種主流且新興的宗教、社會以及政治力量的先驅者,這力量可驅使老舊型態的文化論戰逐漸式微。他們在經過對基督信仰的質疑與反對,所做的一番拉扯爭戰後,很多人轉而接受正統信仰,也不

再屬於自由民主黨或保守共和黨這種二分法的陣營。很多人看清在此「文化戰爭」中的雙方，都將個人自由與快樂，而非上帝或共同福祉，作為其終極價值。自由的個人主義由重視墮胎、性、與婚姻等議題的觀點出發；而保守的個人主義則來自於對公部門的不信任，並且將貧窮視為是個人的責任與失敗。城市中新興而快速成長的多種族正統基督教，對於貧窮與社會正義的關心超過共和黨；同時，對於正統基督觀點的道德與倫理的重視，更高過傳統的民主黨。

本書的前半部為基督徒面對的質疑鋪下道路；後半部則正面剖析他們在世上活出的信心。以下舉三個教會中的人物為例：

茱兒（June）畢業於長春藤名校，生活並工作於曼哈頓。她因為非常在意自己的外貌，患了飲食異常與戀物癖，她發現自己正走向自我毀滅，但也找不到特別理由停止那種無所顧忌的生活方式；畢竟，她生命的意義為何？為何不能自我毀滅？於是，她來到教會，希望對上帝的恩慈有所瞭解，也希望經歷上帝的真實存在。她約訪一位教會中的諮商師，此人幫助她，讓她那無盡的、想被接納的需求，與上帝的恩慈之間產生連結。終於，她獲得信心去尋求親自遇見上帝祂自己。儘管她無法準確知道具體的時刻，但她第一次開始感受到「作為上帝真正的女兒所得到的，那種無條件的被愛」。逐漸的，她由自我毀滅的行為中脫離，重獲自由。

傑佛瑞（Jeffery）是紐約市的一位樂師，成長於保守的猶太家庭。他的父母都飽受罹癌之苦，母親因而過世。因為在年輕時多次的疾病，他醉心於中國中醫的治療，包含道家與佛教的冥想，並且極端專注於身體健康。當他的朋友帶他來救贖者教會時，他對信仰毫無「屬靈需求」；他最喜歡講道終結那段「直到耶穌的事工完成」，因為終於可以不用再聽下去了。然而，不久他對基督徒朋友的喜樂，與對未來的盼望感到羨慕，因為這是他個人從未經歷過的。於是他開始專心聽講道直到末了，之後，發現其中有他不願面對

的心智挑戰；終於，他驚訝地發現，在他的冥想之中，竟然會經歷到「在單純安靜與靜止的時刻，被耶穌釘十字的圖像給打斷」。於是，他開始向基督徒的上帝禱告，不久，便發現自己對生命圖像的目標，竟然是對受苦的逃避與全然的規避。現在，他終於看清，過去這樣的生命目標是何等枉然。當他瞭解到耶穌為了拯救世界和他自己，而犧牲身體的健康與生命時，他深深感動；終於，他找到一條道路，可以有勇氣去面對未來無可避免的苦難，也知道這條道路可以幫他通過苦難，於是，他擁抱耶穌基督的福音。

凱莉（Kelly）是長春藤名校畢業的無神論者。十二歲時，凱利看著祖父死於癌症，兩歲大的妹妹因為腦瘤經歷手術、化療，以及放療。當她在哥倫比亞大學就讀時，她放棄希望、認為生命本身沒有任何意義；當有幾位基督徒朋友向她分享信仰時，她對這些朋友見證的反應「就像種子撒在堅硬的岩石上」。然而，當她妹妹十四歲因為中風而癱瘓時，這促使她意識到不可放棄上帝，並且開始認真尋求。當時她在城市中生活並工作，認識了未來的先生凱文（Kevin），也是一位哥大畢業的無神論者，當時在華爾街的摩根銀行工作。他們對神的懷疑是很頑固的，然而，他們也對自己的懷疑產生質疑，所以就參加了救贖者教會。他們的朝聖之旅是漫長而痛苦的，唯一讓他們堅持下去的一件事，是在教會中遇到的大多數基督徒，與他們在金融圈遇到的人一樣的成熟與聰明。終於，他們不僅信服於基督信仰的理智可信度，也被信仰勾勒的生命異象所吸引。凱莉寫道：「作為一個無神論者，我以為自己過著一種道德的、社區導向、關心社會公益的生活，但基督教信仰有著更高的標準——深入到我們的想法與心境。我接受上帝的赦免、邀請祂進入我生命。」凱文則寫出：「當我坐在咖啡店讀著C.S.路易斯（C.S. Lewis）寫的《反璞歸真》（Merely Christianity）一書時，我在筆記本中寫下『圍繞著基督信仰周遭的證明，是無可推諉的』，終於，我發現自己的成就完全不值得滿足，別人的認同只是短暫，而為尋求刺激而及時行樂的生命，不過

是一種自戀與偶像崇拜。於是，我成為一位基督的信徒。」⑪

耶穌與我們的懷疑

　　凱莉的陳述，讓我們想起新約中關於懷疑者多馬（Thomas）的描述，作為一個在質疑與信心間掙扎的人而言，多馬的例子是差堪安慰的。在此，耶穌所微妙描述的一種質疑觀點，甚至超越現代懷疑論者與信仰者所能提出的。當耶穌面對「懷疑的多馬」時，耶穌對他發出的挑戰是，不要在懷疑中沉默「（要信！），同時用更多的證據回應他的請求。在另一個例子中，耶穌遇到一個承認自己充滿懷疑的人（馬可福音：9章24節），他對耶穌說：「我信不足，求主幫助。」——幫助我的懷疑！回應這個誠實的承認，耶穌祝福他，也治癒了這人的孩子。無論你認為自己是信徒或懷疑者，我邀請你用同樣的誠實，去培養對自己疑點本質的瞭解；其結果，會超過你所求所想的。

卷 1

跨越懷疑

第一章　不可能只有一種唯眞的宗教

一位二十四歲，住曼哈頓的女孩布萊兒（Blair）質問：「怎麼可能只有一種眞實的信仰？」她認為：「宣稱你的宗教比較優越，而且嘗試去要別人歸正，是一種無理的自大。所有的宗教應該都是一樣好，也同樣可以滿足各自跟隨者的需求才是。」

傑佛瑞（Geoff）跟著補充：「宗教的排他性（exclusivity）不僅狹隘——更是危險的。」他住在紐約市，是一位二十出頭的英國人。「宗教已經導致難以化解的爭執、分裂、與衝突，它可能是世界和平最大的敵人。如果基督徒繼續堅持唯有他們才有『眞理』——如果其他宗教也如是堅持——世界和平將蕩然無存！①」

在近二十年居住於紐約的這段期間，我有無數機會去問人們：「你對於基督信仰最大的問題是什麼？這個信仰的信念與實踐之中，最困擾你的是什麼？」這些年來，最常聽到的回答，可以用一個字來表達：「排他性」。

有一次，我受邀以基督教代表的身分到一所當地學院的專家座談會，同台的有一位猶太教的拉比，與一位回教的伊瑪目（教長），台上的專家被要求去討論不同宗教間的差異。當時對談的調性是禮貌、有智識而且彼此尊重的；每位講員都主張在主要宗教間，存在明顯且無法調和的差異，其中一個例子，就是耶穌這個人。我們都同意如下陳述：「如果基督徒對於耶穌是上帝的主張是對的，那麼回教徒與猶太教徒在愛上帝的方法上，就大大錯誤；

但如果回教徒與猶太教徒所持的『耶穌不是上帝,而只是一個老師或先知』的觀點是對的,那基督徒愛上帝的方式,也會是大錯特錯的。」這爭論的底線是──我們不可能在上帝的屬性這件事上,不同的宗教同樣都是對的。

當場有些同學對這種狀況感到難以接受。一位學生堅持真正重要的事,是信上帝並且讓自己成為一位有愛心的人,若要堅持某一信仰比其他信仰更正確,會是一件令人難以忍受的事;另一位學生也看著台上我們幾位宗教領袖,表達出他的挫折:「如果宗教領袖繼續做這些排他性的宣告,我們永遠不會有世界和平。」

很多人相信世界和平的主要障礙之一是宗教,特別是那些強調自己的信仰具有獨一優越性的主要傳統宗教。說來你可能不信,雖然我是一個基督教牧師,其實我同意上述觀點。宗教,一般來說,常常在人們心中創造出一個「滑坡謬誤」(slippery slope,譯註:使用連串的因果推論,卻誇大了每個環節的因果強度,而得到不合理的結論);每個宗教都告知其追隨者,唯有他們才有「真理」,這自然讓追隨者感到自己比那些有著不同信仰的人,更為優越。同時,一個宗教告訴它的追隨者,他們之所以被救贖並與神連結,是透過全心實踐這些真理才能達到;這會驅動信徒與那些生活上不夠敬虔或純正的人分別開來;但也因為如此,一個宗教群體很容易就會把其他宗教群體,加以刻板化或醜化。一旦這樣的情況存在,就很容易向下沉淪到貶抑別人,甚至對他人極力去壓迫、凌虐與暴力相對。

認知到宗教如何侵蝕世界和平後,我們應當做什麼呢?世界各地的民間與文化領袖通常採取三種方法來應對宗教的分歧:有人要求全面禁制宗教,或譴責宗教,或至少積極地去讓宗教變成個人化,是私領域的事情②。許多人對這些方法寄予厚望,但不幸的是,我不認為這些方法有效。真的,我恐怕它們只會讓情況更形惡化。

1. 禁制宗教

對付宗教分歧的一種方法是予以控制，甚至強力地禁止。在二十世紀曾有幾個這方面巨大的力量：蘇聯、中國共產黨、赤柬，以及（一種不太一樣的）納粹德國，這些政權都決心強力控制宗教行動，希望能藉此阻止宗教分裂社會，甚至侵害到國家主權。然而，其結果非僅不是和平與和諧，反而是更多的迫害。這種情況的悲劇性反諷，在牛津大學教授麥葛福（Alister McGrath）的無神論歷史一書中，曾被提出：

「二十世紀興起人類歷史上最巨大與可悲的矛盾之一是：本世紀最大的不可容忍與暴力，是由那些相信宗教會引發不可容忍與暴力的人所造成的。」③

與此類似的是，在十九世紀末與二十世紀初，人們普遍相信在人類更加科技進步之後，宗教會逐步弱化並凋亡。這種觀點認為，宗教只在人類演化過程中扮演某種角色，我們過去需要宗教去幫助人類，面對可怕而不可知的世界；當人類科技逐漸高度發展後，我們就越來越能瞭解並控制自己的環境，對宗教的需要就會減少，當時的人確是如此認為的④。

然而這種情形並未發生，上述這種「世俗化理論」，現在也普遍失勢⑤。事實上，近年來所有的主流宗教，在信徒人數上都是成長的。基督教的成長，特別在開發中國家，呈現爆發；如今，在奈及利亞的英國國教派信徒人數比美國信徒的七倍還多；迦納的長老會信徒，比美國與蘇格蘭加在一起的信徒還多；韓國基督徒佔人口的比例，一百年間由百分之一成長到百分之四十；而專家相信同樣的狀況將會發生在中國；如果五十年後中國有五億基督徒，這將會改變整個人類的歷史軌跡⑥。在多數的案例中，基督信仰並非如社會學家所預測的，走向更世俗化、淡化版的信仰；相反的，它所呈現的是

一種健全、超自然主義類型的信仰，相信神蹟、聖經權威，以及個人重生。

因為世上宗教信仰本身的活力，想要去壓抑甚至控制它們的努力，往往讓信仰更加強壯。當中國共產黨在二戰後驅逐西方傳教士時，他們認為可以滅絕中國境內的基督教信仰；然而，這樣做的結果，只是讓中國教會的領袖們更加在地化，結果是讓教會更加強大。

宗教不只是幫助我們去適應環境的暫時工具，它是人類情境中永恆與核心的一部分。對於世俗、無宗教信仰的人而言，這個事實是一種難吞的苦藥，每個人都希望自己是屬於主流，而非極端分子，但健全的宗教，終究主宰了世界，沒有理由顯示這狀況會改變。

2. 譴責宗教

宗教不會自然消失，也沒有政府的控制可以減少其力量。但是，是否可以（透過教育與辯論）找到方法，對宣稱擁有「真理」的宗教、想要去改正別人信仰的宗教，透過社會力量來削弱它們？難道我們不能敦促所有公民（無論其信仰為何），承認並接受所有的宗教或信仰，都只是許多同等可行、殊途同歸、引導人到神的途徑；任何信仰，也都只是世界上的一種生活方式而已。

這種觀點創造了一個情境，認為持單一且排他性信仰的人，都是無見識且可恥的，即便在個人的對話中也不被允許。這樣的觀點，被重複來重複去地再三強調，終究似乎已成為一種普世接受的常識；背離這種常識的人，會被貼上愚蠢或危險的標籤。與第一種策略（禁制宗教）不同，這種觀點對降低宗教對立有點效果，但它也終究無法成功，因為在這個觀點的核心，存有一種致命的不一致，甚至可以說是偽善，最後這將導致此種想法的崩解，以下是幾個由這種觀點衍生出來的偽公理及其問題：

「所有主要宗教都同等有用，基本上它們教的是同樣的東西。」

這是一種常見的主張。有個記者最近寫道：任何認為「存在有比較不好的宗教」的那種人，都應該被歸為右翼極端主義者⑦。但是，你真的認為「大衛信徒教派」（Branch Davidians），或是用嬰孩來獻祭的宗教不比其他宗教差嗎？大多數人應該都會承認，這些宗教比較差吧！

當認定所有宗教都一樣好時，人們心中想到的，可能是世界的主要宗教，而非走偏鋒的小教派。這就是我在專家座談那晚，在面對那位學生時，所遭遇的那種反對意見；他認為猶太教、回教、基督教、佛教與印度教之間的教義差異，都是表面上的、微不足道的，因為他們所信的其實是同樣一個神。但當我進一步問他那個神是誰時，他把這個神描述成一個宇宙間滿有愛心的靈。這種立場的問題是：它本身也是不一致、難以自圓其說的。一方面他堅持教義不重要，但在另一方面又假設教義上對神本質的不同信念，是主要宗教爭執之所在。佛教徒完全不相信有人格化的神，猶太教、基督教與回教相信有一個要人們為自己信仰與實踐行為負責任的上帝，這個上帝的本質不只是愛而已。反諷的是，堅持教義不重要這樣的觀點，其實本身就是一種教義；它對神有一種特別的看法，比起其他主要宗教，這種教義被奉為更優越與更文明的信念；可是，支持這觀點的人，其實正在做他所禁止別人去做的事。

「每一宗教都看到屬靈真理的一部分，但沒有一個宗教可以看見全貌。」

有時主張這種觀點的人，會用「瞎子摸象」的故事來描述其主張：幾個盲人走在路上，碰到一隻願意讓他們觸摸與感覺的大象。第一個盲人抓著大象的鼻子說：「這個動物長長軟軟的像一條蛇」；「才不是！它又厚又圓像一根樹幹。」摸到象腿的第二個盲人爭論道；第三個盲人，摸到大象身體時說：「都不對，它是隻又大又平的動物。」故事中，每個盲人都能感觸到大

象的一部分,但沒有人能看到整隻象。相同地,有人認為世上所有的宗教,都只感觸到屬靈真理的一部分,但沒人能窺其全貌,進而有資格可以主張,唯有自己才擁有對真理的全面認識。

這樣的比喻,對於使用者而言有其反作用力。因為故事的敘述,來自某個不瞎眼的人,唯有他看見整個經過,也才能講出這個故事;如果你不能看見整隻大象,又怎能知道每個盲人都只「看見」大象的一部分?

宣告「真理比我們任何人所認知到的都偉大」,表面上是一種謙虛的抗議;但如果只用這樣的宣告,就率爾反對其他人對真理認識的主張,事實上,反而成為一種高傲無理的宣稱,因為認為自己的知識,比其他人的更高更廣。我們必須問:「你憑藉的是什麼(絕對)優越的立場,可以讓你針砭比較,那些不同信仰所做出、絕對性的主張?⑧」

你怎麼知道沒有信仰可以看到真理全貌?除非你自己對真理擁有更優越、全面的知識——而這樣的全備知識,你卻又認為沒有一個信仰能夠擁有。

「宗教信仰太受文化與歷史的制約,以致於不能被稱為真理。」

當我差不多二十年前第一次到紐約時,常聽到反對基督教的聲浪,說所有的宗教都一樣,都是真的;但現在我常聽到的卻是:所有的宗教都一樣,都是假的。這樣的反對者說:「所有道德與屬靈的主張,都是我們特殊時代歷史與文化的產物,因此沒有人可以說自己知道真理,因為沒人可以判定某一屬靈或道德的主張,比其他的更真實。」社會學家伯格(Peter L. Berger)說明了這種普遍被接受論點的問題。

在他《天使的謠言》(A Rumor of Angels)一書中,伯格回顧二十世紀是如何發現所謂的「知識社會學」(the sociology of knowledge),也就是人們相信每個人的行為,其實是受到所處身社會的制約。我們以為我們的想法是自發性的,但事實並非如此簡單;我們的想法受到我們最仰慕以及

最需要的人影響；每個人所歸屬的社群會進一步強化某些理念的合理性，也排斥貶抑某些理念。伯格留意到許多人從這樣的事實中得到結論：因為我們都被捆鎖在特定的歷史與文化情境，所以不能判斷相互競爭信仰間的對錯。

但是，伯格繼續指出：絕對的相對主義（absolute relativism），只能存在於相對主義者自己沒有走偏鋒、毫無偏見的狀況下⑨。如果你由社會制約的觀點去推論所有的宗教，然後就說「沒有一種信仰，能被每個人都接受為普遍真理」，這種說法——每個人都是社會制約下的產物——本身就是一種自我矛盾的觀點，也不是真的。「相對理論本身就反對自己是絕對正確的」伯格如是說，所以，我們不能一路到底的堅持相對主義⑩。是的，我們的文化偏見，使得對不同信仰做客觀比較有其困難，信仰的社會制約性是一種事實，但卻不能據以主張「所有的真理都是完全相對的」，這樣武斷的說法，等於是用同樣的邏輯，來推翻自我主張。伯格結論：我們無法用「真理是無法被發現」這種的陳腔濫調做藉口，來迴避對相互競爭的屬靈與宗教觀點做評斷，我們應該還是要努力去問：「哪些對上帝、人類本質與屬靈真理的宣告，是正確的？哪些是錯誤的？我們還是要對這些承載我們生命基礎的重要問題，找出答案。」

哲學家普蘭丁格（Alvin Plantinga）對伯格的論點有一套自己的說法。人們對他說：「如果你生在摩洛哥，你就不會成為一個基督徒，反而會成為回教徒。」他如此回答：

假設我承認，如果我出生於摩洛哥的回教父母，而非在密西根的基督徒父母，我的信仰會變得很不一樣，但同樣的說法也可套用在多神論者身上……如果一個多神論者出身在摩洛哥，他也可能不會成為一個多神論者。難道我們可以因為如此，就同樣推論……他的多神論信仰是經由一個不可靠的信仰製造程序，所產生並傳授給他的嗎⑪？

普蘭丁格與伯格觀點一致。你不能說「只有我的觀點不是社會制約的產

物,其他所有的宗教主張,都是歷史制約的結果。」如果你堅持,沒人能判定哪個信仰是對的或錯的,那為何卻要我們相信,唯有你自己說的是對的?現實上,我們每個人都在做某種真理宣告,要負責任地去評斷這些不同宣告,確實不容易,但我們除了勉力為之外,別無選擇。

「堅持你的信仰是對的,並去領人歸向它,本身是一種無理的自大。」

知名的宗教學者希克(John Hick)曾寫道:當你發現世上有很多同樣聰明與良善的人,與你有著不同的信仰;當你發現明明無法說服這些人,卻還要持續嘗試去改變他們,或還是認為你自己的觀點,才是較優越的真理,這就是一種自大⑫。

再一次,這樣的說法本身也存有內在的矛盾。世上多數人並不認同希克那種「所有宗教都一樣好」的觀點,這其中也有許多像他一樣聰明與良善的人,而且他們也不會改變自己的觀點。因此,堅稱「所有認為自己觀點比較優越的宗教,都是一種自大與錯誤。」這樣的陳述,根據其希克本身的邏輯,也同樣是一種自大與錯誤。

很多人認為,宣稱我們的信仰比其他的優越,是一種「自我族群中心」,但會這樣認為的人,難道就不是自我族群中心?大多數非西方社會都會同意「他們的文化與信仰最優越」這種宣告,但對這種宣告的不安因子,卻深植在崇尚自我批判與個人主義的西方文明傳統中。用「自我族群中心」來定罪他人的作法,其實是在說:「我們文化對其他文化的觀點,比你們的優越。」此時,我們正在從事那些我們禁止別人去做的事⑬。歷史學家索摩維爾(John Sommerville)指出:「一種宗教只能以另一種宗教為參照的基礎,才能加以制斷。」同樣的,除非植基於某些道德標準的基礎,你無法去評估另一種宗教;而這些你所依據的道德基礎,最後就構成了每個人的自我宗教立場⑭。

至此可見,對一般宗教、特別是對基督教,那種排他性的排斥態度,顯

然本身就有其嚴重缺陷。懷疑論者相信，任何對於屬靈真理有最優越認識的宣告，都不可能是真的。但這樣的反對意見，本身就是一種宗教信仰，它假設：上帝是不可知的；上帝是慈愛但不是公義而烈怒的；上帝是一種非個人化的力量，而非一位可以透過經文說話的個人；但上述這些觀點，卻都是無法被證明的信仰假說。此外，這些觀點的擁護者，也相信在此事的看法上，他們本身擁有更優越的觀點。他們相信，如果每個人都摒棄對上帝與信仰的傳統觀點，進而採信他們觀點，這世界會變得更好。因此，他們的觀點，也是一種對屬靈真理本質「排他性」的主張。如果所有排他性的主張都應被否定，這個主張也一樣；如果持有這樣的觀點並不狹隘，那麼持守傳統宗教信仰的觀點，也沒什麼根深柢固的狹隘。

芝加哥大學教授李拉（Mark Lilla）在與一位聰明又年輕的華頓商學院學生對話時，很訝異的發現，這學生竟然要在葛理翰牧師的佈道會（Billy Graham crusade）中走向台前，把他生命的主權交給了基督。李拉對此寫道：

> 我要在他即將踏出的那一步之前，丟出一些質疑，幫助他看到還有其他的生命道路，還有其他方式可追尋知識、愛……甚至自我轉化。我要說服他，他的尊嚴是建立在對教義保持一個自由、懷疑的態度。我想要……去拯救他……
>
> 懷疑，如同信心，並須經由學習才能得著，它是一種技能。懷疑主義詭異的地方是：古往今來，它的追隨者通常都是一些改變了宗教信仰的人；在解讀他們時，我常想問：「你為何在意這些？」他們的懷疑無法提供好的答案；而我，也找不到答案⑮。

李拉這番智慧的自我認知，透露出他對基督教的懷疑是一種學習的、另類的信仰。他相信人類個人的尊嚴是建立在對教義的懷疑上──這種觀點，當然是一種信仰宣言。他承認，無可避免地，他也相信，如果接受他對真理

與人類尊嚴的信念,而非相信葛理翰的那套,人們會更好。

主張一種信仰是對的,也並沒有比主張「對所有宗教,這種看法才是對的」(也就是,所有信仰都一樣的主張),更為狹隘。站在對自我宗教的信仰上,我們每個人都有排他性,只不過是有著不同的表現方式罷了。

3. 把信仰局限在私人領域

另一種對應宗教分歧的方法,是允許人們可以私下相信他們的信仰是真理,可以私下傳揚他們的信仰,但所有宗教信仰,應該要被排除在公共領域之外。有影響力的思想家如羅爾斯(John Rawls)與奧迪(Robert Audi)就認為,在公開的政治討論中,我們不能為某一道德立場辯護,除非這立場有世俗的、非宗教的基礎。羅爾斯更以堅持他所謂「普世價值」的宗教觀點,應被排除在公開場合而著名⑯;最近,許多科學家與哲學家紛紛簽署了「護衛科學與現世主義宣言」,要求我們的政府領袖「不可允許立法或行政執行,受到宗教信仰的影響。⑰」簽署者包括辛格(Peter Singer)、威爾遜(E.O. Wilson),與丹尼特(Daniel C. Dennett)等人。舉例而言,哲學家羅狄(Richard Rorty)就曾堅持宗教信仰必須要當成絕對的私人事務,絕對不可被帶進公共政策的討論中。凡是使用植基於任一宗教信仰的議論,都會是一種「對話的終結因子」(conversation stopper),因為這讓無宗教信仰者無法參與對話⑱。

對於那些抱怨這觀點歧視了信仰的人,羅狄與其支持者反駁,認為這種政策只是務實罷了⑲。他們並非在意識型態上反對宗教本身,也不是企圖控制宗教信仰,只是要信仰被約束在私領域就好。但在公領域,不斷為信仰爭辯是製造分歧且浪費時間的;有宗教立場的主張,常被視為是宗派紛爭與富爭議性的,而用屬世觀點推導出的道德立論,則被視為具普世性,並可以讓

所有人適用的；於是，大凡公共曝光的東西都應該是現世性，而非宗教性的。在去除那些神聖的啟示或告解的傳統後，我們可以一起致力於解決這個時代更大的問題——比方說是愛滋病、貧窮、教育等等。我們應該把自己的宗教觀點留給自己，在那些對多數人最有「效用」的政策上，團結一致。

話雖如此，耶魯大學的卡特（Stephen L. Carter）卻回應，當我們在進行任何的道德推理時，都不可能把自己的宗教觀點拋諸腦後。他說：

那些想讓宗教性對話從公共論壇消失的努力，不管是經過多麼周延的設計，最終都等於在告訴那些有組織性的宗教，唯有他們（別人不在此限）在進入公共對話之前，必須先放棄掉自己裡面最重要的那部分[20]。

為何卡特可以做出上述宣稱？讓我們由宗教是什麼這個問題開始：有人說，宗教是一種對神相信的型態，但對佛教禪宗而言，並非如此，因為它根本就不信奉任何的神；有人說宗教是對超自然的信仰，但這定義對印度教就又不適用，因為它完全不相信在物質世界之外，還有超自然領域，所有的屬靈真理都存在於實物界。那麼宗教到底是什麼呢？它是一套信念，這套信念解釋生命是什麼？我們是誰？以及什麼是人類應該花時間去做、最重要的事？舉例而言，有人認為物質世界就是這樣存在著，我們之所以如此，只是偶然，當我們死亡時，不過就是腐朽了；所以，生命中重要的事，就是選擇去做那些讓自己快樂的事，因此，別讓別人將他們的信仰加諸在你身上。請注意，這種想法雖然不是一種「有組織性」的信仰，還是包含了一個主要論點、一種對生命意義的表述，以及基於這種表述，對人們應「如何生活」所做出的建議。

有些人將這件事稱為「世界觀」（worldview），也有些人稱之為「敘述性的自我身分」（narrative identity）；無論如何，這是一套關於事物本質的信仰假說、是一種隱涵性的宗教。廣義的說，我們對於世界與人性的信念觀點，正也反映出每個人的生命；無論是有意識的作為或無意識的流露，

每個人都活在也活出某種敘述性的自我身分之中。那些說「你應該做這個」或「你不該做那個」的人，在此，都透露出這種隱涵的道德與宗教立場。實用主義者說，我們應該把自我深層的世界觀拋諸腦後，尋求那些「有用」的共識——但我們對於何為「有用」的看法，也是決定於（套用貝瑞Wendell Berry的標題）我們所認定，別人要的是什麼。任何認為快樂生活「有用」的印象，必然是受某種對人生目的之信仰制約而來的[21]。即便是最現實的實用主義者，都會帶著經過他自己深信與解讀後，所產生的「人類之意義」（what it means to be human）這種自我成見，來到討論桌前。

羅狄堅信使用宗教基礎信仰的議論是對話的終結因子。但所有我們對事物最基本的認知，對於與我們看法不同的人，幾乎全都是無法證實的信念。世俗的觀念，例如「自我實現」與「自主」等，都是無法證實的，也都如訴諸聖經一般，同樣是「對話的終結因子」[22]。

對說者而言，似乎只是一般常識的陳述，往往在本質上卻具有深遠的宗教意味。想像一下，打著「適者生存」之名，A小姐認為所有對窮人構建的社會安全網應該被除去；對此，B小姐可能會回應：「窮人也有權利得到合理的生活水準——他們與我們一樣，都是人類。」A小姐可以用許多現代生物倫理學家的論點反駁，認為對於「人類」這個概念，其實是人為的、不能被定義的；她可能會繼續補充說，不能把所有的存活生物都當成是目的而非手段，總是有些必須死，好讓其他生命得以存活，這純粹就是大自然的法則。如果B小姐用實用性的角度進行辯論，她可能說應該要去幫助窮人，因為這樣能讓社會運作得更好；但A小姐也可用相近的實用性辯解，認為讓一些窮人死亡，反而可以讓社會運作得更有效率。對話到此，B小姐可能會開始生氣，帶著火氣堅持：讓窮人餓死就是不道德的；而A小姐也可回覆：「誰說每個人的道德定義應該是一樣的？」最後，B小姐可能會高聲尖叫：「我寧可不要活在你所描述的那種社會中！」

在這樣的針鋒相對中，B小姐想追隨羅爾斯，找到普世接受、「中立與客觀」的論點，認為所有人都應被說服：我們不能讓窮人餓死。但因為並無這種普世價值，所以她最終落敗。畢竟，B小姐肯定每個人作為一個人類的公平與尊嚴，因為這才是真實且正確的公理，她把人類比岩石或樹木更有價值，當成是自己的信仰宣言——雖然她不能科學性地去證明這樣的信仰。可見，她公共政策的主張，終究還是植基在某種自我的宗教立場之上㉓。

這種現象，讓法律神學家裴瑞（Michael J. Perry）歸結出：無論在任何事件上，任何想在「以宗教為基礎的道德論述」與「公共政治的現世論述」兩者間建構一個嚴密藩籬的企圖，都是異想天開，因為兩者根本是糾結在一起的㉔。羅狄與其他人認為宗教性的主張太富爭議性，但裴瑞在《宗教信仰與自由民主，在神之下？》（Under God? Religious Faith and Liberal Democracy）一書中反駁，現世的道德立場不會比宗教的道德立場更少爭議。我們幾乎可以強力主張，所有道德立場都至少是隱含的宗教性立場。諷刺的是，堅持宗教推理必須要被排除在公共討論之外，這樣的觀點，本身就是一種爭議性的「偏執派」觀點㉕。

當你來到公共論壇時，不可能把自己對最終價值的信仰拋諸腦後。讓我們以有關婚姻與離婚的法律為例，請問：有可能雕琢出一套得以排除特定世界觀，且讓人人都同意「可行」的法律嗎？我不相信可以。在此事上，你對什麼是對的觀點，是基於你所認定的何為婚姻目的之價值觀；如果你認為婚姻主要是為了養育孩子，從而使整個社會受益，你就會在立法上讓離婚較為困難；但如果你認為婚姻主要是為了結婚雙方成人的快樂與感情的滿足，你就會讓離婚變得容易。前者是根據人類繁衍與福祉的觀點，認為家庭比個人重要；這觀點常見於儒教、猶太教與基督教的道德傳統。而後者是一種比較人性的個人主義觀點，根據的是啟蒙主義運動對於人本的信念。可見，你所認為「有效」的離婚法律，端視你先前所認定，何為快樂與完全人的定義。

答案到底為何[26]？沒有一個客觀、普遍接受的共識。雖然許多人繼續呼籲，要由公共論壇中排除宗教觀點，還是有日漸增多的思想家，不論他們有宗教背景或主張世俗價值，承認這樣的呼籲，本身也是一種宗教性的主張[27]。

基督教義可以拯救世界

我已經批駁了那些想要去改變世界宗教分立現況的主要努力，但是我高度同情他們的目標；宗教，當然可能成為世界和平的主要威脅之一。在這一章的開頭，我曾描述每個宗教，都傾向於在人心中創造出一個「滑坡謬誤」，這種謬誤很容易把人帶向壓迫他人的境界。然而，在基督教義內——我指的是健全、正統的基督教——有著豐富的能量，讓其跟隨者做世上的和平使者。在基督教之內，有著驚人的力量可以解釋並去除人類心中的分歧傾向。

基督教提供一個堅實基礎，去尊重有著不同信仰的他人。耶穌相信在其文化制約下的非信徒會欣然承認基督徒的行為多半是「好的」（馬太福音：5章16節；彼得前書：2章12節）；這是因為基督教的價值體系，與任何其他宗教[28]所處身的特定文化[29]之間，存有著某些交集。這些交集為何存在？因為基督徒認為所有人都是照著上帝的形象所造，都存有良善與智慧。因此，在聖經教義中上帝的普世形象，讓基督徒期待非信徒可以比錯誤信仰所造成的結果更好；聖經上對普世罪惡的教義也讓基督徒理解，即便在正統基督教義的教訓下，信徒的實際行為也可能比期待的更壞。所以，信徒與非信徒間，有充分空間進行相互尊重的合作。

基督教義不僅讓其成員相信，其他信仰者有可以拿得出來的良善與智慧，這教義也讓基督徒接受，許多非信徒過著道德更高超的生活。在我們文化中多數人相信，如果有一個上帝，我們可以與之建立關係，從而透過一個

良善的生活而去到天國，我們稱此為「道德增進」觀點。基督教的教導正好相反，在基督徒的認知中，耶穌並沒告訴我們要如何生活才可得蒙拯救；相反的，透過耶穌在世界的生與死，祂饒恕並拯救了我們。上帝的恩典並非臨到那些道德表現更優越的人，而是臨到那些承認自己不好、認知自己需要一個救主的那些人身上。

於是，基督徒接受非信徒比自己更富有、更聰明，甚至更良善。為何如此？因為基督教信徒不是因為他們的道德表現、智慧或美德，才被上帝接受；他們被接受，是因為基督在他們的行為上動工。多數關於生命的宗教與哲學假設一個人的屬靈地位，端視你的宗教成就而定。自然地，這觀點會讓信徒自以為比那些不相信也不像他們那樣去實行的人更優越。基督教福音，在任何狀況下，都不會有這種效果。

一般認為「基本教義主義」導致暴力；但正如我們所見，所有人都有一些基要的、無法證實的真理認定，我們也相信這些認定是比較好的。於是，實際的問題變成：「哪種基本教義可以帶領其信徒，對於與其不同的人，變得最富愛心與願意接納？」哪一套無可避免的排他性信仰，能將我們帶領到謙卑而愛好和平的行為？

歷史上的矛盾之一，是早期基督徒的信仰與行為，與當時他們處身文化環境間的關係。

希臘羅馬世界的宗教觀點，是開放與表面上容忍的──每個人都可以有自己的神。但它文化上的行為，卻是相當殘暴。經濟上，希臘羅馬時代是高度層級性的，貧富之間有很大距離。相對而言，基督徒堅守一個上帝的信念──受死的救主耶穌基督，但他們的生命與行為，卻明顯地歡迎那些文化上被邊緣化的人們。早期基督徒聚會中混雜的不同人種與階級，在當時被周遭視為醜聞。希臘羅馬世界輕視窮人，但基督徒卻慷慨地給出，不僅是對他們內部的窮人，也對不同信仰的窮人。在當時廣義的社會中，女人地位低

下、受制於高比例的殺害女嬰、強迫婚姻、也沒有經濟平權；比起古時的階級社會，基督教提供女性更大的安全與平等[30]。在公元一、二世紀中發生的可怕城市瘟疫中，基督徒照料城市裡所有生病與垂死的人，甚至以他們自己的生命為代價[31]。

為何這種排他性的信仰體系，竟會表現出對他人如此開放的行為？那是因為基督徒在他們的信仰體系中，存有最強大的能量，可以去執行犧牲性的服務與使人和睦的行為。在他們真理觀點的最核心，是一個為敵人而死、為敵人的寬恕而禱告的耶穌。每思及此，就會激發出對非我族類者，完全不同的對待方式，這也表示，不能用暴力與壓迫去對待他們的反對者。

當然，我們并不能輕易地跳過某些教會打著耶穌的旗號，行不義之事的事實。但是，誰能否認基督徒最基本信仰的力量，可以作為在動盪世局中創造和平的推力呢？

第二章　一個良善的上帝怎能容許苦難？

「我就是不相信基督教的上帝存在。」希拉蕊（Hillary），一位主修英文的大學生說道。「上帝容許世上可怕的苦難存在，所以祂可能是全能的，卻不夠良善，願意去終止邪惡與苦難；或者，祂可能是全善的，卻無足夠能力，去終止邪惡與苦難。無論如何，一個聖經中那種全善同時又全能的上帝，不可能存在。①」

「對我而言，這不是一種哲學問題。」鮑伯（Bob），希拉蕊的男朋友接著說：「這是種個人問題，我不願去相信一個容許苦難的上帝，即便祂（不管用何型態）真的存在。也許上帝存在，也許不存在，但如果祂真存在，也不能被信任。」

對許多人而言，最大的問題不在於基督教的排他性，而是在於世上邪惡與苦難的存在。有些人覺得不公平的苦難是一種哲學問題，因而質疑神的存在；另有些人則覺得這是一個極為私人的話題。他們不關心上帝存在與否這種抽象的問題——他們就是拒絕或相信任何的上帝，因為祂容許歷史與生命照這種方式（邪惡與苦難）一直反覆進行。

在二〇〇四年十二月，印度洋邊緣一場巨大海嘯奪走二十五萬人的生命。接下來的幾週，報紙與雜誌充斥讀者來函與評論文章，質問「神在哪裡？」一位記者寫道：「如果上帝是神，就不是好神；如果祂是好神，就不是真神。祂不可能又真又好，特別是在經歷了印度洋這種災難之後。②」然

而,即便有人像這位記者一樣,提出類似充滿自信的宣稱,這種用邪惡來反駁上帝存在的觀點,如今已經(幾乎)被全面性的推翻③,為什麼?

邪惡與苦難不是反對上帝的證明

哲學家麥基(J. L. Mackie)在他的書《有神論的奇蹟》(The Miracle of Theism)中提出對上帝的反對。他用下述方式提出反證:如果一個良善又全能的上帝存在,祂不會容忍無意義的邪惡,但因為世上存有許多無法解釋、無意義的邪惡,傳統上那位良善又全能的真神上帝,就不可能存在。有些其他的小神可能存在,或者世上根本無神,但就是沒有那種傳統認知全能又全善的真神存在④。但是,許多其他的哲學家已經發現,這樣的推論之中有一個主要的缺陷:隱藏在此「世界充滿無意義邪惡」主張背後,存在一個看不見的前提假設,那就是:如果所看見的邪惡對我無意義,那它就是無意義。

這樣的推論,當然,是謬誤的。只因你不能看見或想像一個好理由,去合理化上帝為何讓某事發生,並不表示那種理由就不存在。再一次,我們看見潛藏在死硬懷疑論的核心,有一種對自己認知能力的強大自信。如果我們的心智不能窮盡宇宙的深處、找到對於苦難的合理答案,那麼,就沒有答案!這是一種高層次的盲目自信心。

在此論點核心的謬誤,曾經被普蘭丁格(Alvin Plantinga)比喻成「吸血蠓蟲」的故事。如果你在三角帳棚中尋找一隻聖伯納狗,當你探頭進去卻看不到牠時,可以合理推論,這狗並不在帳棚中;但如果你是在帳棚中找一隻吸血蠓蟲(那是一種極小的蟲子,咬一口不過在你身上留下一塊與自己體積相仿的小點而已),如果你在帳棚中看不到牠,就因而假設牠不存在,那是不合理的;因為,畢竟,沒人可以用肉眼看到牠。很多人假設,如果邪惡

的背後存在著好理由,這些理由對我們人類的理解心智而言,都應像聖伯納狗一樣顯而易見,而不是像吸血蟆蟲一樣難以察覺。但為何就一定是這樣呢⑤?

這種對上帝的反證站不住腳,不僅是在邏輯上有瑕疵,而且在經驗上也有問題。作為一個牧師,我常常用創世紀中約瑟的故事來講道,約瑟曾是一個被兄弟憎惡的狂傲年輕人。在兄弟的怒氣下,他被推下坑中、賣到埃及、過著奴隸的悲慘生活;在此過程中,約瑟無疑地曾經向上帝禱告,祈求他能脫逃,但幫助並未來到,所以他還是成了奴隸;雖然他經歷了多年重擔與不幸,但約瑟的性格卻被這些苦難給修整並強化。最後,他被高舉為埃及的宰相,不僅救了千萬條埃及人的性命,更使他整個家族免於餓死。如果上帝沒有讓約瑟痛苦多年的苦難發生,他絕不會成為一個大有能力的社會公義與屬靈醫治的中介人物。

每當我講述這段時,都聽到許多人認同這個故事;許多人都承認,讓他們生命成功所最需要的那些事物,多數是來自於他們最困難與痛苦的經驗。有些人回顧自身病痛,認知到這是一段個人與屬靈成長不可替代的生命季節;我自己活過一段罹癌的日子,我太太也曾多年受苦於克隆氏症(譯註:一種嚴重難治的炎症性腸胃病),我們的個人經驗都可以支持以上的觀點。

我認識一位在我初來教區的男士,他在一次出事的毒品交易中,臉部中彈而幾乎失去幾乎全部的視力。他告訴我自己曾是極端自私與殘酷的人,然而,他總是把自己經常陷入的法律與人際關係問題,責怪於別人;喪失視力讓他陷入絕望,但也深深讓他謙卑下來。「當我肉體上的視力被關閉時,我屬靈的眼睛卻被打開。終於,我看到自己過去是如何對待別人,於是我改變了。現在,在我人生中的第一次,我有了朋友,真正的朋友。這意外讓我付出可怕的代價,但我要說它是值得的,我終於擁有讓生命值得的東西了。」

雖然沒有人真的為他們的悲劇而感恩,他們卻不願交換那些由悲劇得著的見識、品格與力量。經過時間與觀點的沉澱,我們多數可以看到,生命中

某些悲劇與痛苦背後的好理由;從上帝的至高觀點來看,為何不可能在所有的傷痛背後,都有好理由呢?

如果你有一位「足夠偉大與超越的上帝」可以怪罪,只因為祂沒有阻止世上的邪惡與苦難,這位「足夠偉大與超越的上帝」當然也可能保有一些你所不知的、讓這些不幸繼續存在的好理由。誠然,你不能一方面要求上帝全知全能,另一方面又要用自己有限的認識,來挑戰祂的全知全能。

邪惡與苦難可能是(如果有任何意義的話)上帝存在的證明

可怕的、難解釋的苦難,雖然不能用來推翻上帝,卻仍然是聖經信仰者的一個問題;當然,這對非信徒而言,可能是更大的問題。C.S.路易斯(C. S. Lewis)描述他自己剛開始時,是如何因為生命中的殘酷,而拒絕接受上帝存在這種觀念的;然後,他開始瞭解邪惡這件事,如果採用新的無神論者觀點,會成為更大的問題。最後,他瞭解到苦難其實為上帝的存在提供了證明,而非反證。

我原先反對上帝的論點,是因為宇宙是這麼殘酷與不公義。但是,我如何得到「公義」與「不公義」的觀念呢?……當我稱這個宇宙不公義時,我是拿什麼做比較呢?……當然,我可以放棄對真正公義定義的追求,就說它不過是由我自己的個人觀點來決定;但如果我這麼做,那麼我反對上帝的論點,就同樣會站不住腳——因為我的反對應是建立在世界是真的不公義,而非僅僅是世上的事,不能讓我個人的想法得到滿足。……就這樣,無神論對我而言,變得太過簡化問題了⑥。

路易斯認識到,現代人對上帝的反對,是建立在一種公平正義的感受上的。我們相信,人們是不應該受苦的,並且應該要被免除受飢餓與壓迫而死。但是自然界天擇的演化機制,是要靠強者淘汰弱者的死亡、毀滅與暴力

來完成——這些東西都是完全符合自然的。因此,無神論者是用何種基礎來定罪自然界存在的可怕錯誤、不公平與不公義?不信上帝的人沒有一個合理的基礎,去對不公義的存在,表現出忿忿不平;但這問題,正如路易斯所指出,往往是人們一開始就反對上帝的主因。如果你確知自然界本來就是不公義、充滿邪惡的,但還是對世界的不公義難以接受,那你正是假設有些自然之外(或超自然)的標準可以作為你判斷的基礎。哲學家普蘭丁格對此說道:

(如果真的沒有上帝,而我們只是進化產物的話),真的有像「可怕的邪惡」這樣的東西存在嗎?我看不出這怎麼可能。這種東西只有在「理性生物應該也必須按照某種方式生活」這個前提下,才可能存在。⋯⋯一種「世俗」的世界觀,是不能評論任何真正道德義務的⋯⋯也不能用來判定說,可怕的邪惡這種事物真的存在。所以,如果你認為,真的有所謂的「可怕的邪惡」這種事的存在(⋯⋯而不只是某種腦海裡的印象),那你就有一個強力的理由⋯⋯去相信(上帝的真實性)⑦。

簡言之,悲劇、苦難與不公義是人人都會面對的問題,對不信上帝的人而言,這個問題不會比信仰上帝者來得小。因此,如果認為拒絕對上帝的信仰可以讓你較容易面對邪惡這問題,這想法本身就是種錯誤;雖然,這種錯誤是可以理解。

我教會中的一位女士,有一次正面挑戰我講道中勾畫的「惡事最終成為好事」的觀點。她在一次搶劫的暴力事件中失去丈夫,她也有幾個孩子有嚴重心理與情緒問題;她堅信在每一個「惡事最終成為好事」的故事之外,可能都另有一百個類似的惡事,最後沒有變成什麼好事。同樣的,到目前為止,本章對此問題的討論,對真實的受苦者而言,好像都是冷靜與漠不關心的。「如果苦難與邪惡不能邏輯性地反證上帝,那又如何?」受苦中的人可能會如此說:「我還是憤怒,這些哲學推演,不能讓基督徒的上帝對世界的

邪惡與苦難就此『脫鉤、卸責』！」哲學家柯彼得（Peter Kreeft）對此的回應是：基督徒的上帝來到世上，就是要刻意地讓祂自己與人類的苦難「掛上鉤」；透過耶穌基督，上帝親身經歷了痛苦最巨大的深度。因此，雖然基督教沒有為每一個痛苦的經驗給出恰當的理由，但它提供了深層的能量來源，幫助人們在實際面對苦難時，能帶著希望與勇氣，而非苦毒與絕望。

耶穌與殉道士的對比

聖經上的敘述在在顯示，當耶穌面對祂即將來到的死亡時，並不如外界普遍期待、表現得像一位堅定無懼的屬靈英雄一般。猶太歷史中知名的馬加比烈士（Maccabean martyrs），在敘利亞王安提阿古（Antiochus Epiphanes）手中受難，成為在面對逼迫時，展現屬靈勇氣的典範；他們在被鋸開手腳四肢時，還無懼又自信地慷慨講述上帝的道。對照耶穌的行為舉止，祂在面對死亡時被描述成自己是深深被震撼的。「……就驚恐起來，極其難過，對他們說：『我心裡甚是憂傷、幾乎要死』。」（馬可福音：14章33—34節）。路加描述耶穌在死前是在「極大痛苦」中，他筆下的耶穌是一個在在表現出生理震驚的人（路加福音：22章44節）。馬太、馬可與路加的記載，都顯示耶穌曾嘗試要避免死亡，求告天父是否有其他的道路（「如果這是祢的旨意……求祢將這杯撤去」——馬可福音：14章36節；路加福音：22章42節）。最後，掛在十字架上的耶穌，並不像那些馬加比烈士，自信地要那些旁觀者要對上帝有信心；相對地，祂哭喊上帝已經離棄祂（馬太福音：27章46節）。

在十字架上，耶穌忍受了三小時之久的痛苦，最後由於緩慢的窒息與失血而死。這雖然是很痛苦的，但與那些烈士相比，他們所受的死亡方式，更加難以忍受而且殘忍，而他們卻用更大的信心與鎮靜來面對。兩個有名的例

子是英國牧師拉蒂默（Hugh Latimer）與雷德利（Nicholas Ridley），他們於一五五五年在英國牛津，因為對更正新教的信仰，被燒死在火柱上。當火苗竄起時，旁人聽到拉蒂默冷靜地說：「安心吧！雷德利先生，像個男人！今日我們將被上帝的恩慈，點燃成一個蠟燭，照亮全英國，而我相信，這把火將永不熄滅。」

為何與其他殉道士相比，耶穌對祂自己的死表現得如此難以承受，甚至超過祂自己的跟隨者呢？

上帝的受苦受難

為了理解福音書最後所記載的耶穌的受難，我們必須記得，在各福音書的開篇，祂是如何被介紹出場的。福音書作者約翰，在他的第一章中，介紹了上帝神祕但關鍵的「三位一體」，上帝的兒子不是被創造的，祂在萬有之先就已經存在，祂參與了創造的過程並且在「父懷中」（約翰福音：1章18節自始至終經歷了整個永生）——那是一種絕對親密與慈愛的關係，但在耶穌生命最後，祂被迫與天父割離。

世上可能再沒有比失掉我們絕對重視的關係更大的內在痛苦。如果一個某種熟識的人反對、譴責並批判你，然後說她永遠不想再見到你，這是痛苦的。如果那人是你正在約會的對象，在本質上這更痛苦；但如果你的配偶這樣對你，或如果當你還是孩子時，你的父母這樣對你，這種心理上的傷害，肯定是更糟糕的。

我們不能想像，當失去的不只是像配偶或父母那種只持續幾年的愛，而是天父與耶穌間那種從亙古以前就存在無盡的愛，耶穌當時所受到的傷痛會是何等難以忍受。基督教神學認為，作為我們的代罪羔羊，耶穌擔負人類所應得與上帝永遠隔絕的痛苦，在客西馬尼花園，即便只是初嘗這種隔絕經

驗，都讓耶穌進入一種震驚的狀態。新約學者藍恩（Bill Lane）寫道：「耶穌在祂遭背叛前，來到天父跟前，希望能有一段暫歇的間奏時間，但祂發現地獄而非天堂，已經在祂面前展開，於是祂躊跚前行。⑧」在十字架上，耶穌被遺棄的哭喊──「我的神、我的神，祢為何遺棄我？」──是一種深層關係的呼喊。藍恩寫道：「這哭喊有一種殘忍的真實性。耶穌死時並沒有拒絕承認上帝，即便在祂被拒絕的極度痛苦下，祂也沒有放棄自己對上帝的信心；只是用確信的哭喊，表達祂痛苦的禱告：『我的神、我的神！』⑨」耶穌還是用了親密的語言──「我的神」──即使當祂正經歷與天父極度隔絕之時。

救贖與苦難

耶穌的死在本質上與其他任何人的死不同；與被永久棄絕的屬靈經驗相比，那種肉體上的痛苦算不得什麼⑩。在世上宗教中，唯有基督教宣告：透過耶穌基督，上帝曾經成為獨一且完全的人，因此也親身感受到人類的絕望、拒絕、孤獨、貧窮、哀愁、受虐與監禁。在十字架上耶穌經歷了超越人類所能感受的永恆拒絕與痛苦，這種痛苦超越我們的痛苦，就好像祂的智慧與能力超越我們一般。在耶穌的死亡中，上帝也在愛中一起受苦，同等感受那種棄絕與淒涼⑪。為何如此？聖經上說耶穌降世是為了一項拯救被造的人類的使命，祂必須為我們的罪付上代價，唯有這樣，將來祂才能終結罪惡與苦難，而不是終結我們。

讓我們看看這事對我們有何意義。如果我們再次問這問題：「為何上帝容許邪惡與苦難繼續發生？」然後看著耶穌的十字架，我們可能仍然不會知道答案是什麼；但是，我們可以知道答案不是什麼。答案不可能是因為祂不愛我們；不可能是祂不關心或與我們的情況脫節；上帝把我們的不幸與苦難

看得如此重要,以至於祂甚至願意把這些苦難背在自己身上。文學家卡謬（Albert Camus）體認到這點,當他寫道:

〔基督〕這位神人也在耐心中受苦,邪惡與死亡不能再被歸罪於祂,因為祂受苦並受死。各各他的那夜,在人類歷史上之所以變得那麼重要,是因為在當晚的陰影下,至聖者明顯地放棄祂既有的主權,活在地上一直到底,其間經歷絕望與死亡的痛苦。這解釋耶穌死前呼叫的「拉馬撒巴各大尼」（就是說:我的神、我的神,為什麼離棄我）以及祂因著人性,在痛苦中所表現出受驚的疑惑⑫。

所以,如果我們接受基督教的教導,耶穌是上帝,祂走上十字架;那麼我們就有深深的安慰與力量去面對世上生命中殘酷的現實。我們可以知道,上帝真是以馬內利——上帝與我們同在——即便在我們最惡劣的苦難之中。

復活與苦難

我想,除了知道在我們的痛苦中,上帝與我們同在之外,我們還需要更多;我們需要希望,需要知道我們的苦難「並非白費」。你有沒有注意到,那些喪失親人的家庭多麼急切地說出這樣的話。他們努力要去改變那些造成親人死亡的法律或社會情況,他們必須相信親人的死亡會帶來新生命,那種造成家人死亡的不公義將會帶來更大的公義。

對於那些正在承受苦難的人而言,基督教信仰提供一種能量,這能量不僅來自十字架的教訓,而且是建立在復活的事實上。聖經教導我們,未來不是一種非物質的「天堂」,而是一種新天和新地。在啟示錄21章,我們並沒看到人類被提升,離開這世界而到天上,而是天堂降下來,並且潔淨、更新並使這個物質世界變成完美。世俗觀點,當然,對事物的看法是,死後或歷史都不會有未來的恢復;東方宗教相信我們喪失個體後,就會回歸萬靈安

息,我們在這世界的物質生命,也就會永久消失。即使是相信天上樂園的宗教,也認為樂園是對今世的逝去與痛苦,以及本來應該有的喜樂,所提供的一種慰藉。

聖經對事物的觀點是相信有重生——不是在未來、那種對我們今世所未能擁有的慰藉,而是一種對我們一直想望生命的恢復。這表示,現世所發生每件可怕的事,不僅將被重來與修復,而且還會透過某種方式,讓最終的榮耀與喜樂更加增添。

幾年以前,我曾有一個可怕的夢魘,夢到我家中的每個家人都死了。當我醒來,那種寬心是巨大的——但比僅僅是寬心更多的是:我對每個家人的珍惜與喜悅,因著這夢而變得更豐富。看著他們每一位,我發現自己對他們是何等感恩,又是何等深愛著他們。為何如此?我的喜樂,因為這夢魘而被大大的放大;我醒來時的喜樂,帶走了夢中的恐懼;於是,我對家人的愛,因為感受到曾經失去他們,如今失而復得,反而更加強烈。當你失去一些原來習以為常的財物時,類似的感動也會被啟動;當你重新找到它時(原先以為會永久失去它),你會用更深度的方式,去更加珍惜並欣賞它。

在希臘(特別是禁欲的斯多噶學派)哲學中,相信歷史是無盡的循環;時候到了,宇宙就會結束,並在一種稱為「萬物重生」的大火中銷化;之後,人類歷史既然被潔淨,就會重新開始。但在馬太福音19章28節中,耶穌說祂再來世上時,就像萬物重生一樣:「我實實在在告訴你們,到復興的時候(希臘的『萬物重生』),人子將坐在祂榮耀的寶座上。」這是一種全新的觀念,耶穌堅稱當祂再來時,將會帶著能夠洗淨物質世界和宇宙所有衰敗與破損的能力,世上所有的一切都會被醫治,那些原本可以實現的,也終將獲得實現。

在魔戒三部曲中的高潮,山姆(Sam Gamgee)發現他的朋友甘道夫(Gandalf)並沒有死(如他原先以為的),反而還活著,他大叫:「我以

為你已經死了！我也以為自己已經死了！莫非所有悲傷的事，都將不會實現嗎？⑬」基督教義對此問題的答案是——是的，所有悲傷的事，都將不會實現；而且曾經被破損與失去的，反而因此要得著更多。

相信道成肉身以及十字架的基督教教義，在面對苦難時，可以帶來深遠的安慰；而復活的教義，可以讓我們因著那強大的盼望而得著平靜。它應許我們將得到那最想望的生命；而且經過那需要勇氣、堅忍、犧牲與拯救的過程之後，我們將可以有一個更榮美的世界⑭。

俄國大文豪杜斯妥也夫斯基（Dostoevsky）用下述文字，完美呈現這觀點：

我如孩童般相信，苦難終將受到醫治與補償；所有人類衝突那種羞辱人的可笑，將如幻影般消逝——這是人類軟弱而渺小心智所建構出的幻影。在世界的終局、在永恆和諧的時刻，有些極寶貴的事物終將實現，它們足以滿足所有心靈、慰藉所有懷恨、補償所有人類的罪行與他們所流的血；這將讓饒恕成為可能，也讓所有發生過的事，得到合理解釋⑮。

路易斯更簡潔地寫道：

他們論到有些暫時的苦難時，說「沒有未來的祝福可以彌補」。但卻不知天堂，一旦降臨，將倒轉運行，甚至將痛苦轉化成榮耀⑯。

這是邪惡與苦難終極的失敗；它們不僅會被終止，而且會被激進地征服。過去發生的，只是讓我們未來的生命與喜樂，變得更加無限寬廣。

第三章　基督教是件緊身衣

「基督徒相信他們有絕對眞理，每個人都該相信——否則……」凱斯（Keith），這位住在布魯克林區的年輕藝術家說：「這種態度置每人的自由於危險之中。」

「是的，」柯洛伊（Chloe），另一位年輕藝術家，同意並補充說：「那種『單一眞理適合所有人』的態度，實在是太狹隘了。那些我認識的基督徒，看來並無他們自以爲有的自由，我相信每個人必須決定他們自己的眞理。」

「相信絕對眞理，眞的是自由的大敵嗎？」多數我在紐約市裡遇到的人都如此相信。基督教義標示某些信念是「異端」，而某些行為是「不道德」；它禁止信徒超過它教義與道德所規範的界線。對時下的旁觀者而言，這似乎是危害了公眾自由，因為這樣做會分裂而非整合我們的群眾；它也顯示出文化上的狹隘、未能認知在現實社會中，不同文化有著不同的觀點；最後，它似乎會禁錮或至少幼稚化它的成員，讓這些人不能自我決定，在某些特殊情況下，他們必須相信什麼、又該做什麼。派克（M. Scott Peck）講了一個他曾經諮商過的女士夏琳（Charlene）對基督教的看法：「在那宗教中，沒有我的空間；那會是我的死亡！……我不要爲上帝而活，也不會如此。我要活著……單純就為我自己。①」夏琳相信基督教會扼殺她的創造力與成長；二十世紀早期的社會行動主義者高德曼（Emma Goldman）也這

麼認為,他稱基督教為「壓抑人類種族的校平儀、人類勇於行事意志的破壞者……它是一片鐵網、一件緊身衣,讓人無法擴充與成長。②」

在「機械公敵」(I, Robot)這部電影的結尾,名叫桑尼(Sonny)的機器人,完成了在它程式中原始設計的目標,然後它發現自己不再有目的;電影用一段桑尼與另一主角、戰警史普納(Spooner)的對話來總結:

桑尼:「現在,我已經完成我的目的,我不知還要做什麼?」

戰警史普納:「我想,你必須像我們一樣,開始去找到你自己的道路……那就是自由的意義之所在。」

在此觀點下,「自由」代表失去我們被創造時那種被賦予的支配性目的。如果我們的被創造真有其意義,我們就必須要遵守並完成這目的,而那會是一種限制。一般認為,真自由是去創造你自己的意義與目的,最高法院在法律中,將這種觀點奉為神聖,它認為「自由的核心」是去「定義一個人存在的自我觀念以及宇宙的意義」③,科學家古德(Stephen Jay Gould)同意說:

我們人類成為目前這樣,是因為曾經有一種奇怪的魚,她們有特別的魚鰭結構可以轉化成適合陸地生活的腳;又因為小行星撞地球滅絕了恐龍,因而讓哺乳類有機會得以繁衍……我們可能渴望能有一個「較高等」的答案——但其他答案並不存在。這樣的解釋,雖然表面上讓人困惑,如果不能說是可怕,終究可說是解放性與振奮人心的。在自然的事實中,我們不能把生命意義被動地解讀,我們必須為自己建構這些答案④。

基督教看來像是社會凝聚、文化調適,甚至是真實個人特質的敵人;然而,抱持這樣的反對觀點,其實是對真理、社群、基督教與自由的本質,存有偏誤。

真理是無可避免的

　　法國哲學家傅柯（Foucault）寫道：「真理是世界上造出的一個東西。唯有經過多重形式的制約，包含權力的規則性效果，真理才會被製造出來。⑤」受傅柯啟發，很多人說所有的真理宣告都是權力遊戲，當你宣告擁有真理，你正試圖得到權力去控制他人。傅柯是尼采（Nietzsche）的信徒，他們用這樣觀點，可以同時分析左傾激進與右傾保守兩條路線。如果你在尼采面前主張「每個人都應該對窮人公義」，他會質疑你如此說是否真的愛真理與窮人？還是要開始一場將帶給你控制與權力的革命？

　　無論如何，認為真理是權力遊戲的觀點，與真理是文化制約的觀點一樣，都陷入同樣的邏輯問題。如果你企圖用這個、那個的理由，透過解釋來推翻所有真理的斷言，你會發現自己處於一種不能防守自己論點的位置。路易斯就曾在《人的見棄》（The Abolition of Man）一書中寫道：

　　你不能一直繼續這樣「透過解釋來否認」：最後你會發現，你會把自己的解釋給推翻；你無法一直繼續「看透」事物，因為看透事物的真正意義，是去透過這事物來看見其他。「窗子應是透明的」之所以是好事，是因為在它之後的街道或花園是不透明的；如果你也能看透花園，結果會如何？⋯⋯一個完全透明通徹的世界，是一個看不見的世界。聲稱「看穿」所有事物，就等於什麼都看不見⑥。

　　如果你將所有真理的宣告，都當成是權力遊戲，那你的這種觀點也是。如果你說（如同佛洛伊德所言），所有關於宗教與上帝的真理宣告，都只是為了處理你罪惡感與不安全感所創造出來的心理投射，那麼，你這樣的觀點不也一樣？看穿每件事，就等於什麼都沒看到。

　　傅柯把他對別人的分析，努力向別人推銷，甚至把自己的觀點，推到自

己原先反對的真理那樣的級別上；可見，某種真理宣告似乎是無可避免的。當你拒絕承認真理存在，而努力去反對這種（真理的）壓迫時，這種努力的內部不一致，正也是後現代「理論」與「解構」逐漸式微的原因⑦。英國神學家切斯特頓（G. K. Chesterton）在百來年之前，就提出同樣觀點：

> 新來的反叛者是一個懷疑論者，他不信任何事物……但也因而永遠不會成為一位革命者。因為所有的譴責，都隱含著某種道德的教義……因此現代人在其反對一切的立場上，已經讓自己在所有造反的目的上，變得實際上毫無所成。正因為反叛所有的事物，他已經失掉去反對任何事物的權力……若有一種思想，要去終止所有的思想，這種思想本身，才是應該被終止的⑧。

人類社群不可能是完全兼容並蓄的

基督教要求其社群內的成員遵守某些特定的信念，這一點也不開放。批評者認為這是會造成社會分裂的，人類社群應該是要完全包容，在我們共同人性的基礎上，向所有人開放。此種觀點的支持者指出，我們很多的城市鄰居中，包含不同種族與宗教信仰的居民，但我們生活與工作在一起，共同組成一個社區。對這種社區生活的唯一要求是：每個人尊重其他人的個人隱私與權利，致力於平等的教育、工作與政治決定。共同的道德信仰不是必要的，這在一個「自由民主」社會中，尤其是如此。

不幸的是，上述觀點是由許多過分簡化的假設所組成。自由民主植基於一套假設——個人權利優於社群權利、個人道德與公共道德的區別與個人選擇的神聖性，但這些信念對許多其他文化而言，是陌生的⑨。所以，自由民主（就如其他社群）也是植基在一套特別的共同信仰之上。西方社會是建立在共同認同於理性、權力與公義這些價值之上的，雖然這些價值並無普世認知的共同定義⑩。每種公義與理性的解釋，是內隱鑲嵌於一套對於人類生命

意義的特殊信念之中的,但對它們的認知,卻並非所有人都相同⑪。所以,想要組成一個完全兼容並蓄、完全包容的社群,是一種幻想⑫;每個人類社群必然因為某些信念,會在其中劃分出界線,藉著這些圈子,讓一些人包含在內,而某些人則排拒於外。

舉個實際的例子。假設,在一個當地「同性戀與變性者社區中心」的董事會中,有一個董事宣稱:「我最近有一種宗教經驗,現在我相信同性戀是一種罪。」接下來的幾週,他不斷作這種宣告;假設另一個「反同性婚姻聯盟」董事會中的董事宣告:「我發現我兒子是一個男同志,我認為他有權與他的伴侶結婚。」無論處身社群中的人們多麼寬大與彈性,終究會有一天,每個群體都必須對這兩人說:「你必須離開董事會,因為你不再與我們擁有同樣的承諾。」這兩個群體,前者擁有包容一切的聲譽,而後者是一個排他性的社群;但是,在實務上兩者幾乎用一樣的方式在運作,每個社群都是植基在其成員的共同信念之上,這些信念就是他們的界線,這界線包容某些人卻也排斥某些人。沒有一個社群可以因此被控「狹隘」——它們不過就是社群。

任何社群,如果不用特定的信念與行為來約束其成員,將失去其整體的自我認同,也就根本不成一個社群⑬。我們不能僅僅因為它有對成員設立的標準,就說這社群是排他性的。但是,難道因此就沒有方法去判定一個社群是開放而體貼,另一個社群是狹隘而壓抑的嗎?有的。以下是一套較好的檢測方法:那個社群有信念,讓其成員在對待其他社群的人時,能有愛心與尊重、願意去服務並滿足他人的需求。那個社群的信念會妖魔化並攻擊那些違反其界線的人,而非去用仁慈、謙卑與溫和去對待他人。當基督徒譴責並對非信徒不友善時,我們應該批評他們⑭;但當教會根據本身的信念維持對其成員的標準時,我們不應批評他們;每個社群都必須做同樣的事。

基督教並非文化上僵固的

　　基督教也常被稱為文化的緊身衣，它被指控會強迫人們從多元文化中進入一種單一模式，因此也被視為是多元主義與多文化主義的敵人。事實上，比起世俗主義與許多其他的世界觀，基督教一直都對多元文化更具調適性（或許也較少毀壞性）。

　　基督徒擴展的型態與世上其他主要宗教不同。回教人口的中心，還是在它原先的發源地中東；印度教、佛教與孔教的主要信奉者，也還是在它的發源地。相對而言，基督教的信眾原先多是猶太人、圍繞在耶路撒冷周遭，之後，不僅它被希臘人所信奉而流傳於地中海周邊；後來這信仰又被北歐的野蠻人接受，而發展到西歐與北美，成為主流；今日，多數基督徒是住在非洲、拉丁美洲與亞洲；很快的，基督教將在南半球與東半球成為核心。

　　兩個個案特別有啟發性。在一九九〇年，基督徒只佔非洲人口的百分之九，與回教人口的比例是一比四；今日，基督徒構成非洲人口的百分之四十四[15]，而且在一九六〇年代就超越了回教徒的人數[16]。這樣的爆炸性成長，現在正在中國發生[17]，基督教不僅在一般農民間成長，也在社會與文化優勢的區塊，包含共產黨中發展，若按照現在的發展速度，不出三十年，基督徒將構成中國十五億人口的百分之三十[18]。

　　為何基督教在這些地方都快速發展？非洲學者薩內（Lamin Sanneh）給了一個發人深省的答案。他說，非洲人向來相信超自然界裡有好的也有壞的靈；當非洲人開始讀自己語言寫成的聖經時，很多人開始在耶穌身上看到，作為非洲人，他們自己歷史上的盼望與期待[19]。薩內寫道：

　　　基督教回應這種歷史的挑戰，是透過一種世界觀的重新適應……人們在心中意識到，耶穌不會取笑他們所尊重的聖者，也不會嘲笑他們渴慕一位無

敵救主的呼求。於是，非洲人為耶穌打著他們的聖鼓，一直到星星在天空雀躍並跳舞。經過那種舞蹈，群星不再微小；基督教幫助非洲人成為新造的非洲人，而不是被複製的歐洲人[20]。

薩內強調世俗主義在它反超自然主義與個人主義的主張下，對當地文化與「非洲意識」，比基督教更具破壞性。在聖經中，非洲人讀到耶穌勝過超自然與邪靈的力量，也讀到祂在十字架上的榮耀；當非洲人成為基督徒時，他們的非洲意識是被轉化、完成與釋放的，而不是被歐洲意識或其他的某些東西給取代[21]。透過基督教，非洲人可以由遠方批判他們的傳統，但仍然持守這些傳統[22]。

在我的教會，曼哈頓救贖者長老教會，也是一個文化調適有趣的例子。它在這樣的環境下成長，已經使許多旁觀者意外甚至震撼，我一直被問：「你是如何在這麼世俗的環境中，傳福音給數以千計的年輕成年人？」答案是：基督教在紐約市的成長，與它在世界其他地方的成長一樣，它成功地調適、融入周遭的文化，卻沒有對本身的主要宗旨加以妥協。

救贖者教會的基本教義──基督的神性、聖經的無誤性、透過相信基督使人合一的死亡，使靈命重生的必要性──在在都與在非洲、亞洲、拉美以及美國南部與中西部那些正統、相信超自然的福音派與靈恩派一致。這些信念有時會與許多城市中人的觀點與行為有所衝突；但在此同時，我們也樂於去擁抱城市裡多元文化的某些面向：我們重視藝術、珍惜種族多元、強調為城市中所有住民的公義而努力；然後用帶有敏感性的語言，與我們城市中心的其他文化溝通。更重要的是，我們強調一個救主的恩典，這位救主願與當時一般人視為「罪人」的人共食，也愛那些迫害祂的人。這些事對曼哈頓居民而言，都非常重要。

結果是，救贖者教會吸引並傳福音給非常分歧的都會群眾。在一個主日崇拜裡，我太太凱西被介紹給一位坐在她前面的男士，他是被迪羅倫

（John DeLorean）（譯註：美國汽車業傳奇人物）帶來的，這位男士是保守的共和黨總統候選人的文膽；沒多久，又有一位後面的女士拍拍她的肩頭，要介紹另一位客人，這位女士帶來的客人，是搖滾天后瑪丹娜的首席詞曲創作者。因著這兩位客人的背景差異太大，凱西雖然很高興他們都能來，但卻又希望他們在講道之前，別碰在一起。

幾年前，一位來自美國南部的男士拜訪救贖者教會，他聽說雖然我們堅守正統教義，卻還能在充滿懷疑與世俗的城市中成長。他期待見到的教會是一個採用前衛音樂、錄影帶剪輯、有張力的短劇、非常時髦的陳設、以及有著其他引人注目事物的地方；但讓他意外的，他所看到的，只是一個簡單的傳統崇拜聚會，表面上看來與他家鄉那種更保守的教會沒什麼不同；但他也觀察到，聚會中的聽眾包含許多就他所知，應該絕對不會來教會的那類人。聚會後他見到我，說：「這對我是一個完全的謎團，那些帶動唱的人在哪裡？那些吸引人的巧妙小玩意在哪裡？為何這些人願意來此？」

我帶他去見一些來教會一陣子的「商業區藝術類型人士」，他們建議客人要看表面下的事物。有一人說救贖者教會與一般教會不同的地方既深且廣，是在於「反諷、清楚與謙虛」。他們說救贖者教會沒有浮誇煽情的語言，這種語言常見諸於其他善用情緒操弄的教會。相反的，救贖者教會裡的人用溫和、自我調侃的反諷來談別人。不僅如此，這兒的信仰立場非常清楚，但帶有謙虛，讓曼哈頓人覺得被接受且受歡迎，即便他們對某些教會的信念不同意。最重要的是，他們說，這裡的教導與溝通，都是有智識又精妙的，且在敏感處特別顯出其敏感性。

上述的作法在曼哈頓得到肯定，但所有作法都是植基在基督基本教義上的。舉例而言，重視種族多元在保羅給以弗所人的書信，第二章（聖經以弗所書），保羅堅持教會中種族多元，是對基督真理的重要見證。再舉一例，美國神學家尼布爾（Reinhold Niebuhr）指出用反諷、帶點興味的心情，對

人類種種想要像神一樣，卻注定失敗的努力一笑置之，本來就是一種基督徒看待世事的方式㉓。因為所有這些調適性的觀點，深植於歷史上基督教的教導之中，它們並非只是行銷技巧而已。

比起任何其他主要宗教，為何基督教更能夠進入到那麼多截然不同的文化之中？這當然是因為它有一套核心的教導（使徒信經、主禱文、十誡等），這些教導是所有基督徒所共遵的。然而，它也容許相當的自由度，讓這些絕對真理，可以在特殊文化中，用不同方式表達或採用不同的形式。舉個例子，聖經要基督徒在音樂讚美中合而為一，但它卻沒有規定所用的音韻、旋律、情緒表現的程度、或該用何樂器——這些都留給文化上不同的方式去表現。蘇格蘭歷史學家沃爾斯（Andrew Walls）寫道：

> 文化多元原來就被植入基督教信仰中……在使徒行傳15章，宣告外邦的基督徒不需要進入猶太人的文化中……入教者必須要活出……一種希臘人的生活方式。所以，沒有一個人可以獨有基督教信仰，並沒有一個所謂的「基督教文化」，像「回教文化」一般，你可以輕易辨識，由巴基斯坦到土耳其到摩洛哥……㉔

聖經經節，如以賽亞書60章與啟示錄21—22章，都勾勒一個新造、完美的未來世界，其中我們可以保有我們的文化差異（「每個語言、宗族、人種、國家」）；這表示每種人類文化（都是由上帝而來）都有一些獨特的優點與強項，對人類整體的豐富性可以做出貢獻。如沃爾斯所指明，正如每種文化都有一些可以被基督教信息批判的扭曲與成分，每種文化也都有優良而獨特的成分，足供基督教加以連結並調適。

與一般觀點相反的，基督教不是會摧毀當地文化的一種西方宗教。基督教比其他信仰更加採取文化上多元性的發展型態㉕；它原有的深層觀點是來自於希伯來、希臘與歐洲文化，但未來百年，更將被非洲、拉美與亞洲文化進一步改變。基督教可能會成為真正「世界的包容觀點」㉖，因為這些世紀

以來，它正把領導權開放給每個語言、宗族、人種與國家。

自由並不簡單

　　基督教被認為是個人成長與潛能的限制，因為它限制我們選擇信仰與行為的自由。肯特（Imanuel Kant）將啟蒙的人類定義成一個信任自己思考能力，而非相信權威或傳統的人㉗。這種「抗拒道德事物中的權威」已經在我們的文化中，成為一股深深的暗流，決定自我道德標準的自由，被認為是作為一個完全人所必備的。

　　然而，這樣的觀點太過簡化。自由不能只是負面排除制約，被定義成沒有界線與限制。事實上，在很多狀況下，界線與限制事實上是一種通往自由的手段。如果你有音樂性向，你可能在彈鋼琴一事上，投入許多年的練習、練習、再練習；這是一種制約，限制了你的自由；當你投資很多時間在練琴上，有很多其他事情你就無法去做。但如果你有這種天分，這種紀律與限制，最後會釋放你的能力，否則這種天分也只是未開發的潛能。你做了什麼呢？你刻意喪失從事其他事物的自由，去把自己釋放到一種更豐富的自由，在這種自由中，你可以成就其他事物。

　　這並非表示限制、紀律、與制約，在本質上或自動地就是解放自由。舉例而言，一個五尺四吋（約一六三公分）、一百二十五磅（約五十七公斤）重的年輕男人，不應該把他的目標放在要成為一位美國國家足球聯盟（NFL）的前鋒；所有世界上的紀律與努力將會挫折他甚至（真實地）摧毀他；他正在將自己的頭撞擊在一個體型的現實上——他就是沒有成為美式足球員的潛能。在我們的社會上，很多人非常努力去追求那些優渥待遇的職涯，而不是那些適合自己天賦與興趣的事業；這些不適合的職業是緊身衣，長此以往，會讓我們窒息與非人化。

因而，紀律與限制，只有在把它們用在適合我們本性與能力的現實上，才能解放我們。一條魚，因為是由水中而非空氣中吸收氧氣，所以，牠的自由必須被限制與局限在水中；如果你把牠放在草地上，牠行動甚至存活的自由非但沒有被提高，反而被摧毀。如果我們不尊重牠本性的現實，這魚會死。

在生活中的很多領域，自由不是除去限制，而是去找到對的限制，那些能解放的限制；那些將我們本性與世界調和的必要限制，會對我們的能力與更深的喜樂加以滿足，產生更大的力量與影響。實驗、探險與犯錯，只有在時間淬鍊下，最終顯出我們的限制與能力時，才會帶來成長。如果我們唯有在審慎的限制下，才能在智識、職業與體能上成長——何獨在屬靈與道德的成長上不是如此？與其堅持保有自我創造屬靈現實的自由，為什麼我們不去探索真正的信仰，然後自我要求去遵照它而生活？

另一常見的觀念——我們每個人應該去決定我們自己的道德——其實是建立在相信屬靈領域一點也不像世界其他領域的基礎之上的，有人真的如此相信嗎？多年來，我在每個主日早上與晚上的崇拜聚會結束後，都會多留一段時間，在大堂接受現場提問。數以百計的人會留下來，參與這有來有往的討論。其中最常被問到的一個問題是：「每個人應有權去決定，對他自己而言，何者為對與何者為錯。」對此，我總是用反問的方式來回答：「現在，在世界上有沒有人正在做，你認為他們不應該做的事？不論他們個人對其行為的正確性相信與否？」提問人的回答都是：「有的，當然。」於是我會問：「難道這不是表示：你真相信有些存在的道德現實，不是由我們來定義的，但卻應該要被遵守；無論做此事的人，對他們所做的如何感覺或思想。」幾乎每一次，對我這個問題的回應，都是一陣安靜，無論安靜的背後是沉思或不滿。

愛，終極的自由，其實比我們想像的更制約

到底什麼才是我們必須承認，應該去發展的道德／屬靈現實？如果我們將自己限制在某種環境，到底什麼樣的環境可以釋放我們，如同水釋放魚一般？愛！愛是所有喪失自由物質中，最具有解放能力的。

愛的一個原則是──無論愛一個朋友或浪漫的戀人之愛──你必須失去獨立性，才能得著親密性。如果你要得到愛中的「自由」──那種愛所帶來的滿足、安全與自我價值感──你必須在很多方面限制自己的自由。你不能進入一個深度關係，卻仍然單邊做決定，或讓你的朋友與愛人，對你如何生活這件事，毫無發言權。若要去經歷愛的喜樂與自由，你必須放棄自己的個人自主性。法國小說家莎崗（Francoise Sagan）（譯註：也是一位時尚仕女），在一篇給時尚《世界報》（Le Monde）的專訪中說的好；她說她對過去的生活方式感到滿意，毫不後悔：

訪問人：那你有你想要的自由嗎？

莎崗：……當我與某人戀愛時，很明顯地會比較不自由……但人總不會都在戀愛中。除此之外……我是自由的㉘。

莎崗是對的，愛的關係限制你的個人選項。再一次，我們被「自由」這個概念的複雜度給難住了。人類在愛的關係中，是最自由並有生命力的；唯有在愛中，我們才能成為我們自己，但健康的愛涉及到互相、無私的服務，與彼此失去的獨立自主。路易斯有力地提出論點：

愛任何東西，你的心必然會被扭攪並可能破碎。如果你要確保你的心不受干擾，就不能把心給任何人，甚至於給動物也不可。你要把它用個人嗜好與小小的奢侈，小心地包起來，避免各種糾葛，把它安全地鎖在你個人自私的珠寶盒或棺材中。然而，在這樣的珠寶盒中──安全、幽暗、無生機、無

空氣——你的心會改變；雖然它不會破裂，卻會變得無法呼吸、無法穿透、也無法拯救；想要避免因愛造成的悲劇或至少是避免悲劇的危險，這種另外一條路的結果，卻是咒詛[29]。

自由，於是，不再是不要限制或約束，而是找到正確的約束，那些適合我們本性，也會釋放我們的約束。

為了讓愛的關係健康，必須要有一種獨立自主的相互喪失；這不能是單向的，雙方都必須向對方說：「我會為你調整，我會為你改變，即便要做出犧牲，我也要服務你。」如果一方做了所有的犧牲與付出，而另一方只是發號施令，這種關係是一種壓榨關係，終將壓迫並扭曲兩個人的生命。

初看之下，與上帝的關係好像必然是非人性的。當然這關係看來好像是「單向的」：傾向神的道路；畢竟，上帝，神聖的靈，有著一切的能力。所以，我必須對上帝做出調整——上帝不可能為我而調整或服事我。

或許這樣的想法對其他的宗教與信仰而言是真的，但對基督教而言卻不是。用最極端的方式，上帝已經為我們做出調整——在祂道成肉身、轉世為人，以及十字架受死與人和好的作為上。在人子耶穌上，耶穌基督取了受限制的人身、受制於苦難與死亡；而在十字架上，祂取代了我們的狀況——作為罪人——代替我們死，並且饒恕我們。用最深刻的方式，上帝已經在基督裡對我們說：「我會為你調整，我會為你改變，即便要做出犧牲，我也要服務你。」如果，祂已經為我們做了這些，我們不也應該對上帝與他人說這些話嗎？保羅寫道：「基督的愛激勵我們」（哥林多後書：5章14節）。

路易斯的一個朋友有次問他：「愛上帝容易嗎？」他回答：「對那些去做就是的人，很容易。[30]」這並不如表面上聽來那麼的矛盾。當你深深陷入愛中，你要去取悅所愛的人；你不會等那人要求你為她做什麼，你急切地去研究與瞭解，所有可以讓她高興的小事，然後你會為她去做，即便這會讓你付出金錢，或是不方便。你覺得「你的想望就是我的使命」——而這對你而

言，一點也不覺得受壓榨。從局外看，你的朋友可能會想：「她正把你耍得團團轉！」但對身在局內的你而言，這一切好像在天堂。

對一個基督徒而言，他與耶穌間就是如此。基督的愛激勵我們！一旦你明瞭耶穌如何為你改變、把祂自己獻給了你，你就不會害怕去把你的自由放棄，從而在祂裡面，找到真正的自由。

第四章 教會要對這麼多不公義負責

「任何有這麼多狂熱分子與偽善者的宗教，我都必須質疑。」海倫（Helen）如此堅稱，她是一位法律系學生。「有那麼多人完全沒宗教信仰，但卻比我所認識的基督徒，更仁慈甚至更有道德。」

「教會有支持不公義的歷史，也有摧毀文化的紀錄。」另一位法律系學生潔西卡（Jessica）補充道。「如果基督教是真的宗教，這怎麼可能發生？」

芝加哥大學教授李拉（Mark Lilla）在紐約時報雜誌上，揭露他在十來歲時的基督徒「重生」經驗；但在大學時期，他卻「重新轉教」並且放棄原有的基督教信仰。這是怎麼發生的呢？原來大學時他由底特律搬到密西根的安娜堡（Ann Arbor），進入一個基督徒社區，這社區在全國享有屬靈生命力的美名。然而，這經驗卻變成「讓人心碎的失望」。整個社區是權威性與階級分明的，裡面的成員都是「教義嚴謹的……急切地想把我在教義上，變得像他們一樣。」對於這種好戰與壓抑方式的幻滅，讓他認為這些人想用聖經來控制別人的生命。「這種想法穿透進入我的腦海——聖經可能是錯的——這是我離開信仰世界的第一步。①」

很多人之所以從智識的立場反對基督教，就是從這種個人對基督徒與教會的失望出發的。我們都會基於個人的經驗，產生智識上的傾向，如果你認識很多有智慧、愛心、仁慈又有見地的基督徒；如果你看到的教會是在信仰

上敬虔，又具有公民意識與慷慨行為，你就會在心智上覺得基督教是可信的；但相對的，如果你大多的經驗，都是與唯名主義（徒具名號，表面的、卻不付諸實踐的）基督徒接觸，或者遇到的都是些自以為義的狂熱份子，除非基督教義本身就具有讓你信服的力量，否則你是很難對基督教有好感的。李拉認定「聖經可能是錯的」，並非只是一種哲學反思；他是在抗拒某些人，他認為這些人以基督教為名，卻是想把自己的權力強加在他身上。

所以，我們必須注意：基督徒的行為——個體的或整體的——對很多人而言，可能已經損壞了基督教的可信性。有三個問題在此凸顯：第一，是基督徒刺眼的個性缺點；如果基督教是真的，為何有那麼多非基督徒，反而比基督徒有更美好的生命品質？第二，是戰爭與暴力的問題；如果基督教是真理，為何機構性的教會，卻在過去曾經支持戰爭、不公義與暴力？第三，是狂熱主義的問題；縱使基督徒的教導有許多可學習之處，為什麼我們要與那麼多自鳴得意、自以為義、或危險的狂熱份子為伍？

個性缺點

任何涉入教會生活的人，都會發現教會中一般信徒的很多個性缺點。相對於其他的自願性組織，教會社群似乎總是充斥著許多的爭執與小圈圈。此外，教會領袖的道德失敗也是眾所周知的；也許媒體真的太喜歡報導這類醜聞，但它們並非空穴來風。比起世上其他沒被逮到的領袖，教會的長執領導人似乎同等（如果不是更加）腐敗。

在此同時，許多沒有信仰的人，卻過著道德上可為表率的生活。如果基督教真的如其所宣稱，難道整體而言的基督徒，不應該比其他人更好嗎？

這種假設，是根據一種對信基督教本身教導的錯誤認知。事實上，基督神學向來教的是一種普世恩典，雅各書1章17節説「各樣美善的恩賜和各樣

全備的賞賜，都是從上頭來的⋯⋯從眾光之父那裡降下來的。」這表示無論是誰做出來的，每種善行、智慧、公義與美事，都是上帝所賦能而發生的；上帝「慷慨地」給出智慧、天賦、美麗與技能──用一種接受者完全無功受祿的方式給出。祂將這些美好分賜給所有人類，不管他們的宗教信仰、種族、性別，或任何其他特質，為的是要去豐富、照亮與保存這個世界。

　　基督教神學也說明了，真實基督徒本身也可能有嚴重缺陷的人格特質。聖經中一條中心信息是：人與神發生關係完全是因為單單的恩典，我們的道德努力對取得救恩而言，是太微弱也是錯誤的動機；耶穌，透過祂的死亡與復活，已經將救贖給了我們，我們只要接受它，當成禮物；所有教會，不管用何形式，都接受這種教導。個人個性與品格的成長，以及行為的改變，是基督徒得救後，透過逐步的過程，才會發生。那種錯誤的認知，以為一個人必須先「清潔」他自己的生命，才能與上帝同在，並非基督教義；然而，這也表示教會難免會充滿這些不成熟與破碎的人，在情緒上、道德上與屬靈上，他們還有很長一段路要走；正如一個諺語所言：「教會是罪人的醫院，而非聖人的博物館。」

　　美好的人格多數要歸因於一個友愛、安全、穩定的家庭與社會環境──但這卻是我們無法負責的情境。很多人來自不穩定的家庭背景、差勁的榜樣角色、與悲劇或失望的歷程；結果，他們被深深的不安全感、過分敏感、與缺乏自信所重壓，以至於他們常常掙扎於難以控制的怒氣、害羞、沉溺，或其他的困難之中。

　　想像有一個來自破碎過去的人成為基督徒，她的性格已經比過去明顯改進；但她還是比另一位原先就調適良好但沒特定宗教傾向的人，還要更缺乏安全感或自我紀律。如果你在一週內，同時遇到這兩位女士，除非你知道每個人的起點與生命旅程，否則你很容易下結論說基督教沒用，基督徒與他們自己揭櫫的高標準不一致。通常，那些命比較苦，或是「在性格尺度上標準

較低」的人，反而比較會承認他們需要上帝，進而轉向基督教。所以，我們應該預期，許多基督徒的生命可能比不上非基督徒②。（正如醫院中人的平均健康狀況，相對而言，比不上參觀博物館的人。）

宗教與暴力

難道正統宗教無可避免會導致暴力？《上帝不偉大：宗教如何毒害每件事？》（God Is Not Great: How Religion Poisons Everything）的作者希均斯（Christopher Hitchens）正是如此主張。在他書中〈宗教殺戮〉的那章中，他特別說明了宗教如何燃起暴力，在貝爾法斯特（北愛爾蘭）、貝魯特、孟買、貝爾格勒（南斯拉夫）、伯利恆與巴格達。他堅稱宗教利用種族與文化差異，並且使之惡化。「宗教並非不像種族主義」，他寫道：「它的一種版本會激勵一些人，但也激怒其他人。宗教已經成為部族間疑懼與仇恨的放大器……③」

希均斯的觀點可稱公允。宗教確實「昇化」普通的文化差異，讓對立的兩邊，感覺他們是在進行一場正與邪的宇宙對決；這是為何希均斯認為「宗教毒害每件事」，因為表面上看來正是如此。基督教國家曾經組織化地涉入帝國主義、暴力、宗教法庭，以及非洲的奴隸貿易；二十世紀中葉，極權而好戰的日本帝國，是由深受佛教與神道教所影響的文化中崛起；回教是今日恐怖主義的沃土，而以色列的武力也常是毫不留情；印度的國家主義者，藉他們宗教之名，對基督教會與回教清真寺展開血腥攻擊。這些證據，都顯示宗教確實加重了人們之間的差異對立，最後導致戰爭、暴力與對少數人的壓迫④。

然而，這種觀點也有問題。共產黨的蘇聯、中國與柬埔寨，是二十世紀中禁絕所有相信神的宗教之政權；在此之前還有法國大革命，當時因為人本

的覺醒，是強力反對傳統宗教的。這些社會都是理性而世俗化的，但每個社會都在毫無宗教影響之下，對自己的人民造成可怕的暴力。何以致此？神學家麥葛福（Alister McGrath）指出當上帝的觀念消失，一個社會會「神格化」另一些其他的東西、其他的概念，好讓這個社會顯示出道德上或屬靈上的優越；馬克思主義者讓政府成為專權，而納粹則高舉其種族與血統；即便是自由與平等的觀念，都可被用來對反對者暴力相向：在一七九三年，羅蘭夫人（Madame Roland）因受捏造的指控，走向革命廣場的斷頭臺，被迫向代表自由的雕像鞠躬，臨死前她說：「自由！自由！多少罪惡假汝之名以行！⑤」

以基督教之名發生的暴力，是一件可怕的現實，必須一而再的被正視，沒有理由為此找藉口。但是，在二十世紀的暴力，很多卻是由世俗主義所引起，其暴力不下於道德絕對主義；那些嚴禁各種宗教的社會，與那些完全沉浸於某種宗教的社會，其實同樣高壓。我們只能結論：某種暴力的原動力是如此深植人心，無論特定社會的信仰如何——社會主義或資本主義、宗教性或非宗教性、個人主義或階級社會，這種暴力的原動力都會找到一個出口。可見，社會中存在暴力與戰爭的事實，並不必然可以據以反對這個社會中所盛行的信仰。

狂熱主義

今日，對一般人而言，阻滯他們接受基督教的最大因素，也許不在於暴力和戰爭，而在於狂熱主義的陰影。許多非信徒周遭有剛剛「重生」的基督徒朋友或親戚，他們的信仰可能已經熱過了頭；他們不久就開始大聲表達自己對社會中不同群體和部門的反對——特別是對電影與電視、民主黨、同性戀、進化論者、激進的法官、其他宗教的成員，以及在公立學校所教的價值

等等。當為自己的信仰爭辯時，他們通常表現得難以容忍，並且自以為義。這就是許多人所稱的狂熱主義者。

很多人嘗試用一條連續帶來瞭解基督徒，一端是「唯名主義」（名義上的基督徒），另一端則是「狂熱主義」；唯名主義的基督徒是徒具基督徒的名義，但從來不把基督教義行出來、僅僅是相信而已的基督徒；狂熱主義者，則是被認為過分相信與過分實行基督教義的基督徒。在這種分類上，最好的基督徒類型被認為是居於中間的，他們不完全緊密跟隨基督教義；他們相信，但卻也不完全投入。這種觀點的問題，在於它假設基督徒的信仰，基本上是一種道德改良的型態；嚴謹的基督徒，因此也應該是嚴謹的道德人士，就像是在耶穌時代被稱為法利賽的那類人。法利賽人相信，因為他們的道德行為以及正確的教義，他們在上帝面前是更好的人；自然而然，就會讓他們對那些與其篤信篤行不同的人，感到相對優越；由此開始，便容易走向對他人不同形式的虐待、排拒與壓迫。這就是我們認為狂熱主義的本質。

那麼，如果我們認為基督教的本質是因恩典而得拯救，拯救並非因為我們做了什麼，而是因為基督已經為我們做了什麼呢？相信你被上帝接受，純然只是因為恩典，這會使人非常謙卑。在此觀念下，那些狂熱的人，並非因為他們對福音的過度投入，而是因為他們對福音的瞭解不夠。

想想那些你認為狂熱的人，他們是專橫的、自以為義的、主見很強的、對人冷漠與嚴苛的。為什麼？那不是因為他們太像基督徒，而是因為他們不夠像基督徒。他們很是激進的熱心與勇敢，但他們卻不是激進的謙卑、敏銳、愛人、為人著想、饒恕或善體人意——而這些都是基督的本質。因為他們把基督教看成一種自我改進的課程，他們模仿的，是帶著鞭子進入聖殿的耶穌，而不是那位說：「你們中間誰沒有罪，誰就可以先拿石頭打她。」的耶穌（約翰福音：8章7節）。過分狂熱最讓人驚訝的是：這情形，其實是一種未能完全投入基督與祂福音的失敗。

聖經對宗教的批判

帶來不公義與壓迫的極端主義與狂熱主義，對任何宗教信徒的群體而言，都是一種持續的危險；然而，對基督徒而言，解決之道並非去壓低與調和他們的信仰，而是去緊抓對基督真正的信仰；聖經上的先知，對此知之甚詳。事實上，學者韋斯特佛爾（Merold Westphal）曾說馬克斯把宗教解析成一種欺壓的工具，其實在舊約希伯來先知以賽亞、耶利米、阿摩司時代，即便在新約福音的信息中，都早有這樣的預言。根據韋斯特佛爾，馬克斯在他對宗教的批判觀點上，並非原創——聖經早就有這些批判⑥。

耶穌對宗教有一主要批判。祂在有名的「登山寶訓」（馬太福音第五、六、七章）中並沒有批判那些沒信仰的人，反而是批判那些宗教人士；那些被批判的人會禱告、施捨窮人、追求根據聖經的生活，但他們這樣做，是為了得人稱讚，並且為自己取得權力；他們相信，他們可以因為屬靈的績效，來取得對人的影響力，甚至是對上帝的影響力（「他們以為話多了必蒙垂聽」——馬太福音：6章7節）。這也讓他們喜好評斷、譴責他人、很快就對他人妄自批評，但自己卻不接受批評。他們是狂熱份子。

在他的教訓中，耶穌對那些正直與受尊敬的宗教人士說：「稅吏和娼妓倒比你們先進上帝的國。」（馬太福音：21章31節）。祂繼續用直白的語言，譴責他們的律法主義、自以為義、盲從與貪戀財富權力（「你們法利賽人洗淨杯盤的外面，你們裡面卻滿了勒索和邪惡。……那公義和愛神的事反倒不行了。……你們把難擔的擔子放在人身上，自己一個指頭卻不肯動。……〔你們〕侵吞寡婦的家產，假意做很長的禱告。」——路加福音：12章39-46節；20章47節）。我們應該不訝異於發現，最後殺死耶穌的，竟然就是這些相信聖經的宗教既得利益者。正如瑞士神學家巴特（Karl

Barth）所言，把基督釘在十字架上的，不是世界，乃是教會⑦。

耶穌跟隨希伯來先知，如以賽亞等人的前例，談論當時的那些人：

他們天天尋求我，樂意明白我的道，好像行義的國民，不離棄他們上帝的典章向我求問公義的判語，喜悅親近上帝。他們說：我們禁食，祢為何不看見呢？我們刻苦己心，祢為何不理會呢？看哪，你們禁食的日子仍求利益，勒逼人為你們做苦工。……我所揀選的禁食不是要鬆開凶惡的繩，……使被欺壓的得自由，折斷一切的軛嗎？不是要把你的餅分給飢餓的人，將飄流的窮人接到你家中，見赤身的給他衣服遮體……？（以賽亞書：58章2—7節）

先知和耶穌批判的是什麼？他們不是反對禱告或禁食或在生活中服從聖經的指引。然而，宗教人士的傾向，是用眼見的屬靈與道德為工具，取得對別人的權力，並想要用儀式與良好的工作來取悅上帝；這樣做會導致強調外部宗教形式，也導致貪婪、物質主義，並在社會運作上施行壓迫。那些以為用敬虔品質與道德良善就可以取悅上帝的，自然會感覺他與他們的群體應受遵從，也有高人一等的權力。然而，耶穌與先知們的上帝之所以拯救，完全是因著恩典；上帝不可能被人的宗教與道德表現所操弄——唯有透過悔改、透過放棄權力，上帝才能被人觸摸。如果我們得救全然是恩典，我們只能成為感恩、願意服事上帝與周遭人的僕人；正如耶穌挑戰祂的門徒說：「誰願為首，就必作眾人的僕人」（馬可福音：10章43—45節）。

在耶穌與先知的批判中，自以為義的宗教，總是對社會公義的議題漠不關心，而真正的信仰，卻對貧窮與邊緣人深深關懷。瑞士神學家喀爾文（John Kalvin），在他對希伯來先知的追蹤評論後，說上帝與窮人連結如此之深，以至於他們的哭聲表現出聖靈的痛苦；聖經上也教導我們，我們對窮人的對待方式，就等於是對上帝的對待⑧。

教會曾經無可辯解地參與過一些對別人的壓迫，但重要的是瞭解到，聖

經由其信仰的內在，早就給了我們工具，去分析與堅定批判一切宗教所支持的不公義。歷史學家索摩維爾（C. John Sommerville）宣稱即便是對基督教強力反對的世俗性批判，都是引用基督教內部的資源來譴責它⑨。很多人批評教會權力飢渴與自視甚高，但在許多文化中對於權力與尊重的驅力卻被認為是好的。那麼，我們究竟由哪裡拿出那份美德的清單，可以對照、顯出教會的罪惡呢？索摩維爾如此問。我們實際上還是由基督教信仰中，才能得到這份美德清單的。

為了向他的學生顯示這點，索摩維爾邀請他們進行一場思想實驗。他指出在基督教傳播前的北歐種族，像是安格魯薩克遜民族，是以榮譽感為基礎的社會。在這種以羞恥心為基礎的文化中，取得並保持別人對你的尊重，是至高無上的價值；但當時要導正他們的基督教修士，存有的卻是一套以慈善為基礎、想要給別人最好的價值觀念。為了要凸顯兩者的差異，索摩維爾要他的學生去想像，看到一個在深夜城裡提著一個大錢包的老太太，為何不去撞倒她，拿走她的錢包與裡面的錢？對此，在一個以榮譽／羞恥為基礎的文化中，你之所以不搶走她的錢包，是因為如果挑弱者下手，你將是一個可悲的人，沒人會尊重你，連你自己也會瞧不起自己。這樣的倫理道德，當然，是由自我的觀點出發的；你關注的焦點是：這樣的行為會影響你的榮譽和聲望。然而，還有另一種可以採取的思考方式，你可以去想像被搶的那種痛苦，失去金錢對那些靠著它度日的人，又是何等的傷害。因此，你不會去搶走那些錢，因為你要為這位老太太，以及倚靠她之人的利益著想；這是一種考慮他人的倫理道德；你思考的出發點是為了他人。

這些年間，索摩維爾發現絕大多數學生，採取的是第二種、考慮他人的道德推理方式。作為歷史學家，他接著會向學生展示，何為基督徒的道德取向。可見，基督教義已經改變原先以榮譽為基礎的文化（其中：重視尊嚴而非羞辱；主控而非服務；勇氣而非愛好和平；榮耀而非謹守；對自己的宗族

忠誠，而非對所有人同等尊重）⑩。

　　現世人們對基督教會壓迫與不公的批判，事實上是來自基督教內部的自我批判。歷史上，教會的缺點可以被理解為：他們對基督福音原則的不完整採用與實踐。索摩維爾說當安格魯薩克遜人乍聽基督教福音信息時，他們感到不可置信；他們難以想像，怎麼會有社會既不懼怕也不尊重「力量」，卻可以存在。當他們被歸正成為基督徒後，他們的內在價值觀一點也不一致，他們往往把基督教考慮他人的倫理道德，與他們原來舊有的模式混用。於是，他們支持十字軍東征，把它當成一種對上帝與自我榮譽的護衛；他們讓教士、女人與農奴去培養慈善的美德，但這些美德並不適用於重視榮譽與行動的男人。無怪乎在教會歷史中，會出現那麼多可受譴責的錯誤。但如果不採用基督教的標準，我們將發現這些批判是不具有批判基礎的⑪。

　　對基督教會過往紀錄，最公平與嚴厲批判的答案，究竟為何？答案不是去放棄基督信仰，因為這會讓我們既無批判的標準，又無改進的能量。反而，我們應該追求對基督教有一個更整全、更深入的認識。聖經本身一直教導我們，將會有宗教的濫用，也告訴我們要如何對應這狀況；正因為如此，基督教歷史給予我們許多有關於自我改善的明顯例子；在此，且讓我們審視兩個指標性的案例。

以耶穌之名的公義

　　非洲奴隸交易是教會歷史上很深的印記。因為在那些當時買賣奴隸的國家中，基督教是主要宗教，教會與當時的社會對於買賣奴隸，同樣要背負起責任。當時的奴隸，在幾世紀裡的每個文化，可說是普遍存在的；而基督徒是第一群認定奴隸制度錯誤的人。社會歷史學家史塔克（Rodney Stark）寫道：

雖然常遭否認，反奴隸教義開始於神學，是在羅馬帝國衰落之際，而完成於基督教歐洲（除了邊緣地區之外），所有國家的全面禁奴。當歐洲人後來在美國新大陸實施奴隸制度時，羅馬教廷也曾費力地加以反對；這個事實曾經被刻意由歷史中遺漏，直到現在才被重新提出。最後，新世界（美國）奴隸制度的廢止，也是由基督徒活躍人士所發起並完成的⑫。

基督徒投入廢奴行動，並非如一般人所理解是基於人權的考慮，而是發現這制度違反上帝的旨意。先前在聖經時代，那種契約式的奴隸制度已經很嚴苛了，現在這種透過綁架、以種族為基礎、終身家產式的奴隸制度，更加不能見容於無論是舊約或新約聖經的教訓⑬。基督教活躍份子，如英國的威伯福斯（William Willberforce）、美國的伍爾曼（John Woolman）等人，以及許許多多其他基督徒終其一生，以耶穌之名致力於廢奴。奴隸買賣是一種獲利豐厚的行當，即便是在教會內，也有強大的獲利動機去使之合理化，因此，也有一些教會領袖護衛這種制度，所以這個自我改善的爭戰，其實是很慘烈的⑭。

當廢奴運動者終於使英國社會傾向於在他們的帝國內開始廢奴，轄下殖民地的農主預言，廢奴會使投資人損失慘重，而且商品價格也會災難性地向上飆高。但這並沒有阻止下議院的廢奴主義者，他們同意去補償農主因失去奴隸導致的損失，這在當時，是高達整個英國政府年度預算一半的驚人數字。廢奴法案於一八三三年通過，其對英國人民代價之高，讓一位歷史學家稱英國廢奴運動是一種「自願性的經濟自殺」。

史塔克指出許多歷史學家都努力想要理解，為何廢奴主義者願意犧牲這麼大來終止奴隸制度。他引述歷史學家坦伯力（Howard Temperley）所說，這一段廢奴歷史讓人困惑，因為歷史學家大多相信，所有政治行為都是自利的。然而，雖然在近五十年間，數以百計的學者想要找出對這段歷史的解釋，坦伯力說：「沒人成功地找到，那些努力終止奴隸買賣的人⋯⋯用任

何可見的方式，由其中得利。……實際上這些措施，在經濟上對國家是很昂貴的。」可見，奴隸制度之所以被廢止，是因為它是錯的，而基督徒帶頭說出此事⑮。基督教中自我修正的機制，以及它對宗教支持不公義行動的批判，在此展露無遺。

另一個經典案例，是在二十世紀中葉美國的人權法案。在此運動中一段重要歷史，查普爾（David L. Chappell）顯示這運動不是政治性，而主要是宗教與屬靈的運動。北方的自由派白人，是非裔人權領袖的盟友，但他們並非人權反抗的擁護者，也不是直接攻擊種族隔離的人；但因為他們對人性良善的世俗信仰，他們認為教育與啟蒙，可以引致社會與種族進步。查普爾認為黑人領袖比較堅信聖經中的人心罪性，以及希伯來先知書中對於不公義的譴責。查普爾也表示是因為當時一般非裔美國人的活躍信心，激勵了他們即便在暴力反對下也要堅持公義的信念。於是，查普爾結論說，除了把人權運動當成宗教復興來解釋外，是無法瞭解當時所發生的⑯。

當馬丁路德・金恩在南方教會面對種族主義時，他並未請求南方教會更加世俗化。讀他的講道與《伯明罕監獄書信》（Letters From Birmingham Jail），就可以看見他的論點。他所呼籲的是上帝的道德律與經文，他籲請白人基督徒對自己的信仰更真實、更加明瞭聖經上的教導是什麼。他並沒有說「真理是相對的，每個人都有自由去決定，對自己而言，何為對錯。」如果所有事物都是相對的，對南方白人而言，就沒有放棄既有權力的動機。金恩博士引用先知阿摩司，他說：「惟願公平如大水滾滾、使公義如江河滔滔。」（阿摩司書：5章24節）。這位我們時代中最偉大的公義先驅，明瞭種族主義的解藥，不是較少的基督教義，而是更深入與真實的基督教義。

威伯福斯與金恩絕非少數以基督之名，扭轉不公義狂潮的領袖。在南非終止其種族隔離政策後，每個人期待會有流血，之前的受害者將會對加害者進行暴力報復，而原先的壓迫者也將以武力自保。然而，基督

徒領袖如屠圖主教（Desmond Tutu）等人，在一九九〇中期成立了難得的「南非真相與和解委員會」（South African Commission for Truth and Reconciliation），其名稱表現出這個委員會的原則與使命。它邀請之前的受害者前來委員會申訴其故事，也邀請那些受控壓榨與暴力的犯罪者前來，講出真相並請求特赦，沒有任何一方可以不來委員會。然後委員根據所聽到違反人權的陳述與報告，來考慮各方對於特赦的申請，這包含以前的種族隔離州，以及非洲國家議會。這個制度雖非無缺點或沒人批評，但委員會確實在政權轉移到多數決制度的過程中，大大減少原先預期的流血。

　　二十世紀末東歐的天主教會拒絕在共產主義下死亡。透過「忍耐、蠟燭與十字架」活動開啟了一系列連鎖事件，終於導致那些極權政府的垮台。波蘭教士波派魯茲科（Jerzy Popieluszko）透過他的講道與行動，領導了一九八〇早期共產波蘭時代的自由貿易聯盟，當他被祕密警察謀殺時，二十五萬民眾參加他的喪禮，其中包含華勒沙（Lech Walesa），他所領導的「團結工聯」最後推翻了共產政府；許多參加喪禮的人，在經過祕密警察總部時，高舉「我們饒恕！」標語[17]。基督徒對這些反抗運動的參與支持，是無庸置疑的。

　　以基督之名挺身而出，反抗壓迫的烈士可以列出一長串；例如薩爾瓦多大主教羅米洛（Oscar Romero）。因著他保守、正統與堅持教義的觀點，他被任命為大主教；在他的新職位上，他看到無法推諉的證據，顯示政府持續而暴力地侵害人權。於是，他開始坦然無懼地公開反對，結果在一九八〇年，當他在彌撒服事時，遇刺身亡。

　　知名的信義會烈士潘霍華（Dietrich Bonhoeffer），在希特勒當權時，正在倫敦兩個德語教會牧會。他拒絕置身於安全距離之外，返回德國去主持一所由認信教會（Confessing Church）所設立的神學院；這個教派的基督徒會眾，拒絕簽署對納粹的效忠。潘霍華在其經典大作《追隨基督——作門

徒的代價》（The Cost of Discipleship）中批評那個時代的宗教與教會；呼應耶穌與先知，潘霍華相信是因為靈性死亡與自滿姑息，才會讓那麼多人與希特勒合作，無視於那些被納粹系統性排擠與摧毀的人。潘霍華最後被逮捕並吊死。

在監獄中他最後的書信，潘霍華透露基督信仰如何給他力量，為別人的緣故，放棄自己一切所有。馬克斯主張，如果你相信今生之後還有來生，你就不會想把這世界弄成一個更好的地方；你也可以做相反的論述：如果這世界就像這樣，如果世上的美好就是我能享有的愛、舒適與財富，為何我要為別人，犧牲自己擁有的？然而，潘霍華對上帝有喜樂與盼望，這讓他有可能做出最終所做的事：

人之所以成為基督徒並非因為宗教行為，而是因為參與了上帝在現世生命中的苦難。那是一種轉念（悔改）：不是一開始就想到自己的需要、問題、罪惡與恐懼，而是讓自己被呼召到上帝的道路中。……痛苦是一個神聖的天使……透過痛苦而非世界的喜樂，人可以變得更偉大……期待的痛苦，常常可以被實體感受到的，必須要存在，我們不應也毋須把它挪開。但每次的痛苦，總是會被克服，之後會有一位更神聖的天使到來，那就是在上帝中喜樂的天使[18]。

為何要提這些例子？它們證明金恩博士是對的。當人們以基督為名行不公義時，他們對那位在不公義下犧牲卻要求饒恕敵人的聖靈，是不真誠的；當人們犧牲自己的性命去解放別人，如同耶穌所做的，他們正實現馬丁路德‧金恩、潘霍華與其他基督徒受召而行的，真正的基督教義。

第五章 一個有愛心的上帝怎能把人打下地獄？

「我懷疑存在一位審判的上帝,要用血才能平息祂的憤怒。」皺著眉的哈特姆(Hartmut)、一位來自德國的研究生表示:「基督教的上帝在饒恕我們之前,必須要有一個人先死。爲何祂不能就直接饒恕?還有那些在舊約到處可見、上帝命令有些人要被屠殺滅盡的記載。」

「我同意這些都很困擾。」在紐約蘇活區藝廊工作的喬西(Josie)回應:「但我對有關地獄的教導更有問題。對我而言,唯一可信仰的上帝,是一位愛的上帝。聖經上的上帝,只不過是一個原始的神祇,必須用痛苦與苦難來加以平息。」

在二〇〇五年,華理克(Rick Warren),一位大型教會的牧師與暢銷書《標竿人生》(The Purpose Driven Life)作者,在一個由皮優基金會(Pew Foundation)贊助的研討會中,與一群優秀的新聞記者對談。在座有人對基督教信仰中,某一特點對公民社會所產生的影響,深感困擾,那就是:為何上帝指定某些人要接受永恆的懲罰?有一位講者對華理克說:

「也許在你心中能接受以下矛盾:那就是溫蒂(在場一位非基督徒的記者)是一位美國公民、享有如你教會中最資深成員一般的公民保護。但是當她死時,她會下地獄,只因她沒有得救。問題是:你認爲你的追隨者——或是去你教會的人、讀你書的人、全世界與你交談的人——都見識廣博到,可以接受這種在他們心中的矛盾嗎?①」

華理克說,他的教會看不出這之間有何矛盾,但許多的記者並沒被說服。他們相信,任何基督徒如果認為有人注定會下地獄,一定是認為這些人在尊嚴與價值上與他們不相等。在此,他們反映出時下許多人,對於基督徒觀念中那位審判而且把人送進地獄的上帝,所具有的深層疑慮。他們擔心那樣的想法(相信審判與地獄),會帶來排拒、虐待、紛爭,甚至暴力。

在我們的文化中,聖靈的審判是基督信仰中最具侵略性的教義之一。身為一位牧師與傳道人,我發現自己常在講述上帝憤怒、最後審判與地獄相關教義的聖經章節。多年來,我總是在每個崇拜聚會後,立刻來一段現場的問答時間,在此時,我常被紐約人對這些教導加以考問;從這過程中,我發現他們對這些歷史傳統的基督信仰會有此深層壓力,是完全可以理解的。雖然這種對地獄及審判的反對,表面上比較像是一種情緒上的反感,而非真正的質疑;但我們還是可以發現,有些很特定的信念隱含在其中。且讓我們加以逐一檢視:

一位審判的上帝根本不該存在

羅伯特貝拉(Robert Bellah)的影響力大作《心靈的習性》(Habits of the Heart)談到主宰美國文化的那種「好表達的個人主義」。貝拉在書中指出,百分之八十的美國人同意如下陳述:「每一位個人都應該在不受任何教會或會堂的影響下,找到自己的宗教信仰。②」他結論認為,美國文化對信仰最基本的信念是:道德理念,是個相對於個人良心的概念;因此,我們的文化,對於一位無論如何生活都支持我們、這位愛的上帝,毫無問題;但是,對於那位因為虔誠謹守信仰,而去懲罰人(即便人只是犯了些許錯誤)的那位上帝,卻是強烈反對。這種反對,其實,有一種文化的歷史源由。

在C.S.路易斯的經典作品《人的見棄》(The Abolition of Man)一書

中,他指出,對於「真實」(Reality)這個觀念,在古代與現代人的觀點中,有著主要的認知差異。路易斯質疑我們表淺的想法,以為古代人相信魔法,而現代科學在來到之後,取而代之。身為一位中世紀歷史研究的專家,他瞭解中世紀演變到現代的過程;他清楚在中世紀其實魔法很少,魔法真正的高峰是在十六與十七世紀,當時正是現代科學快速發展的時代。他認為,同樣的成因,造就了魔法與科學兩者。

認真的魔法努力與認真的科學努力是雙胞胎;有一個生病快死了,而另一個強壯而發達,但他們其實是雙胞胎,出生於同一血脈③。

路易斯所描述的血脈──是條通往道德與屬靈「真理」的新路徑。

有件事連結著魔法與應用科學,但也把兩者與較早時代的「智慧」分開。對老時代的智者而言,核心問題是在於如何使靈魂趨近於真理,其結論不外乎是知識、自律與美德;對魔法與應用科學兩者而言,問題在於如何制伏真理去符合人類的想望:解決之道是一種技巧;而這兩者(魔法與科學)透過這樣的技巧,甚至願意去做被視為是虛假與褻瀆的事④。

在古時,普遍認為在自我之外,有一種更高層次的道德律;這律是與宇宙的脈絡交織融合的。如果你違反這種形而上的規律,其結果就如同你違反物理真理(比方說把手放進火裡)一般嚴重。這種智慧的路徑讓人學習去活出一種,與那永恆真理一致的生活;得到智慧,大部分要靠開發人類品格的特質,例如謙卑、同情、勇氣、明辨與忠誠。

現代化反轉了這種路徑。最後真理不再被視為超自然的定律,卻只是像一般自然界一樣,是可以讓我們去雕塑的;與其修整我們的慾望去符合真理,我們現在尋求去控制與改變真理,來適合我們的需求。以前人看到一個焦慮的人,會提供屬靈品格改變的建議;現代人則會談到壓力管理技巧這類的藥方。

路易斯知道讀者可能會因此而以為,他是反對科學方法的,但他堅稱自

己不是。他要我們瞭解的是：現代化是誕生於人類的「權力夢想」。在二次大戰階段從事寫作，路易斯正是站在人類飽嘗現代化最苦果實的階段，他的朋友托爾金（J.R.R Tolkien）寫下《魔戒》（The Lord of the Rings）一書，闡明人類追求權力與控制，而非智慧與享受上帝創造「賦予」之喜樂，所造成的最後結果⑤。

　　現代化的精神給予我們去決定對與錯的責任。我們能控制物質環境的新信心，讓我們自信滿溢，現在我們認為，我們也可以塑造那超自然的領域。因此，我們心中忿忿不平，覺得自己應該可以決定婚姻之外的性行為是可以的，但卻發現有個上帝要為此而責罰我們。我們深深相信，即便在這些道德領域，個人仍應享有自主權利，所以那個神聖審判日的觀念，也是讓人難以接受的。然而，正如路易斯顯示的，人之所以這樣相信，是因為要追求控制與權力，而這已經造成近期世界歷史上可怕的後果。其實即便在今日，也並非所有人類種族，都接受這種對事物現代化的觀點，那麼，為什麼我們卻把它，當成非接受不可的真理？

　　在一次崇拜後討論會中，一位女士告訴我，一位審判的上帝，這觀念是冒犯人的。我說：「妳為何不覺得一位寬恕的上帝是冒犯人的呢？」看著她的疑惑，我繼續說：「當你認為基督徒有關地獄的教導冒犯人時，我尊重地請求你，考慮自己的文化位置。」我進一步指出，現世西方人對基督教義中的地獄感到煩心，但他們卻被聖經上教導要讓別人打臉與寬恕敵人的說法所吸引。我要她思考來自截然不同文化的另一個人，會怎麼想基督教？在傳統社會中，那種「若有人打你左臉，連右臉也讓他打」的教導絕對不合理，它違反了一般人認為何者為是的深層的本能。但對某些人而言，一位審判上帝的教義非常合理、沒有一點問題；這樣的社會，對於基督教義中西方社會接受的某些面向，可能感到反感；但對於現世西方人不能接受的觀點，可能反而深受吸引。

我結論,為何西方文化的理性,應該成為基督教義合理與否的最終仲裁?我禮貌地問這位女士,是否認為自己的文化優於其他非西方文化?她立刻回答:「不!」我問道:「那麼,為何你的文化對基督教的反對,勝過其他文化?」

為了辯論的緣故,讓我們想像基督教不是任何一種文化的產物,它是一種上帝跨越文化的真理。如果如此,我們就該期待基督教,在某些觀點上,總不免會違反與冒犯某一種文化,因為人類的文化,總是不斷改變而且是不完美的。如果基督教是真理,它必然在某些地方會冒犯與修正你的想法;也許基督教義中對神聖審判的觀點,正是這個冒犯你的地方。

一位審判的上帝不可能是一個愛的上帝

在基督教義中,上帝同時是一位愛與審判的上帝,很多人對此難以接受。他們相信一位愛人的上帝,不可能同時又是審判人的上帝。如同多數我們社會中其他的牧師的經歷,在這個問題上,我已經被問了上千次:「一位愛的上帝,怎麼可能同時又是一位充滿烈怒的上帝?如果祂是有愛心又完美的,就應該饒恕與接受所有的人,祂不該生氣。」

我總是先回應:即便有愛心的人,有時也會充滿怒氣,並非因為他們有愛心,就該無論如何都不生氣。如果你愛一個人,但看到有人正在傷害他——即便是自我傷害——你也會生氣。正如貝碧琦(Becky Pippert)在她《給盼望一個理由》(Hope Has Its Reasons)書中所言:

當我們看到所愛的人,受到不智的行為或關係所蹂躪時,想像我們會感覺如何?我們會像對陌生人一般,先以忍受開始嗎?絕非如此!……憤怒並非愛的相反,恨才是,而恨的最後型態是無動於衷……上帝的義怒不是一種古怪而無目的的發飆,而是針對祂根深柢固反對的那種癌症——那種會侵蝕

祂全然所愛人類的內心惡事⑥。

聖經說上帝的憤怒，會由祂對所愛並喜悅的創造，溢流出來；祂對邪惡與不公義感到憤怒，因為這會毀壞祂的和平與正直。

耶和華在祂一切所行的、無不公義。在他一切所作的、都有慈愛。……耶和華保護一切愛祂的人，卻要滅絕一切的惡人。（詩篇：145章17-20節）

就是因為這點，許多人抱怨那些相信上帝審判的人，將不會願意去與敵人和解。如果你相信一位會去毀滅作惡者的上帝，你會認為自己所做的一些毀滅，也是完全合理的。耶魯神學家沃夫（Miroslav Volf）是一位親睹巴爾幹半島暴力的克羅埃西亞人，他對上帝審判的看法卻不是如此，他寫道：

如果上帝對不公義與欺騙不生氣，也不對暴力作最後的終止——那上帝就不值得被崇拜。……唯一能禁止我們求助於暴力的方法，是去堅持暴力只有在來自上帝時，才能被合理化。……我認為人類非暴力的行為，需要一種相信有神聖報復的信仰，但這想法並不受歡迎。……在西方……若有人認為：人的非暴力行為是（源之於相信）上帝的不審判，這是一種在美好郊區家庭的寧靜中，所產生出來的想法；如果你處身在一個烈陽炙熱、吸滿無辜人血的土地上，這種想法無可避免會破滅，……與其他自由心靈所享有的安逸，一起破滅⑦。

在上述精彩的文句中，沃夫推論是因為缺乏對一位申冤上帝的信仰，人類才會「祕密地滋養暴力」⑧。人性的本能，是去讓籌謀暴力者付出代價，這幾乎是無可抑遏的。這衝動絕非像是「你難道看不出來，暴力不能解決問題」這種陳腔濫調，就可以克服的；如果你親眼見到你的家庭被燒毀、親人被殺戮與強暴，這樣的言論是可笑的——而且顯出你對公義毫不關心。但是暴力的受害者往往會超越公義界線，而展開報復，就如「你挖出我的一隻眼，所以我要挖出你的雙眼。」他們被冷酷地捲進一場無止境的報復循環，

進行透過可怕錯誤的記憶,所醞釀與合理化的攻擊與反擊。

我們對公義的熱情,能否被高舉但又不會孕育出血腥報復的渴望?沃夫說最好的方法,是去相信上帝的神聖公義。如果我不相信有一位最終會改正所有事物的上帝,我會拿起刀劍,被吸進那無盡的報復漩渦中;唯有當我相信有一位上帝,會把錯的改變成對的、會完美地算清所有的帳,我才會有力量,去克制那報復的渴望。

波蘭詩人、諾貝爾獎得主米洛舒(Czeslaw Milosz)寫過一篇精彩的短文《虛無主義不為人注意的魅力》(The Discreet Charm of Nihilism)。書中他提到馬克思曾稱宗教為「窮人的鴉片」,因為宗教對於死後生命的應許,讓窮人與勞動階級可以忍受不公平的社會情境。但米洛舒卻說:

現在,我們正見證一個轉換,人們真正的鴉片,是相信死後什麼也不會發生——這是一種巨大的安慰,讓我們以為我們一切的背叛、貪念、懦弱、謀殺都不會被審判。……〔但是〕所有的宗教都認定,我們的行為是不滅的,都要負責任的⑨。

很多人抱怨,對一位審判上帝的信仰會導致一個比較兇暴的社會。米洛舒個人卻看見,在納粹與共產主義下,失去對一位審判上帝的信仰,反而可以導致兇殘。如果我們可以隨己意自由塑造生命與道德,而不用對此負責,這才會引致暴力。沃夫與米洛舒堅信,對上帝最終審判的教義,是一種人類實踐愛與和平,所必要的底層支柱。

一位愛人的上帝不會容忍地獄

你可能會說:「唉!打擊世上罪惡與不公義是一回事,但把人們送進地獄,可就是另一回事了。聖經談到永恆的刑罰,這又怎能與上帝的愛相容呢?即便只是想到地獄這種觀念,我都無法與一位愛人的上帝相調和。」我

們要如何對應這種可理解的反彈呢？

現代人無可避免地想像，地獄是如此運作的：上帝給了我們時間，但如果我們在生命終了前，沒能做出正確的決定，祂會把我們靈魂永遠丟進地獄。當可憐的靈魂掉落空間時，他們哭喊饒命，但上帝說：「太遲了！你曾有機會！但現在你將受苦！」這種漫畫式的情境，誤解了邪惡的本質。聖經上的圖像是：罪惡讓我們與上帝分隔，而上帝是所有喜樂，以及所有仁愛、智慧，或任何形態美好事物的源頭。既然我們原來是為了與上帝同在而被創造的，只有在祂的面前，我們才能生存、發展並且成就我們最高的潛能。但如果我們完全失去了祂的同在，那就是地獄——失去了我們對愛或喜樂的給予或接收能力。

聖經中地獄的常見圖像是火⑩，火使事物瓦解；即便是今生，我們都能看見，因為自我中心所造成的靈魂瓦解。我們看到自私自利與自我沉溺，是如何造成椎心的苦毒、作嘔的嫉妒、癱瘓的焦慮、偏執的思想，以及隨之而來，那些心理的否定與扭曲。現在，問這個問題：「如果當死亡時，我們並非終止，而是在屬靈上把生命延伸到永恆，這將如何？」地獄，於是，可以被理解成一條靈魂的永恆軌跡，這靈魂被禁錮在一個自我沉溺、自我中心的生命裡，就這樣繼續這狀態到永遠。

在路加福音**16**章，耶穌用拉撒路與財主的比喻，支持我們所呈現的地獄觀。拉撒路是一個窮人，他常在一位殘忍富人的門前乞討。當兩人都死後，拉撒路進了天堂，而富人進了地獄，這富人往上看到拉撒路在天堂「亞伯拉罕的懷裡」：

財主喊著說：我祖亞伯拉罕哪，可憐我吧！打發拉撒路來，用指尖蘸點水，涼涼我的舌頭；因為我在這火焰裡，極其痛苦。亞伯拉罕說：兒啊，你該回想你生前享過福，拉撒路也受過苦；如今他在這裡得安慰，你倒受痛苦。不但這樣，並且在你我之間，有深淵限定，以致人要從這邊過到你們那

邊是不能的;要從那邊過到我們這邊也是不能的。財主說:我祖啊!既是這樣,求你打發拉撒路到我父家去;因為我還有五個弟兄,他可以對他們作見證,免得他們也來到這痛苦的地方。亞伯拉罕說:他們有摩西和先知的話可以聽從。他說:我祖亞伯拉罕哪,不是的,若有一個從死裡復活的,到他們那裡去的,他們必要悔改。亞伯拉罕說:若不聽從摩西和先知的話,就是有一個從死裡復活的,他們也是不聽勸。(路加福音:16章24—31節)

讓人驚訝的是,即便他們死後的狀態已經反轉,富人似乎無視於已經發生的;他仍然期待拉撒路是他的僕人,把他當成打水小弟使喚;他也並沒有請求離開地獄,但強烈隱含上帝沒有給他與家人,關於死後的足夠資訊。解經家注意到這個在地獄中的富人,還有極高的拒絕心態、責怪轉移,以及靈魂上的屬靈盲目;他們也注意到,與拉撒路不同,這個富人在聖經上從沒有被給予一個的名字,他只被稱為一個「富人」,這強烈暗示,因為此人把他的自我價值建立在他的財富而非在上帝之上,當失掉他的財富後,他就喪失了自我的任何價值。

簡言之,地獄不過是一個人在走向永恆的軌跡上,自己所選擇的自我認同,但這個選擇的軌跡,卻與上帝無關。我們把這個程序看成一種「微惡漸進」的沉溺,就好像染上藥物、酒精、賭博與色情的毒癮一般。首先,會有心理與生活上的瓦解,因為隨著時間進展,你會需要越來越多的上癮物質,來紓解原先那種程度的癮頭,但卻越來越不能被滿足;其次,隨之而來的是孤立,為要合理化自己的行為,你越來越會抱怨他人與環境;「沒人瞭解我!每個人都與我作對!」這種喃喃自語,在自憐自艾與自我沉溺中,變得越來越大聲。當我們把生命建立在上帝之外的其他事物上——即便它原本是一件好事——它就會成為控制我們的一種癮,必須要有它我們才能快樂。個人的瓦解,從一個更寬廣的角度上來看,也是會發生的;在永恆中,這種瓦解的狀態,會一直不斷進行到永遠,於是就會有越來越多的孤立、拒絕、幻

滅，與自我沉溺。當喪失了所有的人性之後，你就與真理毫無關係，沒人曾經要求離開地獄，對他們而言，所謂的天堂，不過是一場騙局。

在C.S.路易斯的幻想小說《夢幻巴士》（The Great Divorce）書中，他描述有一巴士的人離開地獄，來到天堂的邊緣；他們被請求，將那些把他們陷在地獄中的罪惡拋在身後——但他們拒絕。路易斯對這些人的描述讓人驚訝，因為從他們身上我們看到自我幻覺與自我沉溺；而我們也陷在類似的「微惡漸進」的過程中，享受在自己的癮頭裡⑪。

地獄開始於一種發牢騷的心情，總是抱怨、總是埋怨別人。……但你還是能與地獄保持距離，你甚至會批評它，也希望能阻止它。但終有一天，當你不再能如此，因為你會喪失掉你的自我，不再有批評的那種心情，也不再能享受它，剩下的只有牢騷本身，如同機器一般不斷運行。問題不在於上帝「送我們」到地獄；在我們每個人之中，都有一些東西在成長，除非我們在它發芽之際，就加以摘除，否則日久之後，它就會成為地獄⑫。

在地獄的人很可憐，路易斯告訴我們為什麼。我們看到他們的驕傲、他們的偏執、他們自憐自艾、他們確信別人都是錯的、別人都是白癡；這種種心緒，好像野火般蔓延在他們心裡；於是，所有的謙卑都遠去，他們的理性也如此。最後，他們完全被鎖在自己那自我中心的牢獄中，而他們的驕傲持續擴展，終至成為越來越大的蕈狀雲。他們繼續如此，直到永遠的瓦解，卻責怪除了自己之外的所有人。地獄就是如此，逐步放大並顯明。

這就是為何上帝把那些哭喊「饒了我！讓我出去！」的人丟進坑中的圖像，其實是一種扭曲。在路易斯筆下那些來自地獄巴士裡的人，寧願擁有由他們自己定義的「自由」，而不願得到救贖。他們的迷惑是：如果他們榮耀上帝，就會失掉一些自我的權力與自由；但這想法卻存有一個至高與悲劇的諷刺，就是他們這樣的選擇，已經毀掉他們自我成就的潛能。如羅馬書1章24節所言，上帝「放手任憑人任意而行」。上帝最後對人做的，是放任去

給他們,一切他們最想要的,包含從自我而來的自由。還有比這更公平的事嗎?路易斯寫道:

> 只有兩種人——那些對上帝說「祢的旨意成就」的人,或者是那些上帝最後對他們說「你的意願成就」的人,所有去地獄的人都是自己選擇的。若無那種自我選擇,不會有地獄;沒有一個認真並持續渴求喜樂的人,最後會得不到它⑬。

地獄與人的平等

讓我們回到那些在皮優討論會中與華理克辯論、充滿疑問的記者身上。他們擔心,任何相信有些人終必下地獄的基督徒,必然會認為那些人與其不對等,且只能享受較少的公民權力。這種擔心,誤解了聖經有關於救贖與罪責的教導。

如同路易斯指出,通往地獄的路程是一種程序,它的起始點可能是顯然無害的,例如說一種賭賭看的心態。沒人可以看著一群週日早上聚會的會眾、一群在洋基球場的觀眾,或是一群在大都會歌劇院的聽眾,然後確定指出誰最後將進天堂或地獄。今日大聲疾呼的信徒也許會成為明日的脫教者;而今日高聲反對的不信者,也可能成為明日的歸正者。我們不能做出既定、最終的決定,來判定任何人的屬靈現狀,或是未來命運。

有一次,在曼哈頓市政廳對群眾講完關於基督教信仰的演講後,我被兩個聽完我講道的女士圍住。她們兩人都告訴我,相信永恆的審判會讓我變成一個狹隘的人。我問她們:「你們想我對於這些宗教問題是錯的,但我認為你們才是錯的。為何你們的想法,就不會讓你們成為如我一般狹隘的人?」其中一位女士反駁道:「這不一樣!你認為我們是『永遠的失落』!我們並不認為你是『永遠的失落』;這讓你比我們更狹隘。」我不同意,而以下是

我對她們的回應。

　　基督徒與世俗的人，都相信自我中心與殘酷有著非常傷害性的結果。因為基督徒相信靈魂不死，他們也相信道德與屬靈的錯誤，會永遠影響靈魂。自由而世俗的人們也相信，世上存在可怕的道德與屬靈錯誤，比方說是剝削與壓榨；但因為他們不相信死後生命，他們並不認為這些錯事的後果，會持續到永遠。因為基督徒，比起世俗之人，我們認為惡行具有永恆上更長遠的後果，難道就要因此認定，基督徒是比較狹隘的嗎？

　　想像兩個人正在為一片餅乾的本質爭論。傑克認為這餅乾有毒，但吉兒卻認為它沒毒。傑克認為吉兒對這餅乾的誤認，會導致她進醫院或更糟；吉兒卻認為傑克的誤認，讓他無法享受一片美好的甜點。難道只是因為他認為犯錯的結果比較可怕，傑克就比吉兒更心胸狹隘嗎？我不相信有人會如此認為。基督徒，因此，並不因為他們認為，錯誤的想法與行為具有永恆效果，就顯得比較狹隘。

「我相信一位仁愛的上帝」

　　在我大學時期與二十幾歲時，就如其他人一樣，我質疑那從小隨我長大的基督信仰，我的懷疑其中有一些主觀的原因，因為在我個人的經歷上，基督教信仰似乎並不真實；我沒有發展出禱告生活，也從未個人經歷上帝。當然也有一些是在基督教義理的理智問題，正如我在本書中所針對的一些課題。然而，還有一個原因，我要在此談談。

　　我被那些強調地獄火與定罪的基督徒所困擾。如同我那個世代的許多基督徒，我相信，如果所有宗教都有一個共同交集，那應該就是有一位仁愛的神。我要去相信的是一位仁愛的神，祂接納人類，無論他們的信仰與實踐如何。我開始選讀其他世上主要宗教的課程——佛教、印度教、回教、孔教與

猶太教；直到如今，我都受益於這些課程。然而，我探索其他宗教之後的結論，只證明在各宗教都有一位仁愛神，這樣的共通性、這個特別的觀點上，我原先的想法是錯的。

我發現除了聖經外，沒有其他宗教的主旨說，上帝創造這個世紀是因為愛與喜樂。多數古代的偶像宗教，相信世界是由敵對神祇與超自然力量間，透過抗爭與戰鬥所創造出來的；我轉向當時最傾心的佛教，仔細研究，但發現雖然它強調無我與對別人無私的奉獻的確很棒，但佛教徒並不相信有一位人格化的神，而愛僅是種個人行為。

後來，當我成為牧師後，我曾是在費城教會與清真寺間，一個每月討論會中的講員與專家。每個月有一位來自教會的講員，與一位來自清真寺的講員，會針對一個特定主題，各自提出聖經與可蘭經的觀點。當我們討論到神的愛這個主題時，很訝異地發現，彼此間對此竟有這麼大的認知差異。回教講員重複地向我強調，阿拉真神是真的愛人，祂一直是對我們慈悲與仁慈的；但當基督徒講員說到上帝就好像我們的配偶、講到親密與個人經歷的上帝、講到祂的愛透過聖靈澆灌在我們心中那種強大的滿溢時，我們的回教朋友瞠目結舌。他們告訴我們，在他們的觀點中，說任何人可以個人親身地認識神，這是對神不敬。

今日，許多我所交談過的懷疑論者說，如我過去所想的，他們不能相信聖經中那位懲罰與審判人的上帝，因為他們「相信一位仁愛的上帝」。現在的我會問，為何他們會相信神是愛？難道他們看見現今世界上的生活，還可以說「這證明世上的神，是一位仁愛的神？」難道他們看見歷史，然後說：「這些都顯示這位歷史的上帝，是一位仁愛的上帝？」難道他們看見世上宗教內涵，可以得到結論說，上帝是一位仁愛的上帝？這絕非任何其他宗教所主張，關於神的主要屬性。我必須結論：對於「神是愛」這樣的觀念，其實是來自於聖經本身，但聖經上告訴我們這位仁愛的神，同時也是一位審判的

神，最後，祂必將世上一切事物變為公義。

相信一位純然只是愛的上帝——祂接受每個人，但不審判任何人——是一種強力的信仰行為。但這種信念非但沒有在自然律中的證據支持，也幾乎沒有歷史或基督教之外其他宗教內涵的佐證。越是仔細去檢視它，這觀念就越無法被合理解釋。

第六章　科學已經駁斥了基督教

「我的科學訓練讓我在接受基督教教導時，變得難以接受，甚至變得不可能。」湯馬士（Thomas），一位年輕的亞裔醫療人員，說：「身為進化論的相信者，我無法接受聖經在近代科學之前，那套關於生命起源的說法。」

「而且，聖經中充滿了奇蹟的記載，」醫學院學生蜜雪兒（Michelle）補充：「這些奇蹟根本不可能發生。」

進化論學者道金斯（Richard Dawkins）、哲學家丹尼特（Daniel C. Dennett）、作家哈里斯（Sam Harris）這些人所寫過的暢銷書，都認為一般的科學、特別是進化論科學的出現，已經使對上帝的信仰不再必要甚至過時。道金斯知名的說法：「在達爾文出現之前，無神論也許有邏輯上的可信性，但達爾文讓人進一步得以成為智識上完整的無神論者。①」在他的《上帝的迷思》（The God Delusion）一書中他更進一步主張，你無法成為一位聰明的科學思考者又同時保持宗教信仰；兩者間一定只能選一個。為了支持其理論，他指出在一九九八年一個在國家科學院（NAS：National Academy of Science）中的調查，發現NAS中只有百分之七的科學家相信一位個人的上帝②。他認為這證明越是有智識、有理性與有科學心智的人，就越不能相信上帝。

道金斯對嗎？科學真的已經駁斥了基督信仰嗎？我們一定要在科學思考

與上帝信仰間選邊站嗎？

難道奇蹟是科學上的不可能嗎？

讓人以為科學已經駁斥了傳統宗教的第一個理由，正是大多數的主流信仰都相信奇蹟，認為是上帝介入了自然律。這種神蹟在基督信仰裡尤其重要，基督徒每年都在聖誕節慶祝上帝道成肉身的神蹟，耶穌的誕生；每年在復活節時，慶祝耶穌死後身體復活的神蹟；新約中更充滿了各種耶穌在他傳道過程中，所施行神蹟的記載。對聖經開始科學上的不信任，起源於啟蒙運動，因為認為神蹟不能與現代理性的世界觀調和。有了這樣的假設，學者們開始向聖經挑戰，說：「聖經記載不可靠，因為其中包含了很多對奇蹟的描述。」在這種宣告背後的前提是：「科學已經證實，奇蹟這樣的事根本不存在！③」但隱含在這種陳述背後的，卻是一種信仰的跳躍（譯註：指對「科學」的全然信仰）。

若說科學只能用來驗證自然因果，不能用來做其他的解釋，是一回事；但若堅持科學已經證明，沒有科學解釋之外的其他解釋方法，則是另一回事。麥奎利（John Macquarrie）寫道：「科學進展是建立在，假設所有世上發生的事件都可以用其他事件來解釋，……而且是在世界系統內、現有的事件。〔於是〕……奇蹟與我們現代人對科學與歷史的理解，不能調和。④」

麥奎利這樣說是很對的。當檢視一個現象時，科學家總是假設有一種自然因果的存在，因為自然原因是唯一一種所謂科學方法可以著力的論證方式。但若就此堅信，科學已經證實：沒有科學之外的其他任何一種解釋方法，這又是另一回事。沒有一種實驗方法可以驗證以下陳述：「沒有任何超自然的原因，可以用來解釋任何的自然現象。」因此，這樣的陳述會變成一種哲學性的假說，而非科學的發現。麥奎利的論點，最終會變成循環論證

的，因為他認為，科學，因其特性，不能用來分辨或測試超自然的原因，因為如此，這些超自然的原因，就不能存在。

哲學家普蘭丁格對此回應：

> 麥奎利也許認為科學的實踐，會要求每個人都必須去拒絕，比方說上帝讓某人死裡復活這樣的觀念……〔這種〕論點……就如同一個醉漢，堅持在街燈光亮的地上去尋找丟失的汽車鑰匙；事實上，這是因為，他知道，在街燈晦暗處更難找到，所以他假設，鑰匙必定是在街燈之下⑤。

「神蹟不可能發生」的另一隱含前提是「不可能有一個施行神蹟的上帝」。如果有一位創造者上帝，那些神蹟的可能性就沒什麼不合邏輯了。畢竟，如果祂從無有創造了所有，那祂按自己的意思，重新安排或調整其中的某些部分，就更不是問題了。若要確定奇蹟不可能發生，你必須要毫無疑問地，確信上帝不存在，但這其實是一種無法證明的信條。上帝的存在與否，既不可能被證明為有，也不可能被反證為無。

難道科學與基督教義不存在衝突嗎？

今日，一般相信在科學與宗教間，還在進行一場戰爭。造成這種認知的原因之一，是媒體喜歡把新聞事件，像故事般加以描述，故事中就必須有支持者與反對者。世俗與宗教人士之間對於很多問題的歧異深具報導性，例如：在學校對進化論的教學、幹細胞研究、體外受精，以及其他在醫學與科學上的領域。這些論戰讓道金斯、哈里斯，以及其他那些要求選邊站的論點——若非科學理性就是宗教——取得了一些可信度。

這些年在救贖者教會，我與許多受過科學與生物學教育的人談論過，他們對正統基督教信仰抱持審慎態度。一位醫學院學生告訴我：「聖經拒絕進化論，但大多數受過教育的人都接受它；看到那麼多基督徒因為相信聖經，

竟然可以接受這麼一種不科學理論的心態，真的讓我很困擾。」他的擔心是可以理解的。以下是我對他的回應。

　　進化論科學假設較複雜的生命型態，是由較簡單的生命型態發展而來的，很多基督徒相信，上帝也是用這種方式來創造出很多不同生命的。舉個例子，世上最大的教會，天主教會，已經官方宣布進化論與基督教信仰是相容的⑥。然而，基督徒可能相信進化論是一種程序，但不相信「哲學的自然主義」──相信一切都必須有自然的原因，有機生命只是隨機力量所造成的產物，這力量背後沒有任何主導者。當進化論變成一種包容一切的理論，將我們一切的相信、感覺與行事，都解釋成是自然天擇的結果，那我們就不處身在科學的競技場，而是哲學的領域了。若把那種無所不包的進化論，當成一種世界觀，就會產生難以超越的困難。我們將在第九章檢視這些困難。

　　道金斯主張，如果你相信進化論作為一種生物機制，你就也要相信哲學的自然主義。但為何如此？在道金斯出版《上帝的迷思》那年，基因學家柯林斯（Francis Collins）也出版了《上帝的語言》（The Language of God）。柯林斯是一位傑出的研究科學家，同時也是負責「人類基因體研究計畫」（the Human Genome Project）的專案主持人。他相信演化科學，並且批判那些否定物種演變的新創造論者之「智能設計運動」（the Intelligent Design movement）。然而，柯林斯卻相信一切精緻、美麗與自然的秩序，都指向這背後有一位神聖的創造者，他也描述了他自己如何由無神論者，轉而信仰基督教。這就是一位道金斯說不可能存在的狀態：堅信進化論作為一種生物機制，但也同時完全拒絕哲學的自然主義（而相信基督教）。柯林斯，當然，並非唯一的例外個案⑦。

　　相對於道金斯簡單的概論，還有許多上帝如何與今日物種產生關係的理論模型。科學家與宗教學家巴伯（Ian Barbour）提出了四種科學與宗教間不同關係的模式：衝突、對話、整合與獨立。在此理論連續帶的一端是衝

突,存在的是「創造科學」與道金斯這樣想法的人,這兩邊都接受科學與信仰間是處於戰爭模式的關係;許多對創世紀第一章抱持創造科學論觀點的人,完全不接受任何形式的進化論;而道金斯的哲學自然主義論者,則認為宗教信仰完全不可信。在理論連續帶的另一端,有人認為信仰主要是一種個人、主觀的經驗,因此與實證的現實領域毫不相干;抱持這觀點的人認為信仰與科學兩者間不必有任何對話。巴伯本人認為這種觀點太過退讓,他比較喜歡在連續帶中比較中和與複雜的觀點,認為科學與宗教信仰,應該要能認同對方在他們領域裡的權威性[8]。

然而,衝突模式得到最多的關注。幸運的是,在日漸增多的學者間,這個觀點正逐漸失去它的可信度。由史密斯(Christina Smith)編輯的一本重要又有影響力的書中,詳述了美國各種機構走向世俗化的歷史[9]。在書中,史密斯堅稱科學對信仰的衝突模式,是科學家與教育界領袖刻意誇大,用來削弱十九世紀末教會對他們機構的掌控,並由而取得文化影響力的一種工具[10];這種絕對衝突模式,與其說是智識上必然的產物,還不如說是特定文化策略的結果。很多科學家看不出,對上帝的信仰,與他們的工作間,有何不相容。

在一九一六與一九九七有兩個有名的研究支持這主張。美國心理學家魯伊巴(James Leuba)進行對科學家的第一次調查,問他們是否相信一位至少透過禱告、積極與人類溝通的上帝,百分之四十的科學家說他們相信、百分之四十不相信,而剩下的百分之二十則不確定。在一九九七年拉森與威森姆(Edward Larson and Larry Witham)用同樣的問題,重複對科學家做調查,他們的結果出版在期刊《自然》(Nature)上,其結果發現經過八十年,這比率並沒有明顯改變[11]。

那麼,為什麼道金斯宣稱幾乎所有知名的科學家都不相信上帝?在《上帝的迷思》書中他引述的是拉森與威森姆一年後在《自然》期刊中的通信,

其中提到當他們用同樣問題問「國家科學院」的院士時，只有百分之七說「是的」⑫；道金斯就用了這個結果作為證明，宣稱智能科學的想法，幾乎總是引導出上帝不存在的結論。然而，道金斯甚至是拉森與威森姆，由這些研究數據中推論的方法，其實大有問題。

首先，要記得兩次調查中問科學家的原始問題。科學家被問到的是：他們是否信仰一位可以與人類個人化溝通的上帝。只是認為存在一個創造宇宙的至高上帝，並不足以讓回答者被列為「信仰者」；就這樣，國家科學院的科學家若只相信有上帝，但不認為祂會直接與人溝通的，將被自動歸類為不信者。這些調查被設計只去「看見」持有保守、傳統信仰的科學家；至於那些對上帝持著較為一般信仰的科學家，透過問題的設計，已經被排除在基督徒之外。其次，道金斯讀了這些數據，就拿它來推論出科學心智與無神論間的因果關係；他的假設是：NAS科學家之所以不信，是因為他們有科學的心智。但是，這個研究並沒有證明出，任何造成科學家不信上帝的原因。有著牛津生物物理博士學位的神學家麥葛福（Alister McGrath）寫道，許多他所認識不信的科學家，除了他們自己的科學領域外，在其他任何領域，也都是無神論者（都不信），這其中有很多複雜的原因，造成他們對上帝的信或不信：有些是個人的經驗，有些是心智上的疑問，有些是社會情境等等。有知識的社會學家如伯格（Peter L. Berger）就證實，我們的同儕壓力與主要關係，會比我們願意承認的，更加能改變我們的信仰態度。科學家，如同其他非科學家一樣，很容易受到他們所尊敬之人的信仰或態度所影響。在麥葛福的經驗中，大多數他的無神論同事，都是把他們對上帝的假設，帶進他們的科學中，而不是把科學作為其無神論信仰的基礎⑬。

再則，道金斯給讀者一個印象，以為所有無神論科學家，都支持他的論點；沒有理性、科學的心智，能夠去相信上帝。但實況並非如此。已故的哈佛科學家與進化論學者顧爾德（Stephen Jay Gould），本身也是無神論

者,所以對這些研究知之甚詳;但他卻不能對道金斯「科學必然與基督信仰衝突」的說法,產生相同結論,他寫道:

若非我半數的同事都是極其愚蠢,就是達爾文主義的科學與傳統宗教信仰,其實可以完全相容——正如它們也同樣相容於無神論⑭。

當顧爾德談到「半數同事」,他可能並不一定就是想到那調查數據。他只是認識很多他最尊敬的科學家,這些人也對上帝有傳統宗教信仰。顧爾德不同意道金斯的一個原因,是他願意承認:科學對人類存在的解釋,也許並不能讓所有人滿意。

另一位提出類似觀點的是哲學家內格爾(Thomas Nagel),他在期刊《新共和》(The New Republic)撰文評述《上帝的迷思》一書,對道金斯的觀點提出批判。內格爾也是一位無神論者,但認為道金斯的觀點是錯,因為他堅持,如果你要具有科學性,就必須全然擁抱「物理學者的自然主義……所有事物最終的解釋,必須應用粒子物理學、弦論或其他純然由物質世界延伸出來的規律。」他問道:我們是否真正相信我們道德直覺的真實性——比方說,種族屠殺在道德上是錯的;還是認為這想法,只是神經化學在我們身上強制造成的結果?難道物理科學真的比人類主觀經驗,更能認定事實?內格爾對此質疑,他寫道:

透過用物理來分析原來被排除在世界之外的事物,是簡化主義者想用來重新取得這些領域主導地位的手段——用行為或神經物理的術語來解釋——;但是這無視於某些事實其實是無法被簡化的。我認為這些手段注定要失敗——意識的經驗、想法、價值這些東西不是幻覺,即便他們不能被物理的工具加以辨認⑮。

這就是為何即便是許多無神論者,都認為道金斯是錯的:科學並不能解釋每件事,而科學思想可以與宗教信仰相容。

雖然一般人還是存有科學與宗教間會有戰爭的觀念,但我們應該由必須

在兩者間選邊站的錯誤觀念中醒悟；也要知道，成為基督徒並不表示就會與科學衝突。多數的科學家，認為自己是深度或中度的宗教虔誠——而這樣的人數，在過去幾十年還在成長⑯。在科學與虔誠信仰之間，並無必然的分裂。

難道進化論沒有證明聖經是錯的嗎？

進化科學對於創世紀第一、第二章中的聖經解釋，該如何調適？在此特殊議題上，我們應該會有強碰的對抗吧！不，並非如此。

不同的基督教思想家，採用所有巴伯科學與宗教四種關係的模型——衝突、對話、整合與獨立。有些投身被廣泛報導的創造論科學運動（Creation Science movement）的基督徒，對科學的態度是採取了衝突模式，堅信創世紀第一章，上帝在數千年前，在六個二十四小時的整天裡，創造了所有的生命型態；在連續帶的另一端，有的基督徒採取的是獨立的模式，認為上帝在世界開始時，是一切創造的第一因，其後就讓自然界的因果來接掌演化，（譯註：所以上帝創造與演化科學兩者間彼此無關，只是在不同階段各司其職。）其他的思想家，則居於中間的位置；有些認為上帝創造生命，之後就引導著物競天擇，由簡單的物種來發展出所有複雜的物種；在此觀點中，上帝扮演一個居高臨下的支配者角色，但卻沒有去違反進化的程序。其他，還有人相信因為化石紀錄的斷層，表示上帝在長期間裡，曾在不同時點，執行了幾次大規模的創造性行動。

科學對聖經的關係，不但繫於我們如何解讀科學紀錄，更在於我們如何詮釋關鍵性的聖經經文，比方說創世紀第一章。接受聖經權威的基督徒同意聖經翻譯的主要目標，是去發掘聖經作者原先希望讀者能瞭解的始初意義。這就表示，經文內容應該根據它的文意類型來加以解譯。例如，當基督徒讀詩篇時，他們把它當詩歌來讀；當讀路加福音時，他們把它當歷史來讀。任

何讀者都知道，歷史敘述應該被當成歷史紀錄來讀，而詩歌的影像性文字，卻應該被當成隱喻來讀。

但在聖經中有幾處，其文體不是那麼清楚可以辨識的，這就造成困難了，因為我們不能完全確定，作者是如何希望其讀者來讀它的。創世紀第一章的經文究竟應如何詮釋，在基督徒間是有待辯論的，即便那些對啟示性經文擁有「高超」觀點的基督徒亦然⑰。我個人抱持的觀點是：創世紀第一與第二章是相互關連的，就如同士師記第四與第五章，以及出埃及記第十四與第十五章。在上述的對偶篇章中，有一章描述的是歷史事件，而另一章則是與此事件有關的、有神學意義的一首歌或一首詩。當我們讀士師記第四章時，顯然他是一段對戰爭的嚴肅回憶，但當我們讀第五章時，底波拉有關戰爭的歌，其文字卻是詩歌體與隱喻的；當底波拉唱著天上的星星都下來幫以色列人爭戰時，我們知道她用的是隱喻的修辭。我認為創世紀第一章有詩歌體的記號，因此它是一首關於上帝創造的驚嘆與意義的「詩歌」；創世紀二章則是描述這些是如何發生的。總是會有一些關於如何解譯某些經節的辯論──包含創世紀第一章，但如果只是因為部分的經文不能按字面直接解讀，就說整段經文都不可信，這是一種錯誤的邏輯。對任何人類的溝通方式而言，這都不是真確的。

我們可以作何結論呢？既然基督教信徒在創世紀第一章，或是對自然的進化論都有不同立場，那些正在考慮整個基督教信仰的人，就不應該允許自己被這種內部爭議所分心。懷疑的追尋者並不需要去接受任何一種說法，才能擁抱基督信仰；相反的，他應該專注在、也去評估基督教教義的中心論點。唯有在對基督這個人、復活與基督教信息主旨都有結論後，個人才應該去深究關於創造論與進化論間的不同選項。

不同觀點的代表人物，常常暗示只有他們的觀點，才是唯一真實的基督徒對進化論的觀點⑱。誠然，我相信許多人讀到此，會對我不花時間來判定

這些競爭性觀點,感到煩心;為了留作紀錄,我認為上帝引導了某種自然天擇的程序,但我拒絕把進化論當成一種可以完全解釋一切的理論。創世紀的另一位解經家也掌握了這樣的平衡:

如果「進化論」是⋯⋯提升到一種看萬物世界觀的位階,那它就直接與聖經信仰衝突。但如果「進化論」停留在科學生物學的假說位置,看來就沒有什麼衝突的理由,因為基督徒對創造主信仰的引伸意涵,與科學探索的方式──在生物學的位階──都可以被認為是上帝一直在從事祂創造的過程⑲。

醫治世界

我不希望過分非難那些為上帝介入自然律而感到困擾的人,奇蹟很難被相信,這也是應該的。在馬太福音28章中,門徒在加利利山邊與復活的耶穌碰面。「他們見了耶穌就拜他,然而還有人疑惑。」(第17節)。這是一個值得注意的承認,早期基督教紀錄的作者,在此告訴我們,有些基督教創始者也不能相信死裡復活的奇蹟,即便當他們用自己的眼睛直直看著耶穌,或用他們的雙手摸到耶穌。但除非這些是真實發生的,否則也沒有理由讓這些事被記錄進去。

這經節告訴我們幾件事:它是一種警告,要我們別以為只有現代、科學的人才會對神蹟感到掙扎,而古時比較原始的人就不會;使徒的反應,就像現代人的任何群體一樣──有些人相信他們的眼見,但還是有人不信。這也是一種對耐心的鼓勵,但所有的使徒,最後都成為教會中的偉大領袖,即便其中有些人比其他人要花更多功夫才會真正相信。

然而,關於這段經文最具啟發性的事是:它說明聖經上神蹟的目的何在。它們並不是單單要導向認知性的信心,而是要人去崇拜、去敬畏與去嘆服。耶穌的神蹟,尤其不是為了要取悅或壓服人的奇技淫巧;你從不會看到

祂說：「看到那邊的樹沒有？看我讓它燒起火來！」相反的，祂用神蹟的力量去治癒生病的人、餵飽飢餓的人，並讓死人復活。為何如此？我們現代人以為奇蹟是去停止自然規律的運作，但耶穌要神蹟成為自然規律的復原。聖經告訴我們上帝當初創造世界時，並沒有疾病、飢餓與死亡在其中；耶穌來，就是要修正原來的錯誤，並且在其破碎處治癒世界。祂的神蹟，不僅證明耶穌有權威，而且也奇妙地預告了，祂將要怎麼使用這樣的權威。耶穌的神蹟，不僅挑戰我們的心智，也是一種對我們心念的應許：我們所想望的世界終必到來。

第七章　你不可能對聖經完全逐字接受

「我看許多聖經教導，都是歷史上不正確的。」投資銀行家查爾士（Charles）如此說：「我們無法確信聖經上記載的事件，都真實發生過。」

「我相信你是對的，查爾士。」在銀行工作的賈克琳（Jaclyn）附和道：「但我對聖經最大的問題，在於它在文化上是過時的。許多聖經上關於社會的教導（舉例而言，關於女性的教導），在社會上也是退步的。所以我無法像那些基督徒一樣，把聖經當成絕對的權威來接受。」

當一九六〇年代後期在大學時，我選了一些把聖經當文學作品的課程，也因而被當時盛行的智慧所挑戰。我的教授教我們，新約聖經的福音書，來自於環繞地中海各教會社群的口述傳說；其中關於耶穌的故事，是經過這些社群，針對他們教會的特定問題與需要所修改而成的；社群領袖要確定在這些故事中的耶穌能支持他們社群的政策與信念。這些口述傳說就這樣多年來代代相傳，隨著過程中不同傳奇材料的加添，而不斷演繹；終於，在真實事件發生多年後，福音書被集結成文字形態。但在此時，幾乎已經不可能辨認出，那些代表真實歷史事件的成分，到底還有多少。

那麼，原先的耶穌到底是誰？我讀到的學者主張，真實的「歷史裡的耶穌」是一位有正義與智慧的魅力教師，因為激怒了反對勢力而被處決。他們說，當他死後，其門徒中產生對於他到底是誰的不同觀點，也分裂成不同派別。有些宣稱他是神聖的、從死裡復活；其他人卻說，他只是一個人、一位

教師，他只活在信徒屬靈的心中。在經過一次權力鬥爭後，「聖靈耶穌」這派獲勝，並創造了一些文字內容來鼓吹其觀點；之後，他們涉嫌去壓迫並摧毀那些呈現基督另外一面的文字內容。最近，部分這些被壓抑、另類的耶穌觀點，才開始被發現——比方說，被歸類為「諾斯底」（Gnostic）福音的多馬福音與猶大福音。於是有人說，這顯示早期基督教在其教義信仰上，是很分歧的。

如果這種對新約聖經起源與發展的觀點是對的，這將大大改變我們對基督教義的內容與意涵的瞭解。這表示，沒人能真正瞭解耶穌到底說了什麼？又做了什麼？而聖經也不可能成為我們生活與信仰的權威性規範。這也表示，大多數經典的基督教教導——耶穌的神性、神與人和好，以及復活等——都是錯誤的、植基於傳說上的。

身為一位學生，我剛開始時被此震驚。這麼多知名的學者，他們說的怎麼會錯？然而，當我開始自己的第一手研究後，我更訝異於他們這些對歷史的重建（翻案），事實上僅有非常少的證據支持。現在，讓我感到鼓舞的是，這種老式、對聖經懷疑觀點的證據，在過去三十年間，已經持續崩解，即便還有一些書籍與電影，例如《達文西密碼》（The Da Vinci Code），透過廣泛媒體報導，來鼓吹這樣的觀點。

萊斯（Anne Rice）是一位作家，驚訝於發現支持「歷史上的耶穌」只是一個人的證據是何等薄弱。萊斯之所以成名，是因為她是寫出《夜訪吸血鬼》（Interview with the Vampire），以及其他歸類於恐怖情色小說的作家。成長於一個天主教家庭，她在上一所俗世大學時離開信仰，嫁給一位無神論者，之後因為寫出一系列以萊斯特（Lestat）這位吸血鬼搖滾巨星為主角的小說而致富；當萊斯宣告她再度回到基督教信仰時，震驚了文壇與媒體。

她為何如此？在她新小說《基督救主：出埃及記》（Christ the Lord: Out of Egypt）的後記中，她解釋當她開始對歷史上的耶穌進行密集研究

時，讀了許多任職於最受敬重學術機構中，知名的耶穌研究學者之作品，他們主要的理論，是我們現在所有的聖經文件，並非歷史上可信的。但她卻發現這樣的論點所根據的基礎，卻是讓人訝異的薄弱。

有些書只不過是由假設堆積出來的假設。……其所獲致的結論只有一點點甚至完全沒有數據的基礎。……整個說法，說無神性的耶穌跌跌撞撞進入耶路撒冷，就這樣迷迷糊糊被釘十字架，……那種過去三十年來當我身為無神論者，在自由派人士圈內流傳的印象——其實毫無根據。非但沒有根據，我還在這個領域發現一些最糟糕與最偏謬的學術作品①。

基督信仰需要對聖經的相信②，對許多人而言，這是一塊巨大的絆腳石。我遇見很多初次見面的紐約人，他們受邀來到救贖者教會的崇拜聚會；每次的崇拜聚會都有一個基於聖經內容為主軸的講道，一般的訪客對於我們如此遵服於聖經，常常感到意外甚至震驚。很多人會說，他們知道聖經中有很多好的故事與話語，但在今日世界「你不可能對聖經完全逐字接受！」他們的意思是：因為聖經有些部分——或者是許多甚至大部分——在科學上是不可能、在歷史上是不可靠、在文化上是退步的，所以聖經不是全然可信的。對於第一點質疑，關於科學與聖經的問題，我們已經在上一章檢視過了，現在讓我們檢視另外兩個質疑。

「從歷史觀點來看，聖經不可信」

很多人相信聖經是由歷史上不可靠的傳說所集合而成的。一個廣受注目的學者論壇「耶穌研究會」（the Jesus Seminar）曾表示，耶穌在聖經中所說的話與所做的事，只有不超過百分之二十的部分可以被歷史證明③；要去檢驗聖經中每一部分的歷史準確性，已經超越本書的範圍。但是，要問的是：我們可否相信福音書、在新約中對耶穌生平的記載，在歷史上是可

信的④？在此，我所指的是「正典化」的福音書——馬太、馬可、路加、約翰——教會在很早期，就認定為真實與權威的那些記載。

常有人認為，新約聖經福音書是在事情發生後多年寫成，所以作者對耶穌生平的描述不可信任——他們若非是完全想像出來的，就是被高度修飾的。很多人相信正典福音，只不過是由許多不同記載的書卷中挑出來的四卷；它們當初之所以被寫成，就是為了要支持當時教會高層的權力，而其他書卷（包含俗稱的「諾斯底福音」）則受到壓抑。這種想法自從暢銷書《達文西密碼》之後，在群眾的想像中更增加了新的可能性。在此小說中，原本的耶穌被刻畫成一個偉大但只是人的教師，在他去世多年後，被當時的教會領袖，為了要得到羅馬帝國的地位，捏造成一位復活的上帝⑤。然而，有幾個好理由足以解釋，為何這些福音書的記載，應該被接受為歷史上可信的事件，而非傳說⑥。

就一個傳奇而言，福音書寫的時間點太早

正典福音書頂多是在耶穌死後四十到六十年就寫成了⑦。保羅書信，寫成於耶穌死後十五到二十五年間，提供了一個在福音書裡，關於耶穌生命事件的大綱——祂的奇蹟、宣告、釘死與復活。這代表聖經對耶穌生平的記載，當時流傳於幾百位見證人的生命中，這些人曾經在祂傳福音過程中，親眼目睹一切。福音書作者路加宣稱，他是由還在世的眼見證人處得到他對耶穌生命的記載（路加福音：1章1-4節）。

包衡（Richard Bauckham）在其代表作《耶穌與目擊證人》（Jesus and the Eyewitnesses）中，提出許多歷史證據，去顯示當福音書寫成時，還有無數知名且在世的目擊證人，他們曾親睹耶穌的教訓與生命事件。這些人對自己的記憶忠實，而且終其一生，在當時的教會中仍然活躍，他們本身就是那些描述為真的源頭與保證人。包衡用了在福音書內部的證據，顯示福

音書作者在內文中提供這些目擊者的名字與來源，就是為了向讀者保證他們記載的真實性。

　　舉例而言，馬可說幫助耶穌扛十字架到髑髏地的「就是亞力山大與魯孚的父親」（馬可福音：15章21節）除非讀者知道或可以接觸到這些人，否則作者沒有理由把這些名字記載上去。馬可說的是：「如果你要問他們，亞力山大與魯孚可以為我正告訴你們事情的真實性作擔保。」保羅也籲請讀者，如果他們想要驗證自己關於耶穌生平事蹟記錄的真實性，可以去與當時還活著的目擊證人查驗（哥林多前書：15章1-6節）⑧，保羅提到有一次，高達五百人曾經親眼看到復活的基督。除非真有還存活的見證人，他們也同意並確認作者所言，否則你不可能寫出這些原來就是要公諸於世的文件來的。所有這些證據，都堅定否認了福音書是匿名、彙整、透過口述傳講，演變而來產物。相反的，它們是透過許多在世目擊證人的口，對耶穌的話語和行為，鉅細靡遺記錄下來的口述歷史。

　　當時不僅耶穌的支持者還活著，還有更多的旁觀者、官員甚至反對者都曾經聽過祂的教訓、看過祂的行為也看著祂死亡。他們隨時都會對任何杜撰的記載加以挑戰。若要對一個事件進行高度修改或小說式描述，還要在公眾想法中站得住腳，最好的方法，就是要等這事件的目擊證人（以及他們的孩子或孫子）都已經不在世上，才去公開；讀者他們必須不在陳述的現場，這樣才不會反駁或揭穿故事中修飾或造假的部分。但福音書是在耶穌死後不久就寫成，所以這事（造假）不可能發生。

　　如果耶穌並未說過或做過那些在福音書中記載的事情，這個新信仰就不可能如此快速地擴散；這也是保羅之所以可以在政府官員面前，充滿信心地堅稱，耶穌生命的事蹟是公開的知識，他公開對亞基帕王說：「這都不是在背地裡做的。」（使徒行傳：26章26節）耶路撒冷的人曾經在那裡──他們曾經在群眾中聽過或看過耶穌，若是當數以千計還在世的人，知道耶穌沒

被釘十字架，新約聖經就不能說耶穌被釘十字架。若是祂沒有死後顯現給眾人、若是沒有空墳墓、若是祂沒有做過那些宣告，而那些公開記載卻還堅持這些都發生過，那麼基督教這個信仰也就不可能在當時冒出頭來，因為聽到的人只會嘲笑這些記載。

正典的四福音比起所謂的諾斯底福音還要更早寫成。諾斯底福音中最知名的多馬福音，是由敘利亞文翻譯而成的，而學者已經證實，多馬福音中的敘利亞傳統可以最早被追溯到西元一七五年，也就是正典福音已經廣為使用的一百年之後⑨。高普尼克（Adam Gopnik）在紐約客雜誌（The New Yorker）中寫道，諾斯底福音是這麼的晚期，以至於他們「……不再能挑戰教會信仰的基礎。正如發現一份十九世紀在俄亥俄州寫成、擁護喬治國王的文件，不足以挑戰美國民主政治的基礎。⑩」馬太、馬可、路加、約翰的四福音書，在耶穌死後不久，就被確認為有權威性的目擊者記載，所以才會有西元一六〇年，由里昂主教艾任紐（Irenaeus of Lyons）宣告這四卷，也僅有這四卷，才是福音書的那段歷史。那在達文西密碼書中所稱，也廣受流傳的說法，說是君士坦丁大帝決定新約的正典，把更早也更真實的諾斯底福音丟在一旁，這種說法根本不是真的⑪。

談到《達文西密碼》，人們都知道這本書與電影都是虛構的，但還是有許多人認為其作者丹布朗（Dan Brown）稱其為真的說法，在歷史背景上，好像有幾分可信。這本暢銷書把西元三二五年的君士坦丁大帝描述成是宣告耶穌的神性而壓制所有關於祂只是一個人類教師證據的關鍵人物。然而，即便是保羅給腓利比人的書信，這卷所有歷史學家都認為是在基督死後不超過二十年寫成的書信中也早已看到，當時基督徒已經把耶穌當神在敬拜（腓立比書：2章）；相信基督的神性，是早期基督教會開始增長的主要動力。一位歷史學家評論道：

〔丹布朗說〕君士坦丁大帝在西元三二五年的尼西大公會議（Council

of Nicea）頒布了一條對基督教全新的解讀。那就是，他宣告對耶穌神性的信仰，並且壓抑了所有關於祂人性的證據；這等於說基督教在羅馬帝國內贏得了這場宗教競爭，是透過一場權力鬥爭，而非本身的吸引力。但真正的歷史真相是：教會早在很久以前，在它尚未擁有任何權力以前，當它還不時遭受迫害之際，就已經贏得了這場競爭。如果是一個刻薄的歷史學家，你可以說君士坦丁選擇站在基督教這邊，是因為勝負早已經決定，而他不過想站在贏家這邊而已⑫。

福音書的內容充斥太多反效果，所以不可能是傳奇

今日許多人的流行理論是：福音書是早期教會領袖為了宣傳其政策、鞏固其權力，並打造其行動基礎所寫成的。但若我們去實際檢視福音書內容時，這理論一點也不合宜。

如果這種流行的觀點是正確的，我們應該看到在福音書中，耶穌對於一些早期教會的爭論中，應該會有立場。唯有如此（合理推論），早期教會領袖才能透過福音書的內容，來支持其陣營的立場。然而，我們卻無法在福音書中，發現這樣的軌跡。比方說，早期教會重大的爭論之一，是外邦人基督徒是否應像猶太人般要受割禮；遇到這麼大的爭論，奇妙的是，福音書中竟然沒有任何耶穌對受割禮的教導。耶穌之所以對此緘默，最可能的原因是：早期教會從未曾隨心所欲去杜撰一些情節，然後把耶穌沒說過的話語，塞進祂的口中。

如果未曾發生，為何早期基督徒運動的領袖，要去杜撰耶穌釘十字架的故事？任何福音書的聽眾，不論是希臘人或猶太人，都會自動認為，任何人被釘在十字架上就是罪犯，這種文化認知是作者不能改變的。為何任何基督徒要杜撰耶穌在客西馬尼花園時，求問上帝，是否祂能夠脫離祂的使命？又，為何要假造耶穌在十字架上哭喊上帝離棄祂的那一段？這些記載只會冒

犯或深深混淆一世紀那些可能成為基督徒的人，他們會結論認為耶穌是弱者，並且讓祂的上帝失望。若是杜撰情節，為什麼要用女人作為復活後第一批的親眼見證人？女人在當時社會中被賦予較低的地位，她們的證詞在法庭上是無證據能力的⑬。（如果你要發展這個故事）較合理的情節是去找一些當時社區裡的重量級男人，要他們去作為耶穌離開墳墓的見證人。之所以在聖經上這樣記載的唯一可能理由，就是這些事確確實實發生過。

此外，為什麼一直把使徒──早期教會的最終領袖──描述成低下與善妒的，幾乎是無可救藥的遲鈍，而最後又是被動或主動離棄主人的懦夫？包衡對彼得不認主，甚至要發咒起誓說不認識這個人的行為（馬可福音：14章71節），有著類似的論點。為何有任何在早期教會的人，會想要去放大他們最偉大領袖的失敗？沒有人能夠捏造這樣的故事，即便它是真的，包衡合理推論，除了彼得本人之外，也沒有人敢去重新提起此事；除非彼得自己就是故事的源頭，而他也同意這事被保留與宣傳⑭。

再一次，與「諾斯底福音」的比較可以被顯明。多馬福音與其他類似的文件，表現出一種稱為「諾斯底主義」的哲學，主張物質世界是一種黑暗邪惡的地方，我們的靈魂需要被神祕的亮光，稱之為「靈知」（gnosis），從物質世界裡被救贖出來。這觀點與希臘羅馬的世界觀非常吻合，但卻與耶穌處身的一世紀猶太人之世界觀大不相同⑮。所以事實並非《達文西密碼》所解釋的那樣：在古時，正典福音書「奉承」「當權派」；相反的，真正趨炎附勢的是諾斯底的文件內容，它才有羅馬帝國的影子。正典福音書，因著它們對物質創造的正面觀點，以及對窮人與受壓迫者的重視，觸怒當時希臘羅馬世界的主流觀點；正典福音不僅勾勒出原本耶穌是怎麼一個人的歷史圖像，而且勇敢挑戰它們希臘羅馬讀者的世界觀。

福音書在其文學形式上太過於注重細節，所以不可能是傳奇

路易斯是一位世界級的文學評論家。當讀到福音書時，他說：

我一生廣讀詩歌、羅曼史、異象文學、傳奇，以及神話。我知道這些不同文學是什麼樣子，但我知道沒有一個像福音書。關於這個〔福音書〕的內容只有兩個可能觀點，它要不是實地報導⋯⋯或其他可能，就是有些不知名的〔古代〕作家⋯⋯在前無古人後無來者的狀況下，突然運用了現代小說那種事實敘述的完整技巧⋯⋯⑯

路易斯的意思是：古代小說與現代小說完全不同。現代小說比較現實，它包含了許多讓讀者看來像是目擊者記錄的細節與對話，然而，這種小說的文體是在近三百年才發展出來的。在古時，羅曼史、敘事詩，或者是傳奇故事，都是高遠的描述——細節一般很少見，只有當它有助於角色發展或情節鋪陳時，才會有些描述。這就是當你閱讀《貝武夫》（Beowulf）或《伊里亞德》（The Iliad）時，你看不到書中角色看著雨或做出某個手勢，然後睡覺這類的描述。但在現代小說中，細節被加入，是為了創造一種寫實的氛圍，但是，這手法並未見於古代小說中。

福音書的記載並非小說。在馬可福音第四章，讀者可看到耶穌在船尾端，枕在一個墊子上睡覺。在約翰福音21章也記載，當看到在岸邊的耶穌時，彼得正在離岸一百碼之遠的水裡；然後他跳出船，最後總共抓到一五三條魚。在約翰福音第八章，當耶穌聽人控訴一位行淫時被抓的婦人時，記載著耶穌用祂的手指在地上亂畫，但卻沒有說明祂在寫什麼？或為何要這樣做？這些細節，沒有一件事與情節或角色的發展有任何關係。如果你或我要創作一個關於耶穌精彩的故事，或許這些描述是為了填充這故事的真實氣氛，但這種小說寫法，在西元一世紀是絕對不存在的。為何一位古代作者要提到墊子、一五三條魚，或是在地上亂畫這些細節？唯一的解釋，就是這些細節是被留存在目擊者的記憶當中。

包衡曾累積了很多心理學家對「回溯式記憶」（recollective memory）

的標記,他檢視目擊者對事件陳述的標記,也比較了與猜測或小說手法,對歷史重建方式的不同。回溯式記憶是選擇性的——它專注在獨特與隨之發生的事件上,它保留了非攸關的細節(如路易斯的觀察),它採取的是一個參與者有限的觀點,而非一個無所不在旁白者的觀點⑰。而且,它顯出經常性重複的痕跡。包衡顯示在福音書敘述中,充滿了這樣的相同標記。如果經常被重複或訴說的話,生動而重要的事件可以留存在你的腦海幾十年;考慮在古時門徒都會記憶大師教導的這種事實,而耶穌當時的講述,又多是用一種便於記憶的方式呈現,你就會有相當理由去相信福音書記載的真確性。

包衡也從人類學去尋求證據,證明福音書作者並無在耶穌生平上,無論是文字或事件,隨意去修飾或假造。早在二十世紀的批判學者,就假設早期基督徒運用一種相當流暢的程序,來流傳通俗的民間傳說,而他們也在過程中改變以前的故事,為的是要對應他們目前的現實與情況。但是,包衡引述人類學家凡西納(Jan Vansina)對原始非洲文化中口述傳統的研究,其中小說式的傳奇與歷史記載兩者,是被清楚區分的,許多的努力,是被用來正確地保存歷史紀錄。這個發現削弱了一百年來,批評福音書的學說。

福音學者,從形式的批評開始,〔相信〕早期基督徒在耶穌傳統的傳遞時,並無區別耶穌歷史的過去,與他們自己處身的現在,因為口傳社會向來不做如此區分。但這並不真確⑱。

正如我所寫,現今緊隨著丹布朗與《達文西密碼》的腳步之後,似乎正有一股如《時代雜誌》(Times)畢爾馬(David Van Biema)所稱的「聖經改版主義」的潮流。他引用最近有人宣稱耶穌的墳墓已經被找到,祂娶了抹大拉的馬利亞,而且有孩子。其他學者也曾出版由諾斯底福音出發、相似的新觀點,我相信還有更多會出來。畢爾馬引述《出版人週刊》(Publishers Weekly)資深宗教編輯葛瑞特(Lynn Garrett)稱之為「達文西效應」的觀點:「臆測式的歷史,早在丹布朗寫書之前就存在,」她說:

「但它們從未列名暢銷書之林,其作者也從未上過『每日秀』(the Daily Show)這種受歡迎的脫口秀節目[19]。

「所有這些改版主義者的歷史,完全忽視了在嚴謹學術努力下,正有一股成長中的學說,顯現有大量目擊耶穌生平的證人,他們活了很多年。」如同英國學者泰勒(Vincent Taylor)著名的評論:如果懷疑論者對聖經曾被竄改的看法是正確的,「門徒們應該被寫成在耶穌復活後,立即被提升到天上。[20]」這樣才能在福音書寫成之前,將傳奇的成分灌注到耶穌的故事中,但這並沒有發生。所以,反諷的是:當通俗媒體正基於一世紀前興起的懷疑聖經學派理論,將耶穌生平極力做不同的改版時,這理論學派的事實基礎,也正在快速消蝕之中[21]。

「從文化觀點來看,聖經不可信」

當我二十年前來到紐約市時,人們對聖經主要的問題是我們剛剛討論的——科學與歷史。今天,事情有些改變。我發現更多人對於聖經中過時與退步的教導,特別感冒。聖經似乎支持奴隸制度,以及女性的附屬性;這樣的立場顯然對現代人而言,都是冒犯的,因此他們對接受聖經其他的任何部分,也有困難。

在救贖者教會早期,我花了很多時間與那些第一次讀聖經的人一起。結果,我要對被某些特別難以消化經節噎到的人,做出持續的回應。我記得有一位穿了一身黑的年輕藝術家,在一次聚會後跑來找我,他剛剛發現一處經文「奴隸要順服主人」(以弗所書:6章5節摘要),對此,他幾乎像中風一樣生氣。以下是我對他以及其他人,關於如何對應一段反感或冒犯經文的建議:

很多人一旦遇到這種冒犯人的經文,就從內心裡對聖經完全遠離。我輔導他們應該先要放慢,然後嘗試用不同的觀點,去看那些困擾他們的經文。

唯有如此，他們可以繼續去閱讀、學習並獲益於聖經，即便他們對於某些觀念，還是會繼續爭執。

我希望他們考慮的可能性之一是：這些經文真正要教的，可能並不是表面上他們想像的東西。許多人發現冒犯性的經文，可以透過一本好的解經書、針對此議題歷史內涵的說明，來加以釐清。就以「奴隸要順服主人」這段為例，一般今日讀者，會立即也可理解地想到十九、二十世紀非洲奴隸的買賣，或者是今日在很多地方還有的人口販子與性奴隸；這些人於是解釋，這段經文是對這些惡行的允許，甚至認為它是必要的。

這是忽略了我們與原始經文作者，與當時讀者之間，存有文化歷史距離的典型案例。當新約聖經在羅馬帝國的第一世紀被寫成時，奴隸與一般自由人間，其實沒有那麼大的差別。奴隸並非因其種族、語言，或穿著就可以被辨認出來，他們的外表和生活與其他人看來一樣，與社會也沒有被隔離。從一個財務的觀點來看，奴隸賺的錢與一個自由勞工是一樣的，因此也不會特別貧窮；此外，奴隸可以積攢足夠的個人資金，來買贖自己；最重要的是，很少奴隸是終身為奴的，多數的奴隸可以期待在十或十五年後，或者最慢在他們的三十歲晚期，就可以被解放㉒。

比較而論，新世界的奴隸制度，就顯然是系統性與同質性地殘暴許多。它是一種「家產式」的奴隸制度，奴隸的整個人都是主人的財產——在擁有者的意願下，他或她可以被強暴或傷殘或殺害。在以前無薪服務或契約式的奴隸制度下，只有奴隸的生產力——他們時間與技能——是屬於主人的，而且只是暫時的。然而，非洲黑奴，卻是以種族為基礎，而一開始就被定義成一生為奴的型態。而且，非洲的奴隸貿易是起始且來自於綁架，聖經無條件地譴責綁架與走私奴隸（提摩太前書：1章9—11節；申命記：24章7節），因此，雖然早期教會並沒有在西元一世紀進行一場廢除奴隸的運動，但後來的基督徒，確實在面對新世界奴隸制度時做了這事，只因為這種奴隸制度不

能見容於任何聖經的教導㉓。

有些經文所教的,並非如它們初看時所表面呈現的教導,所以要細細研讀。然而,還是有些人,對於特定的聖經經文雖經過仔細研讀,也努力去瞭解它們所要教導的意義,但最後還是發現這些經文是讓人生氣且退步的,這時他們該怎麼辦?

我促請這些人去思考,他們對某些經文的問題是否建立在一種未經檢驗的信念之上,相信他們當時所處歷史時刻的想法,就一定優勝於其他時代人們的想法。我們不應將我們的時代視為普世的標準,正如我們不應將我們的文化視為普世標準一般。讓我們思考一下「退步」這個語詞的意涵;將聖經拒斥為退步的,就代表你現在已經達到一個終極的歷史時刻,從這個時點,你可以區分何者為退步的與進步的。這樣的觀點,當然是與將聖經視為冒犯的,一樣的狹隘與排他。

想想看現在英國人的觀點,與其老祖先,一千年前的安格魯撒克遜人的觀點,會有多大的差異。想像兩個人都在讀聖經,都讀到馬可福音14章。首先他們讀到耶穌自稱是人子,在末世會與天使一起降臨,依照祂的公義審判整個世界(62節);之後他們又讀到彼得,這位帶頭的使徒,他前後三次拒絕承認他的主,最後甚至發誓來免於懲罰(71節),但後來這個彼得,卻被饒恕而且恢復了他的領導權(馬可福音:16章7節;約翰福音:21章15節)。第一個故事會讓現代的英國讀者戰慄,它聽起來如此具有審判性而且排他,但他卻會喜歡即便那樣的彼得,也會被恢復與饒恕的那個故事。相對的,第一個故事不會讓那位安格魯撒克遜人心煩,因為他們早就接受有審判日這樣的觀念,他可能會更想知道更多有關於此的訊息!然而,他會被第二個故事所震驚,在他的觀點中,不忠實與背叛到彼得這種程度的人,不應該被寬恕;他不應該活著,更別談還被提升為那位居領導地位的使徒;他可能對此非常生氣,甚至把聖經丟下,再也不讀它了。

當然，我們現在可以認為這個安格魯撒克遜人是原始人，但有一天，也會有其他人認為我們，以及我們現在文化的主流觀點，是原始的。我們怎能用我們這個時代對「進步」的標準，作為唯一的準繩，來決定聖經中哪些部分是合理的？哪些又是不合理的？很多我們祖父甚至曾祖父的信念，現在在我們看來，或許是愚蠢甚至難為情的，但這種過程不會停止。我們的孫子曾孫也將會認為我們的觀點落伍，如果我們用一種不久就會過時的觀點來批判，因而捨棄源遠流長的聖經，不是一件可惜的事嗎？因為聖經中有一小部分讓你感到冒犯，就因此遠離基督教，難道是明智？如果真有上帝，你卻不願意祂有任何的觀點可以讓你不悅，這樣的想法，有道理嗎？

　　對於掙扎於某些聖經教導的人，我還有一些忠告。我們要確定自己能區分聖經中主要主題與經文，以及其次要的教導兩者。聖經談到基督這個人與其工作，也談到教會中的寡婦應該要如何被對待，然而前者卻是更為基本而重要的主題；若無前者，後者的教導也沒什麼意義。因此，我們要考慮聖經上的教導是有其適當秩序的。

　　讓我們舉今日一個熱門話題為例。如果你說：「我不能接受聖經關於性別角色的說法。」你要謹記在心的是，即便基督徒在解讀某些經文時，也有不同看法；正如同他們在很多事上，看法未必一致。然而，他們都承認使徒信經上的文字，耶穌第三天從死裡復活。所以在沒弄清楚你自己如何看待這個信仰的中心教導之前，不要擔心性別角色這個議題。

　　你可能會申訴：「但若聖經對性別角色的說法是過時的，我可不能接受這個聖經。」我會用下述問題來回答這個問題——你是說，如果你不喜歡聖經上對性別的說法，就認為耶穌不可能從死裡復活嗎？相信你不會堅持這種不根據前提就作出來的推論吧！如果耶穌真是上帝的兒子，我們就應該把祂的教導嚴肅看待，包含祂對整本聖經權威的信心。但如果祂並非是自己所宣稱的那一位，我們又何必在乎聖經裡講的其他任何事情？

這樣想吧！如果你跳進聖經池塘裡的淺水區，那裡有許多在解譯上的爭議，你可能會被刮得遍體鱗傷；但如果你跳進的是聖經的中央深水區，這其中是所有人的共識部分——關於基督的神性、祂的死亡與復活——你就會很安全。因此，請仔細思量聖經中核心的主張，關於耶穌是誰，以及是否由死裡復活等等；而不要一直在比較不核心，而較多爭議的教導上鑽牛角尖，甚至因而拒絕這信仰。

一本可信任的聖經，還是一個複製聽命的上帝？

如果我們讓自己未經檢驗的信仰，被我們在聖經上的信心削弱，其代價可能比想像的為高。

如果你不足夠信任聖經，讓它去挑戰與改正你的想法，你怎麼會發展出一個與上帝的個人關係？在任何真正的個人關係上，相對的另一個人，必須能夠去反對你。舉例而言，如果一個妻子不被容許去反對她的丈夫，他們之間就不會有一種親密關係；還記得電影《超完美嬌妻》（The Stepford Wives）嗎？住在康州斯特福郡的丈夫們，決定讓他們的太太變成機器人，從此不再違反她們丈夫的意願。表面上，一位斯特福郡的妻子，是如此完美的順服與美麗，但沒有人會將她們的婚姻關係，描述成親密與個人的。

現在，如果你把聖經中任何冒犯你理性，或違背你想法的部分都刪除，結果如何？如果你只是挑選你願意相信部分，而拒絕其餘部分，你又怎會有一個可能反對你的上帝？你不會有！你會有的是一個複製而聽命於你的上帝！這個上帝，實質上是你自己造出來的，而不是一位你可以擁有個人關係，與真正互動的上帝。唯有當你的上帝可以說出冒犯你的事情，並且讓你感到掙扎（如同一段真誠的友情與婚姻一般），你才會知道，自己擁有的是一位又真又活的上帝，而不是一個自己想像中虛構的幻影。如此說來，一本權威的聖經，不是與上帝個人關係的敵人，它是這段關係的前提。

中場休息

你們來，我們彼此辯論！——以賽亞書：1章18節

中場休息望文生義，指的是在旅程或使命的中間時間，這就是我們目前的位置。潛存在所有對基督教疑問底層的，是對事物本質的另類信念，與未經證實的假設。到目前為止，我們已經檢視了我們的文化中，對基督信仰最大的七種反對或疑問，以及其底層信念。我尊重它們背後多數的推理，但最終，我不相信它們之中的任何一條，可以讓基督信仰的真實性，變成不可能或甚至不確實。然而，我們還有另一段旅程要走，辯證沒有充分理由，可以去不信基督教是一回事，但去論證存有充分理由去相信它，又是另一回事；而這，正是本書最後部分中，我所要做的事。

「等一下！」有些人會問：「你將要給我們充分的理由，去相信基督教？你要如何定義基督教？而你又要如何去定義『充分』兩字？」讓我們一個一個面對這些問題。

那個基督教？

從外面來看，不同的基督教教會與傳統，可能看起來極端不同，幾乎就是不同的宗教；特別是因為不同教會的公開崇拜聚會，看來這麼不同。這也可能是因為，正如我在第三章所說，基督教是一種幾乎傳遍世上所有文化與地區的宗教，因此，它已經吸納了很多不同的文化形式。另一個讓基督徒間

看來這麼不同的原因，是因為巨大的神學分裂，曾經在過去幾世紀發生；第一次大分裂是在東方希臘教會與西方羅馬教會的兩派教會，在西元十一世紀時的分裂，造成今日所知的東正教與羅馬天主教；第二次的分裂，發生在西方教會中，發生於羅馬天主教與所謂的更正教或新教之間。

　　所有將真理與教義嚴肅看待的基督徒都會同意，這些在不同教會間的差異是滿明顯的；這會造成一個人的信仰，在如何被持守與實踐上，產生主要的差異。然而，不論是東正教、天主教，或是更正的基督教，都一起可以追溯並同意一千年前教會歷史上的偉大信經，比方說使徒信經（Apostle's Creeds）、尼西亞信經（Nicene Creeds）、迦克墩信經（Chalcedonian Creeds），與亞他拿修信經（Athanasian Creeds）。這些信經中所陳述的，是基要的基督徒觀點，其中所共有的，是基督徒對於三一真神瞭解的經典表達。相信三一真神，造成了基督教與世上其他多神論、非三一神的一神論，以及無神論者間巨大的差別，我會在第十三章中呈現這點。信經中也有對耶穌基督完全神性與完全人性的強烈宣告；因此，基督徒並不把耶穌當成一個教師或先知，而是世界上的救主。這些教導讓基督徒在彼此之間，相同的地方比不同的還多。

　　什麼是基督教？為了學習的目的，我會定義基督教，是一個由同遵這些偉大普及信經的信徒，所聚集而成的群體。他們相信三位一體的上帝創造了世界，因為人落入罪惡與邪惡中，上帝在耶穌基督裡，回來拯救我們，因著祂的死與復活，耶穌完成了對我們的救贖，因此，我們可以因恩典被接受；而祂也建立教會，也就是屬祂的人，作為祂繼續其援救、和解，與救贖使命的工具；最後耶穌會回來，更新天與地，去除世上一切的邪惡、不公、罪惡，與死亡。

　　這些都是所有基督徒相信的——但沒有基督徒僅僅相信這些。當你問到：「教會如何作為耶穌繼續其工作的工具？」以及「耶穌的死如何完成我

們的救贖？」時，天主教、東正教和更正教基督徒，就會給你不同的答案。儘管有人宣稱他們無教派，事實上，卻沒有真正「無商標」、無教派的基督徒；每個人都必須去回答這些「如何？」的問題，才能過一個基督徒的生活，而這些答案會立即將你歸類在某一傳統與教派之中。

瞭解這事對讀者而言是重要的。在本書中，我是由一般性基督徒真理的角度，來議論的——並不是從任何一個特定的教派系統出發。有些敏銳的長老會讀者會看出，我對於某些特定神學信念刻意保持安靜，那是因為我盡量希望能以代表所有基督徒的立場出發；但當我來到描述罪與恩典的基督福音時，我必然將會以一位更正基督徒的立場來發言，因此，我的說法與一位天主教作者的說法，不會完全相同。

那種理性？

我要顯示確實有充分理由去信基督教。現代知名的不信者——道金斯（Richard Dawkins）、丹尼特（Daniel Dennett）、哈里斯（Sam Harris）與希均斯（Christopher Hitchens）——堅稱並無上帝存在的充分理由。舉例而言，道金斯說上帝存在的宣告是一個科學假說，應該要公開做理性展示①。他與他的懷疑論同伴，都要求一個支持上帝的邏輯或實證，而且是毫無爭議、幾乎可以讓每個人都信服的證明。除非見到這些，他們不會信上帝。

這樣有何錯誤？我認為有。這些作者是用有些人稱為「強烈理性主義」的觀點，來評估基督徒的主張②。它的支持者定下所謂「驗證原則」的規定，也就是說，除非能被邏輯理性證明，或透過經驗法則的實證，我們不能相信任何一種命題③。「被證明」這個詞是什麼意義？「證明」，在此觀點下，是一種很強烈的主張，這主張讓所有邏輯能力正常的人都不能有任何不

相信的理由。無神論者與諾斯底主義者對上帝要求的就是這種「證明」，他們並不是唯一執著於強烈理性主義的人。也有許多基督徒宣稱他們對信仰的論點，強烈到凡是拒絕他們的人，都是因為恐懼或頑固，從而關閉了對真理的心智④。

儘管所有這些書都要求基督徒提出對他們信仰的證明，你不會看到哲學家做這樣的要求，即便是最無神論的哲學家。絕大多數的人相信強烈理性主義幾乎是不可能站得住腳的⑤。首先，它本身就無法達到自己要求的標準。你怎麼可能實際證明：在沒有實證的狀況下，沒有人應該要相信某事⑥？強烈理性主義也假設達到「無立場的觀點」是可能的，這是一種完全客觀的立場；但今日所有的哲學家都認為這是不可能的。我們總是帶著各種經驗與背景信念，來到每一種個別議題的檢視，這些經驗與背景會強烈影響我們的想法，以及我們的推理運作。因此，要求一種主張能被所有理性人士心悅誠服地接受，其實是不公平的。

哲學家內格爾（Thomas Nagel）是一位無神論者，在他的《遺言》（The Last Word）一書中，他承認自己無法用一種超然的態度來面對上帝的問題。他自認自己有「對宗教的恐懼」，並且懷疑有任何人可以在面對這個議題時，不帶有既存的強烈動機，想要看見論點朝向特定的方向發展。

我所講的是⋯⋯對宗教本身的恐懼。我這麼說是基於經驗，我自己就曾被這種恐懼給強烈制伏：我希望無神論是真的⋯⋯並不只是我不信上帝，而且自然地，也希望在我自己的信仰上，我是對的。正是因著我希望沒有上帝！我不要那裡有一個上帝：我不要宇宙是像那樣的⋯⋯我好奇是否有人，對於是否有一位上帝真正的無動於衷？──任何人，無論他對此事真正的信仰為何，不會特別希望其中的某個答案是正確的⑦。

想像有一位法官，正在審一個案子，案子中牽涉到一個她自己有相當財務投資的公司。因為她自己有深切的渴望，要看到案子朝某特定方向發展，

所以如果她要求不要審理此案，反而會救了自己。內格爾所說的，是當來到上帝的議題時，我們就像這法官，因著我們對宗教的經驗、我們其他的信念與承諾、我們如何過我們的生活——我們都有深度利害關係，來看對於上帝的答案，究竟是這個？還是那個？但麻煩的是，我們不能免於自為裁判。因為他拒絕強烈理性主義，雖然在他的懷疑下，內格爾還是對信仰與宗教有相當的尊重，他與那些如道金斯與哈里斯的作者，在語氣與立場上是截然不同的。

「強烈理性主義」在哲學上的無可抗辯性，正是道金斯與丹尼特的書，為何在學術期刊中，遭到令人訝異惡評的原因。舉一個例子，馬克斯學者伊格頓（Terry Eagleton）在《倫敦書評》（London Review of Books）上寫了一篇對道金斯《上帝的迷思》嚴苛的書評。伊格頓攻擊道金斯兩個天真的觀念：一個是信仰中並無理性成分，另一個是推理不是建立在高度信心上。

道金斯說所有信仰都是盲信，基督教與回教兒童都是被養大去無疑問地相信。但即便是小學那些愚魯、追著我的神職人員也不會如此想。對主流基督教，推理、辯論、與誠實的疑惑，總是扮演一種信仰中的整合角色。……可以確定的是，理性，並不能靠著它，讓信徒一路順暢地走下去，也不會讓敏感、文明、非宗教型態的人完全滿足。即便是理查‧道金斯也靠信仰多過靠理性而活。我們認為很多信仰並沒有無可挑剔的理性合理化解釋，但無論如何，持守它們卻仍是理性的[8]。

如果我們拒絕強烈理性主義，會不會就卡在相對主義（Relativism）——沒任何辦法去判斷比較，選出任何一套信仰嗎？斷非如此！在第二與第三章中，我論述了完全的相對主義是不可能維持的[9]。在本書接下來的部分，我所採取的是一種稱為「批判的理性」的論證方式[10]。它認為有些論點，許多人，即便是最理性的人，也會發現它們是有說服力的；雖然，沒有任何論點可以讓每個人（不論其個人觀點為何）都被說服。它認為，有些信仰的體系

較為合乎理性，但所有的論點，終究是可以用理性來逃避的，也就是說，你總是可以發現一些理由，讓你來逃離這些觀點，而這不是靠單純的偏見或固執。雖然如此，這並不是說你不能去理性評估信仰，只是說我們不應該期待有結論性的證明，若是這樣去要求，是不公平的，即便科學家也不是用此方式來進行研究的。

科學家很不願意說一個理論是「被證明的」。即便道金斯也承認達爾文的理論最終是無法被證明的，「新事證會出現，迫使我們的後繼者……去放棄達爾文主義，或把它修正到面目全非。⑪」但這並不代表科學不能檢測理論，或用以發現有些理論比其他的，在實證上更加可以被驗證。一個理論（相對於其他已知的相關理論），如果可以較好地組織證據並且更佳地解釋現象，就會被認為是實證上被檢驗過的。也就是說，如果經過測試，一個理論可以讓我們對許多與不同事件的資料（比起其他相對的解釋），更能產生準確的預測，那它就會被接受；即便它並非「被證明」（就強烈理性主義者的觀點而言）。

在《有沒有神？》（Is There a God）一書中，牛津大學哲學家司威本（Richard Swinburne）強力主張，對上帝的信仰是可以用同樣方法被測試與合理化（但不是被證明）⑫。他認為，相信有神的觀點，讓我們可以去期待一切我們所觀察的事物──有一個宇宙，其中有科學規律在內部運行，這其中又有存著良心與難以抹滅道德感的人類。反之，相信沒有神的理論，無法讓我們期待會有這些事物的發生。所以，相信有上帝，提供了一個較佳的實證吻合，比起其他對事物解釋的理論，它更比較可以解釋與說明我們所見的。沒有任何關於上帝的觀點可以被證明，但是，這並不代表我們不能去詳查與權衡不同宗教信仰的立場，由而去找到某些，甚至一個最合理的宗教。

上帝這個劇作家

然而,我不想讓人以為,我之所以採取「批判的理性」方法,是沒有辦法中的辦法。如果聖經中的上帝真的存在,「批判的理性」正是我們應該用來探索祂本質與存在的最好方法。

當一位俄國太空人由太空回來,報告說他沒有發現上帝時,路易斯回應說,這好像哈姆雷特走進他城堡的閣樓上,沒有發現莎士比亞一樣(譯註:哈姆雷特只是莎士比亞筆下的人物)。如果有一位上帝,祂就不會是宇宙中另一個物體,可以被放進實驗室裡,透過實證的方法被檢視。祂與我們的關係,就好像一位劇作家與他戲中的角色一般;我們(角色)或許可能去瞭解這位劇作家,但也要看這位劇作家願意把多少關於自己的資訊放進劇作中。因此,無論如何,我們是無法「證明」上帝的存在,就好像把祂當成一個完全侷限在宇宙裡的物體,像是氧氣與氫氣,還是太平洋中的一個小島一樣。

路易斯給我們另一個譬喻,去明瞭關於上帝的真理。他寫道:「我相信上帝就好像我相信太陽已經升起,不只因為我看見它,更是因為它升起,我能看見其他的每件事物。⑬」想像當我們為了瞭解太陽而一直定睛直視,這是不行的,因為它會燒壞你的視網膜、破壞你想把它解析的能力。一個去瞭解太陽存在、能力與本質好得多的方法,是去看它所照亮給你的世界,去瞭解它是如何維持,你所看到的每件事物,以及如何讓你看見。

於是,之後我們還有一條往前的路。我們不應該想去「直視太陽」,就像過去那樣,要求提出對上帝無可反駁的證明;相對的,我們應該去「看太陽照亮給我們看的」。哪一種對世界的解釋最具有「解釋能力」,能幫助我們對世上所見萬物,以及對我們自己,最有意義?我們有種意識,認為這世界不應該是它所呈現的樣子;我們感受到,自己非常錯誤,但也非常偉

大；我們對愛與美有一種渴望，但世界上沒有一種東西能夠滿足它；我們有深切的需求，想要去明瞭人生的意義與目的。究竟，哪一種世界觀能夠對這些問題提供最好的解答呢？

基督徒並未主張，他們的信仰給他們無所不在、絕對全備的真理知識；只有上帝有這些。但他們相信，基督徒對事情的解釋——創造、墮落、救贖與恢復——讓整個世界更有意義。我請你戴上基督教義，當成一副眼鏡去觀看這世界；看看對我們的所知與所見，究竟它能夠提供多少的解釋能力。

如果聖經的上帝存在，祂絕不是在閣樓上的劇中人物，而是那位劇作家。這表示我們無法找到祂，像是找一個被動的物體，是可以透過實證調查的。相對的，我們必須找到祂寫進宇宙、包含寫進我們生命中，關於祂真理的線索；這就是為什麼，如果上帝存在，我們可以期待，祂會對我們的理性接收能力加以訴求。如果我們真是「按照祂的形象」所創造，那樣的理性、個人的生命，那麼，在祂的心智與我們的心智之間，應該也會有所感應。但這也表示，單單理性追求，本身是不夠的，對於劇作家，我們只能透過他個人主動的顯示來加以認識，這正是為何我們必須去看看，聖經上關於上帝與人類的情況，究竟是怎麼說的。

無論如何，在基督徒的觀點中，上帝存在的極致證據，就是耶穌基督祂自己。如果真有一位上帝，我們這些在祂戲中的角色，必須希望祂能夠把一些關於自己的訊息放進這戲中。但基督徒相信，祂所放進的，不僅只是有關於祂自己的訊息，當耶穌被生在馬槽而從死裡復活時，祂把祂自己寫進這戲中，成為一位歷史中的主角。祂，正是那位我們終必要面對的角色。

卷
2

如是我信

第八章　上帝的線索

　　如果一個人將上帝的存在與死後的生命當成可疑，而置之一旁……這人必須下定決心，要如何過這一生。如果死亡終止一切、如果我既無對美好的想望，也無對邪惡的恐懼，那我就得問自己，我在這裡做什麼？在這樣的情境下，我應該如何自處？現在，答案很簡單，但卻是難以下嚥，以至於多數人不願面對的：在生活中沒有任何意義，〔因此〕生命是無意義的。

　　——毛姆（Somerset Maugham），《毛姆寫作回憶錄》（The Summing Up）

　　這是真的，我一直就知道這事——我沒有任何存在的「權利」。我的出現是一種機運，我存在像一塊石頭、一棵植物、一個微生物。對我自己，我只感覺到不重要的嗡嗡忙亂，我在想……我們在此吃吃喝喝，為了維持我們珍貴的存在，但卻沒有、沒有、絕對沒有，存在的理由。

　　——沙特（Jean-Paul Sartre），《嘔吐》（Nausea）

　　如果我們連上帝是否存在都不知道，怎麼能信基督教？雖然對上帝的存在，並沒有無可否認的證據，但很多人卻發現祂真實性的強力線索——聖靈的指紋——存在許多地方。

　　有一度，我定期與一位優秀的年輕科學家見面，他對存在一位上帝的這種概念苦思不解。這一章與下一章中，我所寫的大部分，來自於與他對話中我的發現。他列出一條又一條支持上帝存在的論點，雖然這些論點有很多的優點，但他最終還是對每一條都能找出一些可以理性避開的理由，這讓他非

常困擾。他對我說：「除非我能找到一條支持上帝存在，絕對無懈可擊的論點，否則我不能相信。」我對他指出，他是在要求一種「強烈理性」，當我們一起發現，事實上並沒有這種無懈可擊的支持證明時，他終於有點放心。於是我們開始回去，重新審視那些我們原本稱為「證明」的推理脈絡，只是這一次，我們把它們當成是線索；當我們用這樣的角度進行檢視時，他開始看到，一點一點累積在一起，上帝的種種線索，就會產生很大的力量，去支持這些論點。

哲學家普蘭丁格相信，沒有任何一種對上帝的證明，可以讓所有理性的人都信服；但是，他相信至少有二到三打很好的論點，可以支持上帝的存在①。多數讀者若是花時間去研讀普蘭丁格的論點清單，應該會發現有些論點有說服力，有些則沒有。無論如何，這些你發現有說服力的論點，若是累積起來，就可以產生令人敬畏的力量。以下，我將查考它們中的幾個論點。

神祕的爆炸

那些具有比較理性心態的人，一直都醉心於「往前推論，為何一直都有原因，而非完全無物？」這個問題。這個關於「第一因」的疑問，在發現了宇宙大爆炸理論後，更加顯得有趣。有證據顯示，整個宇宙正由一個點，不斷地爆發與向外擴充。霍金（Stephen Hawking）寫道：「幾乎現在每個人都相信宇宙，以及時間本身，開始於大爆炸時。②」科學家柯林斯用一般人的語言，在他的書《上帝的語言》中講到這個線索：

我們有這個非常堅實的結論：宇宙有一個源起，大爆炸。在一百五十億年以前，宇宙開始於一個無法想像光亮的閃光，這是一種來自於無限小點的能量。這也代表在此之前，宇宙為無物。我不能想像自然——在這裡指的是宇宙，如何能創造它自己；所以，宇宙有一個起源的事實，隱含著有人能去

啟動它;對我而言,這人必定是處身在自然以外的③。

我們在世上所知的一切事物都是「因果發生的」,都有一個本身以外的源由。因此,由巨大數量的因果物質堆砌而成的宇宙,必須倚靠某種在它本身之外的原因來造成。某些事物必須能讓大爆炸發生──但那是什麼?除了某樣在自然之外、超自然的、非因果的、本來就自我存在的物質之外,還能是什麼?

哈里斯(Sam Harris)在他對柯林斯一書的評論中,做出了對此種推理的典型反對意見,他寫道:「無論如何,即便我們接受,我們的宇宙必須被一種聰明的物體創造,這也不表示,這個物體就是聖經中的上帝。④」這當然是對的;如果我們把這種論點認為是一位個體上帝存在的證明,這當然無法就此推論。然而,如果我們在尋找的只是一條線索──顯示確實有一樣事物,存在於自然世界之外──對許多人而言,這個想法就很有挑戰性了。

宇宙的迎客門墊

生物若要生存,物理的基本規則與定律──光速、萬有引力、強弱核子的能量等──都必須被保持在一個特定的、極度狹窄的範圍內;保持這些所有前提條件完美存在的組合,就機率的角度,是微小到可以被忽略的⑤。再一次,柯林斯說的好:

當你由一位科學家的角度來看宇宙,它看起來,就好像是為了準備我們的到來,而刻意安排的。有高達十五種的變數──萬有引力、不同的強弱核子能量等──必須要保持在特定的恆常數值。如果這其中有任何的變異,哪怕只是百萬分之一,甚至是百萬又百萬分之一的常數被打亂,宇宙將不會是我們現在所看到的這樣。物質不會被融合,不會有銀河、星系、星球或人類⑥。

有人說，這好像很多很多的調頻器，每一個都要被調校到極端精準的範圍內——而它們也真是如此呈現，這極端不可能只是碰運氣造成的。霍金結論說：「像我們這樣的宇宙，若要碰運氣由一個大爆炸演變至今，這種機率是極小的；我想這很清楚地是含有宗教引伸意涵的。」在其他地方，他又說：「除了上帝為了創造我們這樣的人，所做的行為外，很難去解釋為何宇宙會開始於這樣的方式。⑦」

這就是被稱為「精準微調論」（Fine-Tuning Argument），或「人擇原理」（Anthropic Principle），認為這宇宙是專門為人類所準備的。作為一個論點，它是很有力的，因為許多針對它的強烈反駁意見，都曾經被發表過。最有名的回嘴，是由道金斯在他的《上帝的迷思》書中所提出的，認為可能有一萬億個宇宙，因為在無盡的時間與空間裡，可能存在非常巨大數目的宇宙，這其中就有可能，有些適合維持我們這種生命的宇宙存在，我們處身的就是其中之一，如此而已⑧。

可見，「精準微調論」要作為上帝的「證明」，在理性上還是有閃避空間。雖然批評者所稱，宇宙可能有億萬個的猜測並無證據，但同樣的，也沒有辦法證明這數字是不正確的。

然而，作為一條線索，這樣的想法是有力量的。普蘭丁格舉了一個例子，他假設有一個人在玩撲克時，發給他自己連續二十手的四張A，當同桌玩牌的人，手握他們的六發左輪槍質疑他作弊時，發牌的人說：「我知道這看來可疑！但如果存有連續無限數量的宇宙，我們的宇宙就正好有一切符合人類生存的條件，這種機率都發生了；像我這樣連續二十手四張A的機率，又算什麼？我們只不過是碰巧遇到這樣的機率實現罷了，我並沒有欺騙！⑨」這樣的辯解，對其他撲克玩家並不會有效。技術上來說，這人真的可能連續拿到二十次的四張A牌，儘管如此，雖然你不能證明他確有欺詐，但如果就此認為他真的沒有欺詐，卻是一件不合理的事。

哲學家萊斯理（John Leslie）舉了另一個相似的例子。想像有一個人被判了處決極刑，要由五十位神槍手組成的行刑隊來執行⑩。他們都由六呎外的近距離一起開槍，但結果沒有一顆子彈打中；因為，即使是神槍手也有近距離失手的可能，就技術上來說，有可能五十位槍手，正好同時都失手；話雖如此，雖然你不能證明他們勾結來一起失手，但若就這樣認為他們沒有勾結，卻是一件不合理的事。

技術上來說，我們可能真的正好就生存在一個適合有機生命發生與存續的宇宙裡，一切都是機率而已；雖然，你無法證明這宇宙的精細微調是來自於某些特殊的設計，但我們若因此認為沒有這些調整，卻反而是一件不合理的事。雖然，有機生命是可能在沒有一位創造者的狀況下，就靠著純然的機率而這樣發生，但若因此而接受這種微乎其微的可能性，難道真的合理嗎？

自然的規律

關於自然，還有比它的設計，更多讓人震驚而難以解釋的事。所有科學的歸納推理，是建立在自然律的假設基礎上的，在與今日同樣的條件下，明天的水還是會同樣的煮沸。歸納法要求從觀察個案，可以普及推論到所有同樣條件的案例；若無歸納推理，我們無法由經驗學習，我們不能使用語言，我們不能倚靠我們的記憶。

多數人認為這很正常、毫無問題，但哲學家可不是。哲學家修姆（David Hume）與羅素（Bertrand Russell）雖然是十足的世俗之人，但對我們渾然不知自然律為何會如此呈現，又為何我們在毫無理性驗證下，可以假設自然律在未來也會照舊繼續運作，感到難以理解。如果有人問：「未來終究如過去一樣。」修姆與羅素將會回答，你正在假設你所要去證明的事。用另外一種方式說，科學不能證明，自然的規律將一直繼續下去，這種對自

然定理的相信,只能被當作一種信仰。

近來幾十年間,有許多學者主張,現代科學之基本原型是起源於基督教文明,因為基督教相信一位全能、個人的上帝,祂創造並維持了一個有秩序的宇宙⑪。

作為上帝存在的證明,自然規律的存在並非充分,你始終可以辯稱:「我們不知道,為何事物會成為它們現在那樣。」但若作為探索上帝的線索,自然規律的存在事實,卻是有幫助的。

美感的線索

美國《國家週刊》(The Nation)藝評家丹托(Arthur C. Danto)曾經描述一件藝術作品,帶給他一種「抽象但難以避開的意義」⑫。換句話說,雖然偉大的藝術,未必會將一個訊息「直擊在你腦袋上」,但它總是可以給你一種感受,知道生命不是一個「白痴告訴你的故事,充滿聲音與憤怒,卻無所彰顯。」它用希望充滿你,給你力量去繼續前進,雖然你無法定義,到底是什麼感動了你。

指揮家伯恩斯坦(Leonard Bernstein)曾經頌讚貝多芬對他的影響:

貝多芬⋯⋯作出了令人屏息的精美樂曲。精美──正是這個字!當你有種感覺,那接續上一個音符的下一個音符,就只能是這一個,不做他想。唯有這個音符,才符合這個時刻、這個情境,那你正在聽的,應該就是貝多芬的音樂。旋律、賦格、音韻──你可以把它們留給柴可夫斯基、亨德密特與拉威爾;但我們這天才兒童有最好的東西,唯有它們具有天上來的、足以讓你在最後感動的力量:這些才是世界上精美的東西。這些從頭到尾完美無瑕、依循它自己的一致性規律:這些是我們完全可以信任,永遠不會讓我們失望的事物⑬。

如果沒有上帝，世界上每件事物都是（套句羅素的名言）「原子偶然的配置組合」，那麼我們之所以被創造，也就沒有任何意義——我們僅是偶然的產物。如果我們僅是偶發性自然力量的產物，那麼我們所稱為「美感」之物，不過只是對某種特別資料刺激的神經制約反應。你會覺得某種景色特別美，是因為你的祖先發現在那種景觀下會有食物，他們藉此生存下來，於是神經反應就被如此制約，而遺傳給現在的你。同樣的，即便音樂聽起來很莊嚴，但這種莊嚴只是種假象；而愛這件事，也必須用此觀點來看待：如果我們只是盲目自然力量的結果，那我們所稱的「愛」，不過是對某種特質的生物化學反應，這種特質曾經幫助我們的祖先生存，於是就這樣被遺傳下來。

伯恩斯坦與丹托所見證的事實是：即便世俗之人相信美與愛只是生化反應，但在真正偉大的藝術與美學面前，我們無可避免，會感受到生命是有其真實意義的、永遠不讓人失望的真理與公義是存在的，而愛可以總括一切。值得注意的是，雖然伯恩斯坦不是正統宗教信仰者，但卻也不得不用了「天上」這個名詞來描述貝多芬。因此，我們雖可能是把真理與公義、善與惡視為全然幻影的世俗物質主義者，但在藝術或是大自然美景的面前，我們的心卻告訴我們，它們並非幻影。

另一位告訴我們同樣故事的知名藝術家是厄普戴克（John Updike），在他的短篇小說《鴿子羽毛》《Pigeon Feathers》中，一位青少年對母親說：「難道你看不出來，如果當我們死了將空無一物，那你所有的陽光、綠野，與其餘一切不都變成，呃，虛空與恐怖嗎？都變成了充滿恐怖的汪洋。」不久，當看到鴿子羽毛的美麗、那種紋路與色彩，他被確定有上帝的感受給淹沒，這隱身在世界之後的上帝，將允許他為永生而活⑭。厄普戴克似乎在告訴我們，不管我們在面對生命隨機無意義時，我們心智的信仰為何，但在面對生命的美麗時，我們對此問題會有更好的答案。

「那又如何？」有人會反對說：「只因為我們感覺某件事是真實，並不

會就讓它成為真實！」然而，在此，我們討論的難道只是感覺？這些經驗所激發出來的，更正確地說，是一種胃口或渴望。歌德（Goethe）將此稱為 selige sehnsucht——受祝福的渴望。我們不僅可以感受到真實，而且更可以感受到，我們所渴想的那種欠缺。

聖奧古斯丁（St. Augustine）在他的《懺悔錄》（Confessions）中推論，人心中那填不滿的渴望，正是上帝存在的線索。為何如此？確實（就如剛被反對的）因為我們對一客牛排晚餐的渴望，不足以代表我們就能擁有它。但是，雖然飢餓不能證明，那被渴望的牛肉將會被買到，但是那在我們裡面對食物的胃口，不也說明，這種食物確實存在嗎？內在渴望對應出那可以滿足它的實際物體，難道不是真的嗎？比方說性慾（對應出性）、身體食慾（對應出食物）、疲累（對應出睡眠），以及關係的需求（對應出友誼）。

難道由美學激發出來的無可填補的渴望，不能被稱為一種內在慾望嗎？我們對於喜樂、愛與美的渴望，是再多的食物、性、友誼或成功都不能滿足的。我們需要的一些東西，是這世上沒有事物可以滿足的，難道這還不能視為線索，指向這些我們需要的「東西」確實存在嗎⑮？這種人心中難以填補的空缺，足以被稱為人類的內在渴望，也更讓它成為上帝在那裡的主要線索⑯。

線索終結者

在我們的文化中，有一種非常有影響力的思想派別，堅稱對所有這些線索都有其答案，這就是進化生物學派，他們認為關於我們所有的線索，都可以用自然天擇的理論來加以解釋。一本想對上帝所有線索，用此方法去解釋的書，是丹尼特（Daniel Dennett）所寫的《打破符咒：視宗教為一種自然

現象》（Breaking the Spells: Religion as a Natural Phenomenon）。丹尼特認為如果我們有宗教感動，那只是因為那些特質曾經幫助一些人在他們的環境下大量存活下來，因此就把這種基因碼遺傳下來，他的結論是這樣寫的：

我們重視的每件事——從糖到性、從錢到音樂、從愛與到宗教——我們重視它們，都是有原因的。隱藏在背後，用一種特殊型態表現的，我們的這些理由，都是進化論的理由，那種由自然界物競天擇所背書，隨機流動的理性根據，造成了這一切⑰。

漢妮格（Robin Marantz Henig）在《紐約時報雜誌》（The New York Times Magazine）的一篇文章《我們為何相信？進化科學如何解釋對上帝的信仰？》中，發表了進化論者對宗教的意見調查結果⑱。我們知道「一個完美的上帝讓人安心與熟悉，是那種小孩會接受的觀念」⑲；為何如此？有些進化論者，比方說威爾遜（David Sloan Wilson），認為對上帝的信仰，會讓人更快樂、無私，這代表他們的家庭與族人可以活命，而他們也會得到較好的配偶。其他如艾純（Scott Atran）與道金斯（Richard Dawkins）則斷定，對上帝的信仰，是一種由人類其他特徵（這些特徵曾給我們祖先適應環境的優勢），在機率巧合下衍生出來的副產物。我們存留下來的祖先，比較能偵測到灌木叢裡的隱密物，即便那裡其實什麼都沒有；或者是，他們比較能對周遭發生的事物，作出敘述意見與因果推理。無論如何，這些特質，讓現在的我們，比較傾向於相信上帝——較能看穿隱密、陳述、與智力推理，即便其實那裡根本不存在任何東西⑳。雖然在此領域內，還有激烈的辯論，但進化論理論家都同意，我們對上帝的相信，是生根在人的心裡；這種特質直接或間接來自於我們祖先遺傳，因為具有這種特質，能幫助他們更適應環境。這就是為何支持上帝存在的信仰，對我們現在的許多人有其吸引力；這就是一切的解釋，所以，這些上帝的線索也沒什麼。

無論如何,還是有很多人相信,這種線索終結者的論點,非但本身有致命的矛盾,而且它實際上,反而指向另外一個對上帝的線索。

在道金斯的《上帝的迷思》書中最後部分,他承認既然我們是自然天擇的產物,我們就不能完全信任我們自己的感官意識。畢竟,進化論只對保存調適行為有興趣,而非真正的信仰㉑。在《紐約時報雜誌》有篇文章的科學家說:「在某些情況下,一種象徵性的信仰,雖然不是真理,卻更為有效。㉒」換句話說,偏執的假信仰,常常在幫助你生存下去這件事上,比正確的信仰更為有用。

我不相信道金斯或其他進化論理論者,真正瞭解這關鍵性見解的所有意涵。進化論只提供了有助於我們生存的認知能力,卻不能提供我們一個正確而真實的周遭世界圖像㉓。哲學家丘奇蘭（Patricia Churchland）對此論道:

〔大腦〕主要的工作是去讓身體各部分到它們應該在的位置,這樣生物體才能生存。對感覺運動有更佳控制,提供了一個進化上的優勢:一種表現〔世界〕更花稍的方式是有利的,只要它⋯⋯提高生物體存活的機會。真理,管它是什麼?只是末節㉔。

知名的哲學家與無神論者內格爾,在他《遺言》（The Last Word）一書中的最後一章,也同意這觀點。他寫道:我的心智當然會告訴我,在世上什麼是真正、真實存在的,我必須「遵行邏輯的規則,因為它們是正確的——不僅是因為,我已經被生物的程式,編碼去這樣做。」然而,依據進化生物學的推理法則,只有能幫助我們生存的,才對我們有意義,並非它們真能告訴我們真理為何。所以,內格爾問道:

〔我們能否有任何〕持續的信心,把理性當成世界內隱知識的一種來源?就其本身而言,我相信一種〔關於人類種族〕進化的故事,告訴我們的是,我們不該有此信心㉕。

進化論者說，如果上帝對我們有意義，並非因為祂真的在那裡，只是因為這樣的信仰，能幫助我們生存，所以我們就這樣被它制約了。然而，如果我們不能信任自己的信仰形成能力，可以告訴我們關於上帝的真實，為何我們應該相信它，可以告訴我們對於任何事物的真實性？包含進化論科學？如果我們的認知能力只能告訴我們，何為生存所需，而非何為真理；又何必相信它對任何事物的認知？

　　看來進化理論學家只能在兩者中擇一：他們可以退一步去承認，我們可以信任心智告訴我們的事，包含上帝；如果我們發現上帝存在的論點或線索有其說服力，那麼，或許上帝真的在那裡。或者，他們可以向前一步，去承認我們完全不能信任，我們的心智對任何事物的認知。真正不公平的，是像現在許多進化論科學家所做的：他們把懷疑的解剖刀，用在我們心智對上帝的認知上，但卻不用在我們心智對進化論科學本身的認知上。

　　這是整個進化論生物學與理論的巨大阿基里斯腱（弱點）。普蘭丁格指出連達爾文自己，都看到這個主要的弱點。對一個朋友，達爾文寫道：

　　是否人心智的認知──這種由較低等動物發展出來的能力，可以有任何價值？或是值得加以信任？對此，可怕的疑問一直浮現在我心中㉖。

　　普蘭丁格接著主張，接受進化論的「自然主義」是極端非理性的，因為這理論把我們的每件事物，都當成是自然天擇的結果。如果它是真的，我們不能信任那導引到這個結論的方法，甚至不能信任何科學的理論了㉗：

　　如道金斯者，認為科學與宗教間存在矛盾。……然而，真正的事實是：矛盾是存在科學與自然主義之間，而非在科學與上帝的信仰之間。……若在不受指導的進化下，我們有可能會生活在一種夢想中的世界，在其中，我們得以真正知道關於我們自己，與世界的一些事㉘。

　　儘管有些暢銷書，像是丹尼特、道金斯、哈里斯他們所寫的，想套用這些信仰的進化論線索終結者，但還是有越來越多的思想家可以看穿他們；這

些人不只是正統信仰者,而且有些是像內格爾的這種人。威色提耶(Leon Wieseltier),《新共和雜誌》(The New Republic)的文學編輯,在一篇對丹尼特《打破符咒》的書評中,指出這種線索終結者論點的缺陷:

〔丹尼特〕勾勒理性是為自然天擇服務的工具,其本身也是自然天擇的產物。但如果理性是自然天擇的產物,那麼我們對於支持自然天擇的理性主張,到底還有多少信心?理性的力量來自於理性的獨立自主性,而非其他。……進化論生物學不能一方面訴求於理性的力量,另一方面又在摧毀它㉙。

最後的結論是:如果真如進化科學家所言,我們的大腦告訴我們有關道德、愛與美,這些都不是真實的——如果它們只是一套為了將基因碼遺傳下去的化學反應——那麼他們的大腦告訴他們有關於世界的一切,不也都是如此,那他們憑什麼相信進化科學?

線索終結者其實是一條線索

我想,原來應該成為線索終結者的,最後反而指引出在其他線索之外,另有一條通到上帝的線索。

第一條線索是世界的存在,大爆炸的發生;世俗之人對此的反應是合理的:「但那並不能證明上帝存在,或許大爆炸就是自己造成的。」第二條線索是宇宙的精準微調,那種恰好可以讓我們的宇宙,正好適合並能維持生物與人類生命,低到百億又百億分之一的隨機或然率;世俗之人對此,還是可以算是公允的回應:「但那並不能證明上帝,它還是可能在純然隨機的情境下,這個宇宙就成了它原來所成型的樣子。」另一個線索是自然的規律;所有科學的、歸納的推理,都是建立在這種假設之上,雖然我們並沒有絲毫的理性證明,可以支持這些規律都會繼續如此進行下去的假設;當信仰者把這

當成上帝存在的線索時，不信者還是可以振振有詞地反駁說：「我們不知道為何自然有此規律，但可能它本就是如此，那還是不能證明上帝。」

另外一條線索是美學與意義的線索。如果我們是無意義、自然偶發力量的產物，信仰者若質問：你要如何解釋我們為何會有美麗重要或愛與生命重要的這種感官意識？世俗之人會回答：「但這並不能證明上帝，我們可以透過進化生物學來解釋這些『意識』與認知。我們宗教的、美感的、關於道德的直覺之所以存在，是因為它們曾經幫助我們的祖先生存下來。」然而，正如許多思想家指出，如果這個論點真能證明什麼，就是它證明了太多！如果我們不能在某一領域相信人類的信仰形成能力，我們就不應該在其他任何領域相信它。如果沒有上帝，我們根本不應該信任我們的認知能力！

但是，我們終究還是這麼做了！而這正是最後的線索。如果我們相信上帝存在，那麼我們對宇宙的觀點可以給我們一個基礎，去相信人類那種認知能力真的有用，因為上帝可以讓我們能夠去形成真實信仰與知識。如果我們相信上帝，那大爆炸就不再奧祕，宇宙的精準微調不再難解，自然的規律也成為合理。所有我們看到的這些，都變得非常合理而有意義。此外，如果上帝存在，我們對於美感與愛意義的直覺，也就成為可期待的。

如果你不信上帝，不僅這些事物將深沉難解，而且你的觀點──沒有上帝──會把你導向對它們無所期待。雖然你沒什麼理由去相信你的理性能力還在運作，但你還在繼續使用你的理性；雖然你沒有基礎去相信自然會這樣一直規律地繼續下去，但你還是繼續使用歸納、推理與語言。雖然你沒有好理由去相信你的感官意識，認為愛與美重要，但你還是繼續追求它們。路易斯生動地說：

除非在最低等動物的意識下，如果你知道（然後不斷地想起）一個女孩個人與性格上所有的美，都只是暫時與偶發，是由原子碰撞所造成的；而你自己對這些特質的反應，也只是一種來自基因行為、心理上的靈光一現而

已;你不會愛上她。如果你知道並記得,音樂的莊嚴美好氣氛,只是一種純然的幻影;而你之所以喜歡,只是因為你的神經系統被非理性地制約去喜歡它,你將無法繼續去得著對音樂深入的喜悅㉚。

當然,沒有一條我們所尋找的線索,真能證明上帝;這其中的每一條,都是理性上可以被迴避掉的。然而,它們加在一起的累積效果,我認為,應該是強有力又能激動人心的。雖然一般世俗對世界的那些觀點,在理性上是可能的,但它卻不如那相信上帝存在的觀點,能更有意義地去解釋世界的萬事萬物;這就是我為何稱它們為線索。認為有一位創造世界上帝的理論,比起沒有上帝的理論,更能解釋我們所見到的證據。那些反對上帝存在的人,用了歸納法、語言與他們的認知能力,但這些工具若應用在一個上帝,用祂的力量創造與維持的宇宙中,將更有道理。

超越線索之外

我可以想像有人在此時說:「所以,一切都沒有定論啦!你所說的是,整體而言,上帝可能存在,但沒有人可以有完美無瑕的證據,那也就是說,沒有人能夠知道,到底真正有沒有上帝。」

我不同意!

在下一章,我要做一些非常個人的事。我不要去爭辯為何上帝可能存在,我要去展示,你已經知道上帝真的存在。我要去讓讀者信服:無論你在心智上如何認信,信靠上帝是不能避免、「基本」的信念;這信念我們不能證明,但也不能不知。我們知道上帝就在那裡,這就是即便當我們竭盡所有的心智,全心相信生命是無意義的,我們還是不能過著那樣的生活。我們知道有更好的。

第九章　對上帝的認知

查理（Charlie）：當然有上帝！我們基本上都知道祂存在。

辛西亞（Cynthia）：我不知道有這樣的事。

查理：你當然知道！當你自己在想——我們醒時大部分時間都在自己想著——你必然有種感覺，你的思想不會白白浪費；在某種感受上，那些想法都被聽到了。我想就是這種安靜地被聽到也被完全瞭解的感動，表明了我們的內心裡，是相信這一位至高聖靈、這種全知智慧的。這所顯明的，是在我們所有人的內在，都有某種信仰；然而，多數人卻在成長過程中的某個時點失去了它，之後，唯有透過信心的有意識作為，才能重新再得回信仰。

辛西亞：那你經歷過這些嗎？

查理：不，我還沒，但我希望有一天能如此。

——電影《大都會》（Metropolitan）對白（1990，USA，Whit Stillman）

保守的作家與講員，常常抱怨我們文化中的年輕人，是相對而且無道德的。作為一位在曼哈頓的牧師，我在過去二十年，幾乎身陷這些難搞的二十來歲年輕人之中，但我卻沒發現這種狀況。我所遇到的世俗年輕人，都對是與非擁有敏銳的意識；世界上發生的許多事，都會激起他們的道德義憤。但他們的道德看法，卻的確有些問題。

自由心證的道德

很多時候，為了要扮演好一個牧師的角色，我必須以一個哲學教授的姿態出現。有一次，一對年輕夫妻來找我，想尋求一些屬靈的指引。根據他們所說，他們「對任何事物，都不怎麼相信」；那要如何開始去弄清楚，是否真的有一位上帝？我要他們告訴我一些他們認為真的、真的非常錯誤的事。太太很快就說出，她反對貶抑女性的作法。我說因為我是基督徒，相信上帝創造所有的人，所以我完全同意她的看法，但我好奇的是：她為何認為這樣是錯的？她回答：「因為女人也是人類，凡是人類都有人權，所以將別人的權利踐踏在腳下，是錯誤的。」我接著問，她是怎麼知道這些的。

帶點疑惑，她說：「每個人都知道侵犯別人的權利是錯的！」我說：「在世界上的多數人並不『知道』這事，他們沒有那種西方人權的觀念；想想看，如果有人告訴妳『每個人都知道女人比較劣等』，你會說：『那不是一種觀點，那只是一種武斷的宣稱。』你是對的。所以，讓我們重來一次：如果如妳所信沒有上帝，每個人都是從動物演進過來的，那麼去踐踏別人的權利，又有什麼錯？」對我的一番話，她丈夫回應道：「是的，我們人類不過就是腦子較大的動物罷了，但我要說：動物也有權利，你也不該踐踏牠們的權利啊。」我說，如果動物中強壯的吃掉弱小的，是侵害了其他動物的權利，你會不會因此認為這動物就有罪？「不，我不能這樣說。」所以，他只是認為，人類如果欺凌弱小才是有罪的。為何會有這種雙重標準？我問這對夫妻，為何堅持人類與動物不同，所以人們不被允許去做動物界中視為自然的行為？為何這對夫妻堅持，唯有人類才有這種偉大而獨特的個別尊嚴與價值？為何他們相信人權？「我不知道，」太太最後說：「我想牠們就應該是如此，就這樣。」

我們的對話，其實比上述壓縮後的描述更為融洽。這對年輕夫妻對他們回答中的一些弱點，甚至笑了出來，這代表他們願意開放心胸去探索，因此也給我更大的鼓勵，讓我比平常時更加直接。無論如何，這段對話，透露了

我們現在的文化，與其他之前的文化有很大的不同。現代人仍然有很強的道德感，但不像其他時期與其他地區的人；他們沒有任何可見的基礎，來解釋為何他們認為有些事是邪惡的，有些事卻是良善的。這好像他們的道德感，是在空中自由流動的──脫離地面、沒有基礎。

波蘭詩人米洛舒（Czeslaw Milosz）談到這點：

在後冷戰時期讓人驚訝的是，那些美麗且深深感動人的文字，在布拉格與華沙這些地方，被人尊敬地傳誦；這些文字，是關於人類權利與個人尊嚴的一些老劇本。我驚異於這種現象，擔心在其底層有一個深淵地獄；畢竟，這些觀念是植基於信仰之上的，而我對宗教是否能存活於一個科學科技的現代文化之中，並不過分樂觀。那些過去似乎永遠塵封的觀念，突然就這樣復活了，但是如果底層基礎已經被動搖了，這種狀態還可以保持多久呢①？

我不認為米洛舒是對的。即便對上帝有意識的信仰消失了，我想人們一定還會持守住他們對於人類尊嚴的信仰。為何如此？我有一個激進的理論，認為在我們文化中的人們，無可避免地，已經感知到是有一位上帝，但他們總是壓抑這種認知。

道德義務的觀念

常聽人說：「沒人可以將自己的道德觀點強加在別人身上，因為每個人都有權利，去找出自己內在的真理。」但這種信念常讓說者遭到一系列非常不舒服的質疑，難道世上沒有人正在做你認為非常錯誤的事？──那些事，不論做的人對其個人行為正當性的觀點為何，都是應該要立即停止的。如果你認同（而且每個人應該也都認同）這點，難道這不代表，無論他們個人的信念為何，你都相信，確實存在有某些，人類都應該遵守的共同道德標準？這引發了一個問題：無論自己如何宣稱，任何人想要成為前後一致的道德相

對主義者,(在實務上)其實是做不到的。為何如此?答案是:因為不只在道德價值上,更是在道德義務上,我們每一個人,都有一種普遍、強力又無可避免的主觀信念。社會學家史密斯(Christian Smith)對此這麼說:

「道德」……是一種對瞭解何為對錯與公義的取向;它並非由我們實際的需求或偏好而產生,相對的,它獨立於這些東西之外,卻提供我們衡量標準,去判斷我們的需求與偏好②。

所有人類都有道德感,我們稱之為良心。當考慮要做一些我們感覺是錯的事情時,我們會傾向於節制。然而,我們的道德感並不停在這裡,我們也相信有些標準是「存在我們之外」,卻可以用來評估我們的道德感。道德義務是相信某些事就是不應該去做,無論一個人對這些事的感受如何、無論他的社區或文化裡其他人怎麼說,也無論這事是否符合他個人的利益。那對年輕夫妻,認為其他文化的人也應該尊重女性的權利,就是一例。

雖然我們被教導,所有我們所得到的價值,是相對於不同的個人與文化的,但我們卻無法這樣生活。在實務上,我們無可避免地,會將某些原則視為絕對標準,我們也用這些標準,去判斷那些與我們價值不同之人的行為。但如果道德信念是相對的,是什麼給了我們這種去評斷別人道德的權利?沒人給我們這種權利,但我們還是忍不住這樣做。那些對「存有超然道德的主張」加以嘲笑的人,並不認為種族屠殺是不可能發生,或是會自動消失的,他們也會認為那是錯的。納粹在消滅猶太人時,宣稱他們一點也不覺得那是不道德的;這我們不管,我們不管他們是否真心誠意、感覺他們正在做對人類有益的事,但他們就是不應該做這些事。

我們不僅有道德感,有揮之不去的信念,而且在自我道德意識之外,我們也相信超然的道德標準,確實存在;透過這樣的標準,我們內在的道德感會受到評斷。為何如此?為何我們認為那些道德標準,真的存在?

道德義務的進化論

對上述問題,今日有一個常見的答案,是來自於我上一章所稱的「線索終結者」——社會生物學,或是進化論心理學。這觀點認為利他的人、那些無私行動且願意合作的人(相對於自私與殘酷的人),可以大量存活。因此,利他的基因就被遺傳給現在的我們,所以現在大多數人會感覺不自私的行為是「對的」。

然而,在此理論中有許多缺陷,而且也已經招致一些致命的批評[3]。個人對家庭或血親的自我犧牲、利他的行為,或許真對他個人家族或衍生的親族,造成較高的存活率,因此會讓他的家族,有著更多擁有這種基因的後代產生。但若就演化的目的而言,相反的反應——對所有非其族類者的敵意——也應該被普遍認為,是道德與正確的行為。但是,今天我們認為犧牲時間、金錢、感情,甚至是生命——特別對那些「非我同類」或族類的人——是正確的。如果我們看到一個完全陌生的人掉進河裡,我們會在他身後跳下水,如果沒這麼做,就會有罪惡感。事實上,即便那掉在水中的人是個敵人,多數人都會感到有義務要這麼做。但這樣的特質,怎麼可能透過一種自然天擇的過程被保留下來?這樣的人,應該可能比較不容易存活下來,還遺傳這樣的基因;因為根據嚴格的進化論自然主義(相信今日我們之所以如此,全都是因為一種自然天擇的程序所造成),這種利他的人,應該早就在人類歷史中絕跡;然而,這種人反而日漸增多。

其他想顯示利他主義對生存繁殖有好處的論點,也遭到麻煩。有人認為利他行為給實行者帶來間接的互惠利益,但這不能說明我們有此行為的動機,因為有時候,沒有人會知道你做了這些事。其他人認為犧牲的行為對整個族群或社會有利,這讓整個社會去留傳這樣的遺傳基因碼。無論如何,大

家的共識是：自然天擇對整體族群而言，並無道理④。

因此，進化論不能解釋我們自身道德感的來源，更別說我們都相信，存有外部更超然的道德標準，可以衡量我們的道德感⑤。

道德義務的問題

對持有世俗世界觀的人而言，道德義務的感受造成一個問題。人類學家芙洛班（Carolyn Fluehr-Lobban）的專業領域主要在她自稱的「文化相對主義」——一種觀點，認為所有信仰都是文化產生的（那就是，我們相信某些事物，是因為我們所處身的社群，賦予這些事物合理性）。所以，沒有基礎去客觀地斷言，一種文化的道德優於另一種文化。然而，她對自己所研究的一些社會裡對女性的壓迫行為感到驚心；她決定自己應該在身為人類學家所工作的社會裡，鼓吹女性的利益。

這立刻對她造成了一個難題。她知道自己對女權平等的信念，是生根於一種特定社會（北歐、十八世紀）支持、個人主義模式的思想；那她有何權利去把自己的觀點，強加在那些她所工作的非西方社會中？她對此回應：

人類學家一直表達對文化相對主義的強烈支持。其中一個最具爭議性的論點，來自於一個基本問題：我們西方人有何權威，去把我們對普遍性權利的觀點，加諸於其他的人類身上？……〔但是〕文化相對的論點，常常被那些迫害人的政府，用來抵銷國際上對他們傷害人民的指控……我相信我們不該讓相對主義的觀念，阻止我們去推動其他國家與國際論壇，檢視那些可以保護每種文化中生命與尊嚴方法。……當在護衛人權與護衛文化相對論兩者間必須有所選擇時，人類學家應該選擇去保護並促進人權，我們不能只做旁觀者⑥。

作者在此丟出一個困難的問題：「如果所有文化都是相對的，那麼普世

人權的觀念也是相對的,那我們又如何能決定,將自我的價值加諸在這個文化上?」但是,她並未回答自己的問題,她說她對壓迫的指控,是建立在西方個人自由觀念的基礎上,但她卻沒有回答這個難題,卻只是宣稱看到女性被壓迫,讓她覺得要去阻止這事,我們必須要帶著我們的西方價值到這些其他國家中,我們的價值比他們的好。就是這樣!

人權的困難議題

芙洛班的掙扎是人權領域裡一個主要的危機。哈伯瑪斯(Jurgen Habermas)寫道,人權雖然起源於歐洲,但現在的亞洲、非洲與南美洲「人權」狀況卻是:「只由一面倒的一種語言組成,這種呼聲,讓迫害者政權下的反對者與受害者,以及內戰者,都振振有詞地去反抗暴力、壓制與迫害。⑦」這透露人權道德巨大的重要性,這正是裴瑞(Michael J. Perry)所定義,對人類天賦尊嚴的雙重確信,而這也是強制性地自我要求,我們要依此事實而活,違反這種人類平等尊嚴的作法是錯誤的⑧。但我們為何應該相信這事?這種人類尊嚴的基礎又是什麼?

在其論文《權利從何而來?》(Where Do Rights Come From?)⑨中,哈佛大學法律教授德修維茲(Alan Dershowitz)列出了幾種可能:有人說人權來自於上帝,如果我們都是根據上帝的形象而造的,那每個人都是神聖而不可侵犯的;德修維茲拒絕接受此為答案,因為數以百萬的人是不可知論者(譯註:不信上帝的人)。其他人說人權來自自然,或所謂的「自然律」,他們主張如果檢視自然與人類天性,可以發現某些行為是「適合」事情應有的作法,這就是對的;然而,德修維茲指出自然之所以繁榮,是因為暴力與掠奪,由最適者存活,所以也無法由自然界的實際運行,衍生出每個個體尊嚴的概念。

另一種理論，宣稱人權是我們自己創造的，是由寫法律的人所創造的；許多人認為，創造出人權是符合社會利益的，因為尊重個體尊嚴代表著，長期而言，社會中的每個成員都會比較好過。但是，要是大多數人決定賦予某種人權，並不符合他們的利益呢？如果權利只不過是由多數人創造的，那當某些權利被廢除時，受害的少數人不也無從訴求嗎？德修維茲引述法理學家德沃金（Ronald Dworkin）的說法，認為這第三種人權來源的觀點也不充分：

對於個人有了這些權利，整個社群在長期間是否會更好，這個問題的答案，並無定論。……因為當我們說，某人有權去自由地說出他心中的想法時，我們的意思就是他有權去這樣做，即便這並不符合一般多數的利益。

如果人類權利是由多數決所創造的，那它們有何用處？人權真正的價值，在於它們可以被用來堅持，多數人要尊重少數人與個人的尊嚴，即便多數人認知到，這樣做可能違反他們的「更大好處」。所以，權利不能被創造——它們必須被發現，否則它們就沒有價值。如同德沃金結論的，如果我們要去護衛個人權利，就必須要去發現某些在實際效用之外的東西，來支持這些權利⑩。

「這些東西」可能是什麼？德沃金或德修維茲都不能提出答案。德沃金最後還是傾向於一種多數法則的形式。在《生命的管轄權：關於墮胎、安樂死與個人自由的一種論點》（Life's Dominion: An Argument about Abortion, Euthanasia, and Individual Freedom, 1995）書中，他寫道：

一個單一人類生物體的生命，必須受到尊重與保護。……因為我們驚奇於……由舊生命中產生新生命的過程。……這種神聖的核心，存在於我們賦予一個過程、事業或專案本身的價值，而不在於它的結果，無論它們是如何被產生的⑪。

法律教授裴瑞如此回應：

對德沃金而言，人權規範的非宗教來源，在於「我們」所賦予每個人的

偉大價值，因為每個人都被視作一個有創意的大作；它是舊生命創造新生命過程中「我們的」驚奇……但德沃金所稱的「我們」與「我們的」究竟指的是誰？納粹真心看重猶太人的價值嗎？問題明顯在於德沃金的……〔對於權利的〕世俗論點，德沃金假設人類機構間，對於人權有一個共識，然而，這並不存在，也從來未曾存在過⑫。

裴瑞的新書《人權理論芻議》（Toward a Theory of Human Rights）非常重要。裴瑞結論說，雖然很清楚地「在人權的道德性上，有宗教的一席之地。……但不清楚的是：非宗教的立場⑬、一種對人權世俗派的立場，是否站得住腳？」⑭裴瑞列出尼采有名的堅持：如果上帝已死，任何與所有愛與人權的道德，都將沒有基礎。如果沒有上帝，尼采、沙特與其他人會說，那就不會有好理由去表現仁慈、愛心或為和平而努力。裴瑞引述芙特（Philippa Foot）所稱，世俗思想家接受沒有上帝的觀念，也認為人生沒有特定意義，但他們並沒有「加入支持尼采對道德的論戰。大致來說，我們已經將道德判斷當成理所當然，就好像一切沒發生過一樣。⑮」但是，為何我們一直這樣做？

大哉「誰說的？」

過世的耶魯大學法學教授雷夫（Arthur Leff）對上述問題，在一篇經典論文中，提出他的答案：多數人認為人權並非被我們創造出來，而是被我們發現出來的；人權確實存在，而且必須被多數人予以尊重，不管你喜歡與否。然而，雷夫說：

何時開始，我們不被允許在正式的智識論壇中，提出等同於酒吧與校園裡常用問句「誰說的？」這樣的質疑？若是沒有上帝……每個……道德與法律系統……都會因其選定的一個關鍵問題，而給出不同答案，那問題就變

成：在我們當中⋯⋯誰應該有權利去宣告，那些應該被遵從的「法律」？說得大膽點，這個問題在智識上是如此無定論，我們應該預期會有明顯數量的法律與道德思想家，不想去涉入這爭論⋯⋯若非上帝存在，就是上帝不存在；但如果上帝不存在，沒有任何人、也沒有其他人，可以取代祂的位置⑯。

如果沒有上帝，就沒辦法說任何一個行為是「道德」，而另一個行為是「不道德」，所有的答案都是「我喜歡這個」。在此狀況下，誰有權去把他們主觀的、自行認定的道德感變成法律？你可能會說：「多數決有權利去制訂法律，」但你是說多數人有權利去投票支持滅絕少數人嗎？如果你說：「不！那是錯的。」那你又回到了原點。「誰說」多數人就有道德義務，不可殺害少數？為何你的道德認定，對那些反對的人而言，也是必須遵守的？為何你的觀點就應該凌駕那些多數人的意志？雷夫說，事實是：如果沒有上帝，那所有的道德陳述就都是自行認定的，所有的道德評估都是主觀而內隱的，而根本不會有外部明確道德標準的存在，可以讓我們用來判定一個人的感覺與價值觀。雷夫在其智慧的論文中，做了一個非常讓人驚訝的結尾：

目前的狀況是，每件事都是待價而沽的。然而，用燃燒彈燒嬰兒是壞的、餓死窮人是邪惡的、買賣人口是剝奪的⋯⋯有件東西叫做邪惡。總歸一句話：誰說了算？願上帝幫助我們！

尼采當然瞭解此事。他說：「群眾眨眼並說：『我們是平等的──人不過就是人，在上帝面前我們都是平等的。』在上帝面前?!但現在這個上帝已死。⑰」無神論思想家蓋特（Raimond Gaita）也不情願地寫道：

只有那些有宗教信仰的人，可以嚴肅地談到神聖。⋯⋯我們可以說，所有人都是無可衡量的珍貴，他們本身就是目的，他們應受無條件的尊重，他們擁有不可拋棄的權利；而且，當然，他們也擁有不可拋棄的尊嚴。在我的判斷中，這些就好像是，當我們與這些概念的來源〔意指上帝〕疏離時，我們感覺這些是應該說的，於是，我們就這樣說了！⋯⋯沒有一條〔這些有關

於人類的陳述〕有那種宗教方式說法，所具有的力量。……說我們是神聖的，因為上帝愛我們、祂的兒女⑱。

雷夫不僅結論說除了上帝以外，沒有其他人權的基礎，他也指出（如同德修維茲與德沃金，用他們的方法）縱使事實顯示，在一個沒有上帝的世界，我們不能合理解釋或有立場去扎根人權，我們仍然知道人權存在。雷夫這樣說並非只是泛泛之言，他是發自個人內心而說的。沒有上帝，他不能合理化道德義務，也無法確認其存在。

由自然暴力看支持上帝的論點

為何我們知道這些？為了更專注於這個道德義務揮之不去的知覺，讓我們思考作家狄拉德（Annie Dillard）的觀察。為了要接近「自然」而得到靈感與清新，狄拉德住在維吉尼亞山中小溪旁一整年，然而，最後她發現自然完全被一種核心原則所主宰——強者對弱者的暴力。

在世上沒有一個人的行為會像螳螂那麼壞。但等一下，你不是說在自然界中沒有對與錯嗎？對與錯是一種人類的概念！對的！我們是活在無道德世界裡的道德動物。……或者考慮另一種說法……唯有人類才會有那種古怪的不恰當感。……那就算了——這一切不過是我們的感情，讓我們失控了。我們是怪胎，世界沒問題，讓我們都去接受大腦白質切斷手術，這樣就可以回復到自然狀態；我們可以就此離開……切斷大腦白質，回到小溪，在它的水邊住下，變成像任何一隻麝鼠或一根蘆葦一般無憂無慮。您先請～⑲

狄拉德看見所有自然都是建立在暴力之上，但我們卻無可避免地相信，較強壯的個人或群體去殺害較弱的，是不對的。如果暴力是完全自然的，為何強勢者踐踏弱勢者就是錯的？除非我們認為有部分的自然界是不自然的，那就沒有基礎來主張道德義務的存在。我們無法知道自然在某方面是否是損

壞的，除非在自然之外，有一些超自然、正常的標準，這些標準是我們可以用來判斷對錯的。這表示應該要有天堂或上帝，或某種神聖的秩序，存在於自然之外，這樣我們才能作那些判斷。

只有一個方法可以解開這個難題：我們可以選取聖經對事物的解釋，看看它是否比世俗的觀點，對我們的道德感有更佳的解釋。如果世界是由一位和平、公義與仁愛的上帝所創造，那我們就知道為何我們覺得暴力、壓迫與仇恨是錯的；如果世界是墮落、破碎、需要被救贖的，那也可以解釋我們現在所看到的暴力與混亂。

如果你相信人權是真實的，那上帝存在，會遠比上帝不存在更有道理；如果你堅持採用世俗觀點看世界，卻繼續宣告某些事是對的、某些事是錯的，那我希望你能看見：在你智力所建構的世界，與你心中知覺其存在的真實世界（與上帝），兩者之間有多麼的不和諧。這將我們帶到一個關鍵問題：如果一個前提（「沒有神」）導引出一個你知道不對結論（「用燃燒彈燒嬰孩是一件文化上見仁見智的事」），那你為何不改變這個前提？

對於「存在」這個問題，無止境、無意義的爭訟

我一直都沒有想要證明上帝的存在給你看，我的目的只是要讓你明瞭，你已經知道上帝就在那裡。在某種程度上，我是將「上帝不存在」當成一種心智問題，但它不止於此，它不僅使所有道德選擇沒有意義，也讓整個生命沒有意義。劇作家米勒（Arthur Miller）透過他在《墮落之後》（After the Fall）劇中角色昆汀（Quentin），把這件事演活了，昆汀說：

多年來我一直把生命當成一個法律個案，它是由一系列的證明所組成的。年輕時你證明你多麼勇敢或聰明；然後，成為多麼好的愛人；然後，一個好父親；最後，多麼有智慧、或有能力或〔無論是什麼〕。但在這一切的

底層，現在我看到，是一個前提假設：一個人向前進⋯⋯走一條向上的路徑，一直上升，在那裡⋯⋯上帝知道⋯⋯我會得到合理的嘉許，或是被譴責。總之，無論如何，最後會有一個裁決。當有一天往上看時，我發現，現在我的災難真正要開始了⋯⋯裁決者的座位竟然是空的，看不到任何法官，於是留下的只是與自己無止境的爭辯；在一個空座位前，對於存在與否這個問題，無意義的爭訟⋯⋯這，當然，是另一種說法來表現——絕望[20]！

他在說的是什麼？我們都這樣活著，好像追求和平比戰爭為佳；講真話比說謊話要好；關懷與養育比摧毀更對。我們相信，這些選擇不是無意義的，我們選擇哪種生活方式至關重要。但如果這宇宙審判者的座位真是空的，那麼「誰說」某一種選擇會比其他選擇更好？我們儘管可以辯論，但這只是無意義的爭辯，無止境的爭訟而已。如果審判椅真是空的，那人類文明的長河，即便它延續了幾百萬年，對照於在它先行與後繼的死亡汪洋，不過是微不足道、短暫的一道閃光而已。沒有人會去記得人類歷史的任何事情，我們是仁愛或殘酷的，在最後，其實沒有任何差別[21]。

一旦我們了解到這個情況，呈現在面前的是兩個選項。一個選項是：我們可以拒絕去思考這整件事的引伸意涵，我們可以堅持我們智力的信仰——宇宙的空座位，然後仍然過著，好像我們的選擇是有意義、好像在仁愛與殘酷間是有差異的生活。我們為何要如此做？一個刻薄的人可能會說，這是一種「既要馬兒好，又要馬兒不吃草」，想要兩者得兼的作法。那是，你想要享受有上帝的好處，卻不願意付出跟隨祂的代價，但這樣做，是不正直的。

另一個選項是：承認你真的知覺到有一個上帝，你可以接受這個事實，就是你活在美麗與愛有意義、生命有意義、人類有與生俱來的尊嚴，這樣的一種生命之中——都因為你知道上帝存在。明知祂存在，卻不去承認這位給你所有的這些禮物，這是不誠實的生活。

第十章　罪的問題

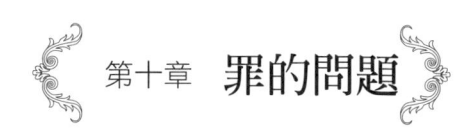

我們怎能懷疑：如今我們的族類將實現我們最大膽的夢想，這族類會達到合一與和平，我們的子孫將會生存在一個更輝煌也更可愛的世界，比我們所知任何的宮殿與花園更美，他們將在一個持續擴大的成就圈子裡，持續強大？人類目前為止所做到的，他目前狀態的小小誇勝，……只是人類將來要成就大事的序曲而已。

——威爾斯《文明的故事》，（H. G. Wells, A Short History of the World, 1937）

對手無寸鐵的人冷血屠殺，回到任意與組織性的虐待，心理的恐懼酷刑，以及對於這種世界的恐懼，以前這些事，似乎是幾近禁絕的——但現在，這些發生的事，已經讓我的整個靈魂瀕臨崩潰。……「現代人」，他曾經自滿於如此自稱，現在，已經玩完了！

——威爾斯《茅塞智窮》，（H. G. Wells, A Mind at the End of Its Tether, 1946）

很難避免這樣的結論：這世界有些事，是在根本上出了問題。根據基督教，我們最大的問題是罪。但「罪」的概念，對很多人而言是冒犯或不合理的，這常常是因為，我們不懂基督徒對這個名詞的意義。

罪與人類的希望

許多人印象中以為基督教義中的罪，對人類的本性是持陰冷悲觀的看

法，但這絕非事實。當我剛進入牧會職場時，一位太太剛離去的年輕人跑來找我；他對妻子所做的事情感到憤怒，也對自己那些導致妻子離開的錯誤深自懊悔，在整個狀況前變得自憐自艾；我說他當前最需要的就是希望，他很快地同意，並問我如何可以得到一些希望，我盡可能溫柔地告訴他，好消息是——他是個罪人，而不只是一個心理驅力或社會制度之下的受害者。多年之後，我讀到一篇泰勒女士（Babara Brown Taylor）講道中的一段信息，她更清楚地表達了那天我想要講的事情：

　　無論醫療或法律的語言，都不足以充分替代罪的語言。與醫療模式相反的，我們並非完全受制於我們的疾病，我們可做的選擇，在於進入悔改的過程；不同於法律的模式，罪的本質〔主要的〕不是在於違反法律，而是與上帝的破損關係——彼此間的關係、整個被創造的秩序。法國哲學家薇兒（Simone Weil）說：「所有的罪都是因為想要靠自己去填滿心中的空缺。」因為我們不能忍受上帝在我們心中留下的那個空缺，於是我們嘗試要往裡面填進各樣的東西，但只有上帝可以充滿〔它〕①。

　　德爾班科（Andrew Delbanco）是哥倫比亞大學人文科學教授。幾年以前，當他研究「匿名戒酒協會」（Alcoholics Anonymous）時，曾經參加全國的戒酒人聚會。一個週六上午在一個紐約市教會的地下室，他正在聽一位「衣著帥氣年輕人」講到他的問題；在他的陳述中，他自己一點疏失也無，所有他的錯誤都是因為別人的不公或是背叛；他談到，自己要如何對所有對不起他的人進行報復。德爾班科寫道：「他的每個動作都顯示出他有著極度受損的自尊。」顯然這個年輕人正陷入他自我要求，要去合理化自己的陷阱中，然而在他生命中，事情只會因而變得每下愈況，一直到他能夠明瞭這點為止。當他還在述說時，一位四十來歲編著長髮辮、穿了一身暗沉的黑人，靠近德爾班科說：「在降低自我自尊心以前，我也是那樣感覺的。」德爾班科不久之後，在他的書《真正的美國夢》（The Real American

Dream: A Meditation on Hope）中說：

　　這不僅是一段好話；對我而言，更是對那個我自稱有所認識的宗教，產生另一種新瞭解的時刻。當其他講員用一些激勵詞句轟炸我們時：「去掌控我自己的命運！」以及「我必須真正相信我自己！」——那個在我身旁的男士卻引用加爾文主義的教義，認為自尊心正是希望之敵。他用來自我解嘲，關於自尊心的意思是：他學到沒有人能夠靠著自己的力量來拯救他自己；因此，他認為那些講員還是在迷失之中——迷失在他的自我中，而自己還渾然不知②。

　　這位編長髮辮男士所謂的「低自尊」，並不是說那位說話的年輕人應該討厭他自己；他的意思是，直到他可以承認，自己是一個有很多缺陷的人、一個罪人之前，那位穿著得體的年輕人還是「迷失在他自我之中」。他永遠無法在真光下被釋放，去看清楚自己的錯誤、去寬恕那些曾經對不起他的人，或是謙卑地去尋求並接受別人的寬恕。若是正確地解讀，基督教教義中的罪，反而可以成為人類希望的重大來源，但這教義是什麼呢？

罪的意義

　　著名的丹麥哲學家齊克果（Soren Kierkegaard）寫了一本精彩的小書《致死的疾病》（The Sickness Unto Death）。在書中他對「罪」的定義是根據聖經，但也能讓一般現代人理解的：「罪是：極力不願意在上帝面前成為真正的自我。……信仰是：把自我還原成真實的自我，在上帝面前完全的通透。③」罪，是在你與上帝的關係及服事上，極力拒絕去發現你最深的自我；罪，是尋求成為獨立自我、得到一個自我認同，卻拒絕與上帝有關係。

　　這是什麼意思呢？每個人都有其自我認同的身分、他的獨特性與價值感，不管這些是來自某處或某事。齊克果堅稱，人類被創造，不僅是要泛泛

地相信上帝，還要去尊崇地愛祂，把他們的生命以上帝為中心，勝過其他任何事物，而且要將他們的自我認同建立在祂身上。任何不是這樣的，都叫做罪。

多數人以為，罪主要是「違反了神聖的規則」，但齊克果知道十誡一開始就說「除我以外，不可有其他的神」。所以，根據聖經對罪主要的定義方式，不是做了壞事，而是將一些自己看為好的事物變成了至高無上的事物；它是把一些上帝以外的事物，看得比上帝更能帶給你榮顯、目的與快樂，從而由追求這些事物，所發展出來的自我認同。

在電影《洛基》（Rocky）中，男主角的女友問他，為何在拳擊賽中「堅持到底」，對他這麼重要？他回答說：「那樣我才會知道，自己不會是個無用的人」。在電影《火戰車》（Chariots of Fire）中，有位男主角解釋，為何他要這麼努力為奧運百米競賽準備，他說在每次比賽之前「我會有十來秒孤獨的時間，來證明自我的存在。」這兩位都把運動成就作為給予其生命意義的定義力量。

貝克（Ernest Becker）以《拒絕死亡》（The Denial of Death）一書得到普立茲獎。他一開始就點出，一個孩子的對自我價值的需求，「是制約其一生的那個力量」，每個人都竭盡所能，去追求那個被貝克稱為「宇宙意義」的目標。他隨即警告讀者，不要把這個名詞看輕④，我們對價值的需求是如此強大，以至於我們會去「神格化」這些我們自我認同與自我價值的基礎；我們會用崇拜與奉獻那樣的熱情與強度，去看待這些意義，即便我們認為自己一點也沒宗教色彩。他用浪漫的愛，作為一個舉例來加以說明：

〔現代人〕在內心最深處對自我榮耀的需求，就好像他的戀侶。這戀侶變成了他神聖的理想對象，唯有在她裡面，這人才得以完全。原來對屬靈與道德的需求，現在，都變成專注在一個個人上面了。⑤」

貝克並不是說為了要有自我意識，每個人都一定要尋求一段羅曼史與愛

情。許多人追求的對象不是戀愛,而是把工作與職涯作為其人生的「宇宙意義」。

〔有時〕他的工作已經變成他要去證明自我的重擔了。「證明自我」是什麼意思?⋯⋯這是他生活的夢想,控制他的生命、死亡與命運⑥。

然而,這一切不過是為持續不斷的失望鋪路罷了:

沒有任何人類的關係,可以承擔得起這種上帝位階的重擔。⋯⋯如果你的愛侶就是你的「所有」,那麼他的任何缺點,對你都會是主要的威脅⋯⋯如果我們把愛侶的地位提升到這樣的位階,所為何來?我們想要去除掉⋯⋯那種空無一物的感覺;⋯⋯想要知道,我們的存在不是虛空。我們要的是救贖──就是如此!但是不消說,人類做不到也給不出⑦。

這正是齊克果的觀點。每個人都要找到方法去「證明他們的存在」,趕走他們是「無用之物」的一般恐懼。在比較傳統的文化中,價值與自我的感受來自於完成家族使命或服務社會;在現今個人化文化中,我們傾向於追求自我的成就、我們的社會地位、我們的天賦或我們愛的關係。這種自我認知價值的基礎,有無限變異的型態:有些人透過得到或舞弄權力來取得「自我」的意識,其他人可能是對自我的紀律與控制;但每個人都在某件事物之上建立他們的自我價值⑧。

罪的個人結果

將罪如此定義後,我們可以看見,有幾種方法會讓罪摧毀我們。離了上帝的自我,先天上就是不穩定;沒有上帝,我們的價值感可能在表面上看來強固,但事實並非如此──在轉瞬間,這些價值就可能離你而去。舉例而言,如果我把我的價值建立在做一個好父親,那我就沒有真實的「自我」──我只是一位父親,如此而已。如果我的孩子或我的養育出了任何問

題,就不會有「我」的存在價值。神學家歐登(Thomas Oden)寫道:

假設我的上帝是性或我的身體健康或是民主黨,如果我感覺這些東西在某種真正的威脅之下,我就會感覺自己被震撼到自我的最深層;罪惡感會神經性地強化到一種程度,因為我把這些有限的價值加以偶像化了。……假設我重視教導與清楚溝通的能力,……如果清楚溝通對我是一種絕對價值、一種讓我其他價值有意義的中心價值的話,……如果我〔並沒有教好〕,那我就會陷在神經性的罪惡感之中。當某人或某事攔阻在我與我眼中的終極價值之間,苦毒就會神經性地被不斷強化⑨。

如果任何事物威脅到你的自我認同,你不僅會焦慮,更是會在恐懼中癱瘓。如果你因為別人的過錯,而失掉自我認同,你不僅會怨恨,更會被苦毒所綑綁;如果你是因自己的錯誤,而失去自我認同,終其一生,你都會埋怨甚至怨恨自己。齊克果說,唯有當你的自我認同是建立在上帝以及祂的愛之上,你才能有擁一個自我,讓你可以去冒任何風險、可以去面對任何事物。

沒有任何方法,可以去避免上帝之外的這種不安全感,即便你說:「我不會把我的快樂或意義,建立在任何人或事上。」你也無法把真正的自我,建立在你的個人自由與獨立之上;因為,如果有任何事物威脅到那種自由獨立,你仍將失去自我。

不是植基於上帝的自我,無可避免地,會將個人導向某種型態的沉溺。當我們把美好的事物轉變成終極的事物時,事實上,我們就是在靈性上沉溺了。如果我們把我們的家庭、我們的工作,當作生命意義的源頭,或高舉任何成就,超過上帝,這些事物就會奴役我們;我們非得到它們不可。聖奧古斯丁說「我們的心,沒有正確排好優先次序。」他對上帝那知名的禱告,說:「我們不安的心,在祢裡面尋得安息之前,總是無法安息的。」如果我們想在其他任何事物上,找到終極的安息,我們的心會因此而錯位,也就是「失去正確連結的脫臼」。那些奴役我們的美好事物,誠然是值得被愛的,

但當我們心中的愛變成放縱,那我們就陷入如同藥物成癮那樣子的生活型態中。就如同所有的成癮一樣,我們會拒絕承認,但卻達到被上帝的替代品所控制的那種程度。當我們寄予最大希望的事物出了任何問題時,這種放縱的愛,反而會創造出不受節制、無法控制的焦慮。

當我在維吉尼亞州的哈普維爾(Hopwell),生涯中第一個服事的教會時,我對兩位不同的女士進行諮商輔導,兩位都是已婚、都有一位是糟糕父親的丈夫,也都有在學校或法律上惹事的十來歲兒子。兩位婦女都對他們的丈夫生氣,我建議她們也與她們談到許多心中解不開的苦毒,以及饒恕的重要。兩位女士都同意也想要饒恕,然而,有著最壞丈夫也最不虔誠信仰的那位女士,最後能夠饒恕,但另外一位則不能。這困擾了我幾個月,直到有一天,那位不饒恕的婦女突然講出:「如果我的兒子向下沉淪,那我這一輩子都完了!」她已經把她兒子的快樂與成功,當成自己生命的中心,這就是她為何無法饒恕的原因⑩!

在《處處復活節》(Easter Everywhere: A Memoir)一書中,絲坦克(Darcey Steinke)回溯她如何從一個信義會牧師女兒,離開她的基督教信仰;移居紐約市之後,過著一種流連於酒吧與性成癮中的生活;她寫過幾本小說,然而,心中卻仍是無法安定也難以滿足。在書中,她引用法國哲學家薇兒(Simone Weil)之言,來總結她的生命:「人只能在上帝與偶像中擇一。」薇兒寫道:「如果一個人拒絕上帝,……他就正在崇拜這世上的某些事物;雖然他以為,自己只是把這些事物當成事物本身而已,卻不知在不知不覺中,這些事物,早在他生命中閃耀出神性的特質。⑪」

不以上帝為中心的生活會導致虛空。將我們的生命建造在上帝以外的事物,不僅在我們得不到心中所欲時,會傷害我們,就算我們得到了,也是如此。在我們之中,很少有生命中最狂野慾望能夠得以達成的,因此在幻想中生活下去,還算容易;但如果你以為,只要是能達到想望中那麼成功、富

有、有名或美麗，最終就會得到快樂與平安；然而，事實並非如此。在《村聲雜誌》（Village Voice）的一篇專欄中，漢彌爾（Cynthia Heimel）回顧她在紐約市所認識的那些大明星；在成名前，有人在梅西百貨化妝專櫃當櫃員，有人在電影院賣票等等；當她們成功之後，每個人，比起從前都變得更加易怒、神經質、不快樂，以及不穩定。為何如此？漢彌爾寫道：

  她們所努力爭取的偉大事物，那種一夕成名就可以讓一切變好、可以讓生活變順、可以每天哈哈過日的想望，終於實現了。但當她們第二天醒來，發現自己其實還是自己時，這樣的幻滅，讓她們憤怒哀嚎，更加難以忍受⑫。

罪的社會結果

  罪不僅對我們個人有內在衝擊，對整個社會結構，也有毀滅性的傷害。在二次大戰結束前，英國作家謝爾斯（Dorothy Sayers）眼見許多英國智識菁英，對於人類社會的未來走向感到絕望，在她一九四七年的作品《信條或混沌？》（Creed or Chaos?）一書中，她認為這些人的無望，主要來自他們不相信基督教教義中所謂的「原罪」，那就是，人類先天而來的驕傲與自我中心。「那些最灰心的人，」她寫道：「是那些對進步與啟蒙的文明影響，抱持樂觀的人。」對這些人而言，專制政權下的種族屠殺，以及資本主義社會下的貪婪與自私，「不僅是令人驚嚇與警示的，對他們而言，這些發生的事，與其原先相信的每件事情，都背道而馳；這就如同他們的宇宙已經破洞，甚至是穿底了。」然而，當時的基督徒，對於「在人性的核心中，有一種深層的內在錯位」這種概念，早已習慣；她結論道：

  基督教義對於人性中的雙重性格——堅信人類在他自我與其工作上，是支離破碎、必然不完美的；但人類卻也是在其內裡與外在，可以與一個永恆完美上帝緊密合一的個體——這讓人類社會在當前這個危險狀態下，看起來

就不是那麼的無望與非理性了⑬。

在《論真美德的性質》（The Nature of True Virtue）這本針對社會道德所寫、影響深遠的大作中，愛德華茲（Jonathan Edwards）陳述了罪是如何摧毀社會結構。他認為，當上帝之外的任何事物，成為我們的最愛時，人類社會就會分崩離析；如果我們生命的最高目標，是為了我們家庭的好處，愛德華茲認為，我們就會不關心別人的家庭；如果我們最高的目標，是為了我們國家、部族或種族的利益，我們就可能成為種族主義者或國家主義者；如果我們人生的最高目標，是個人的快樂，我們就會把自我的經濟與權力的好處，凌駕於他人之上。愛德華茲結論說，唯有將上帝當成我們的「至善」（拉丁文summum bonum）、當成我們的終極好處與生命核心時，我們才會發現：我們的心不僅被其他家庭、種族與階級所吸引，甚至可以涵蓋到整個世界⑭。

這種對社會關係的毀滅，究竟是如何由罪的內部效果溢出的？如果我們取得自我認同、我們的價值感是來自於我們的政治位置，那政治就不真的只是政治而已，它變成了我們整個的自我；透過我們的動機，我們得著了一個自我、我們的價值，但那也表示，我們必須輕視與摧毀對手。如果我們的自我認同是來自我們的種族或社經地位，我們就會表現出，相對於其他階級或人種的優越感。如果你對自己的開放心胸與容忍靈魂引以為傲，你就會對你認為是偏執狂的人，表現出極度的輕視。如果你是一個道德感很強的人，對於那些你認為放蕩的人，就會感到相對優越，依此類推。

沒有一個解開這難題的方法。我們越是愛與深深認同我們的家族、我們的階級、我們的種族或我們的宗教，我們就越難以不對那些宗教、種族等與我們不同的人，感覺到優越感甚至敵意。於是種族主義、階級意識，以及性愛主義都不是無知或缺少教育所造成的。哲學家傅柯（Foucault）等現代智者早已告訴我們，要得到一個自我認同卻不會導致排他性，遠比我們想像的

還難。真正的文化戰爭，正發生在我們失序的心靈之中，這心靈是被那些無可自拔的欲求所毀壞；而那些控制我們的事物，讓我們感到優越，並且排斥那些沒有（這些事物）的人，最後，即便得到這些事物，也不能滿足我們。

罪的嚴峻後果

聖經上對罪的結果，比起我們到目前為止的說明，還要講得更為全面（也更為神祕）。創世紀第一與第二章顯示神用口諭創造了世界，講得傳神一點，祂親自動手做了這些事：「耶和華上帝用地上的塵土造人，將生氣吹在他的鼻孔裡，他就成了有靈的活人。」（創世紀：2章7節）比起其他古代創造的解釋，其間的對比非常巨大。

在多數古時對創造的解釋中，人的創造通常是某種戰爭或暴力下的副產品，從來沒有一種造人的說法，像基督教這般的有意識與有計畫。有趣的是，一般世俗科學家對事物起源的解釋，多數與遠古偶像崇拜的宗教說法，相當類似：世界的物質形體與生物的生命，都是暴力之下的產物。

在所有創造論的說法中，獨特的聖經勾勒出的世界是一個充滿動力、其間充滿的各種生物形體，是如此地完美交織、互賴、相互提升與豐富化，所以造物者對這一切的回應是欣喜的。祂一直重複讚賞這一切「甚好」。當祂創造人類時，祂像一位園丁對祂的花園所做的一樣，命令人要去培育萬物、由創造中取得豐富的資源。「去讓這一切繼續下去！」創世紀1章28節，造物者似乎在說著：「來場盛宴吧！⑮」

對這種創造各部分間的完美、和諧互賴，希伯來文稱之為「沙龍」（shalom），可以被翻譯成「和平」，但這個英文字，基本上卻有點負面意義，好像暗指沒有問題或敵意；希伯來文的意義比這更豐富，它所指的是全然的完滿——充足、和諧、喜樂，與繁榮的生命。

罪所造成失去「沙龍」的毀滅性結果，被描述在創世紀第三章。當我們決定要服事我們自己，而不是上帝時——當我們放棄為上帝而活、放棄把取悅上帝當成至高價值時——整個被創造的世界開始破碎，因為人類是上帝創造計畫中不可或缺的一部分，所以當人類離開上帝時，整個世界的經緯線都被拆解了。疾病、基因變異、饑荒、自然災害、老化與死亡本身，都與壓迫、戰爭、犯罪與暴力，同為罪的後果。我們失去了上帝的沙龍——實體上、精神上、社會上、心理上，以及文化上。事物現在都分崩離析了，在羅馬書第八章，保羅談到這整個世界，現在都「受敗壞的轄制」，並且「服在虛空之下」，在我們人類被導正之前，這世界是不能被恢復的。

什麼能導正這一切？

　　多數人在生命中的某個時點，會赫然發現，自己並非原先以為，應該要成為的那種人；多數時候，我們對此的反應是去「展開人生新頁」，更努力依照原先訂下的原則去生活；然而，這樣做只會讓我們捲進死胡同中。

　　C.S.路易斯在其論文《基督教是難或易？》（Is Christianity Hard or Easy?）中，勾勒出正常人的努力：

　　我們都有的正常想法是：……我們有一個充滿不同慾望與興趣的自然老我，……我們知道某些事稱為「道德」或「合宜行為」，是可以約束這老我的。……我們都希望當所有道德或社會需要被滿足時，這個可憐的自然老我，還能有些機會、有些時間，去過自己的生活，並且做自己想要做的事。事實上，我們很像一個付稅的老實人，他付了稅，但他希望付了稅之後，自己還能留下一些，足以讓他養生。

　　基督教的方法是不同的——既更困難些也更容易些。基督說：「給我你所有的，我不只是要你的這些時間、這些金錢與這些工作——好讓你的自然

老我,能留下其餘的。我要的是你,不是你擁有的東西。我並不是前來虐待你的自然老我⋯⋯相反的,我會給你一個新的自我;把你整個的自然老我交出來——所有的那些慾望,不只是那些你認為是邪惡的慾望,也包含那些你認為是良善的慾望——整個裡裡外外。然後,我會給你一個全新的自我。」

路易斯是由齊克果對罪的定義出發,罪不是去做不好的事,罪是把好的事放在上帝的位置上。所以唯一的解決,不是去改變我們的行為,而是去把我們的心思意念與生命,重新導向,去以上帝為中心。

那幾乎不可能的事,是去把自己的整個老我完全交給上帝,但這卻比我們竭盡所能想去做好,來得容易。因為我們努力所做的一切,還是停留在我們稱為「老我」的狀態——我們圍繞在金錢、享樂或野心上的個人快樂——然後希望,即便如此,還能過著誠實、積極與謙卑的生活。而這正是基督警告我們,不要去做的事。如果我是一片草地——所有的修剪只會讓草變少卻不能讓它產出麥子。如果我要有麥子,⋯⋯我必須翻開土、重新播種。

這嚇到你了嗎?這聽來讓人窒息嗎?記得——如果你不為耶穌而活,終究你會為其他東西而活。如果你為事業而活,但它不順利,這會讓你一輩子受懲罰,讓你覺得自己好像個失敗者;如果你為你的孩子而活,但他們並不成材,你會感到無比哀痛,因為覺得自己是一個沒價值的人。

如果耶穌是你的中心與主,而你讓祂失望,祂會饒恕你;你的事業不會為你的罪而死。你或許會說:「如果我是基督徒,我會老是被罪惡感追著到處跑!」但我們都被罪惡感追著跑,因為我們必須有一個自我認同;而要得到這樣的自我,我們必須有一些標準,好讓我們據以生活。無論你的生命是植基在何物之上——你必須活出那樣的標準。耶穌是那位為你而死——為你嚥下最後一口氣的,所以是那位值得你為祂而活的救主。這聽來有那麼壓迫嗎?

你或許會說:「我看得出來,基督教可能是對在生命中曾經崩潰的人,

所需要的那種東西。但如果我的事業沒問題、家庭也美好呢？」正如奧古斯丁所說，如果真有一位創造你的上帝，那在你靈魂深處，會存有一個沒有其他任何事物可以填滿的心房；如果耶穌是那位創造主宰，那在定義上，就沒有東西可以像祂一樣滿足你，即便你是成功的。即便是最成功的事業與家庭，都不能給你那種意義、安全感與確信；唯有那榮耀與愛的生命作者，可以給出。

每個人都為了某些事物而活。那些事，不論為何，會成為「你生命的主宰」，無論你是否如此想。若是你接受祂，耶穌是唯一能完全滿足你的主宰；若是你讓祂失望，祂也會饒恕你，直到永遠。

第十一章　宗教與福音

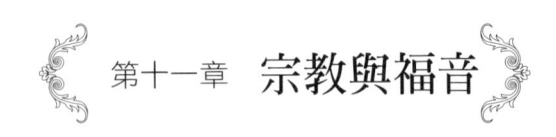

在那虛榮想法產生之際，一陣疑慮籠罩著我，一種恐怖的噁心與可怕的戰慄襲來；……我往下看自己，……再一次，我又變身為愛德華‧海德。

——史帝文生（Robert Louis Stevenson）
《化身博士》（The Strange Case of Dr. Jekyll and Mr. Hyde）

基督教教導我們人類最大的問題是罪，那解藥是什麼？即便你接受基督教對問題的診斷，也沒有特別理由，為何一個人只能從基督教裡面找解答。你可以說：「好的，我瞭解如果你把自我認同建立在上帝以外的任何事物上，它終將破碎。但，為何耶穌與基督教就是唯一的解決？為何別的宗教不能達到一樣的效果？為何我不能只要在個人心中相信上帝就好了？」

答案是：其他宗教教導我們追求拯救的方法，與記述在耶穌福音上的方法，這兩者之間，有著既深且遠的差別。所有其他主要宗教都有像教師的創教者，指引人如何通往拯救；但只有耶穌本人稱自己就是那拯救。這樣的差異甚大，即便基督教在廣義上，當然可以被稱為一種宗教，但在本章的討論目的之下，我們將用「宗教」（Religion）代表「透過道德努力的拯救」；而用「福音」（Gospel）代表「透過恩典的拯救」[1]。

兩種型態的自我中心

在史帝文生的《化身博士》書中，傑柯醫生（Dr. Jekyll）發現自己是

「善與惡的不相容複合體」，而他相信，他身體中惡的本質壓制了善的本質。他渴望想做的一些事，卻無法貫徹去做到；於是，他發明了一種藥水，可以將他的善與惡兩個本性分開。他所希望的是：好的那個自我可以在白天出現，也可以脫離邪惡的影響，而實現他良善那一面的目標。然而，當他某天晚上喝下藥水時，卻發現他邪惡的那一面出現了，而且比以往更加邪惡，他用典型基督徒的分類方式來描述這個邪惡的自我：

打從有了這個新生命之後的第一口呼吸，我就知道自己比以前更邪惡、邪惡十倍，賣身給原始的罪惡、成為其奴僕；這樣的想法一出現，就好像醇酒一樣，擁抱並讓我快樂。……〔愛德華‧海德〕的一舉一動、心思意念，都以自我為中心。

愛德華‧海德（Edward Hyde）的命名，不只因為他是醜陋可怕的，也因為他是隱身的，他只考慮自己的慾望，為了取悅自己，完全不考慮傷害的是誰；如果有人礙著他，他就殺戮；史帝文生要說的是，即便是最好的人，在其內心深處，也有他想要隱藏的罪惡——巨大的儲藏著：自我主義、熱衷迷戀、只考慮自身利益、不顧惜別人等等。自我誇大是世界多數不幸之所以發生的基本原因，這也是為何強勢富有的人，對於窮人的困境會無動於衷。這就是世上多數暴力、犯罪與戰爭之所以發生的原因，也是家庭分崩的主要核心問題。平常，我們把邪惡背後的自我中心隱藏起來，但當某種情境下，某些行為就像是喝下「藥水」一樣，突然間，邪惡就發生了！

當傑柯醫生發現自己有邪惡行為的能量時，他就決心要大力箝制這種在他靈魂核心中可怕的自我中心與驕傲。在某種意義上，他「有了宗教」，他下定決心不再服用那種藥水、他奉獻於慈善與好事，部分是為了愛德華‧海德所做的壞事贖罪，也有部分只是要用無私行為去安撫他的自私本性。

然而，有一天傑柯醫師正坐在攝政公園（Regents Park）的椅凳上，思想著他所做過的那些好事，除了愛德華‧海德之外，他比其他任何人，都

是一個更良善的好人⋯⋯

　　我希望用未來的行為來為過去贖罪；我可以誠實地說，我的決心已經結出好的成果。你知道在去年的最後幾個月中，我是多麼真誠、努力地去解除人們的受苦；你知道我為其他人做了多少。⋯⋯〔但當〕我微笑，把自己與他人比較，把自己的積極善行與他人的疏忽殘忍比較，⋯⋯在那虛榮想法產生之際，一陣疑慮籠罩著我，一種恐怖的噁心與可怕的戰慄襲來，⋯⋯我往下看自己，⋯⋯再一次，我又變身為愛德華・海德。

　　這是後續事件一個致命的轉捩點。第一次，傑柯非自願的變成了海德，沒有用藥水，這是無可救藥的開始；因為再也無法控制他的變身，最後，傑柯自殺了！我認為，史帝文生在此的睿見是很深刻的。為何傑柯在沒有藥水的狀況下，會變身成海德？就像很多人一樣，傑柯知道他是一個罪人，所以他拚命用很多的善事來遮掩他的罪；然而，這些努力實際上並不能使其內在的驕傲與自我中心枯乾，它們只會讓罪更形嚴重。他們讓他走向優越感、自以為義、驕傲，然後突然間——看！傑柯變身成海德，不是因為做善事無效，而是做善事反而引發了更深層的罪。

　　罪與邪惡是會去壓迫他人的一種自我中心與驕傲，它們實際上有兩種呈現的方式：一種方式是成為非常壞、破壞一切的規則；另一種方式是成為非常好、遵守一切規則，但卻變得自以為義。成為你自己的救主與主宰也有兩種方式：第一種是說：「我要去活出我要的那種生活。」第二種則是作家歐康娜（Flannery O'connor）對她筆下人物摩提斯（Hazel Motes）的描述：「他知道避開上帝最好的方法，就是去避開罪。②」如果你正在避開罪，過著道德的生活，以為如此上帝將必定祝福與拯救你；那反諷的是，你可能會把耶穌當成一位老師、模範與幫助者，但卻會避開把祂當成救主。你所相信的是自己的良善，而不是相信耶穌可以為你站在上帝身邊；你僅是想透過跟隨耶穌來救自己。

反諷的是，那樣反而是一種對耶穌福音的拒絕，是一種徒具基督教形式的宗教。就如同有人遵守所有聖經規則，終究還是破壞根本教訓一樣，你也可能一路跟隨耶穌，到最後卻避開以耶穌作為你的救主。宗教（其中，你透過個人道德成就來建立自我）與非宗教（其中，你將自我建立在其他屬世的追求與關係上），在最後，就屬靈而言，都是殊途同歸，兩者都是「罪」。靠行善來自我救贖，可以讓你的生命產生許多道德行為，但你內心還是充滿自以為義、殘忍與偏執，你還是一樣的可憐；你老是把自己與別人比較，因為你永遠不確定自己是否夠好；因此，你無法用道德律或用立志的善行來成為好人，來處理心中深層的醜陋與沉溺。你需要讓心中的每個動機，都有一個完全的轉化與提升。

魔鬼，若是存在，比較喜歡法利賽人（Pharisees）——那些想靠己力救自己的男人或女人。他們比起成熟基督徒或無宗教者，都比較不快樂，而他們也造成更多屬靈的傷害。

法利賽主義的傷害

為何法利賽形式的信仰傷害這麼大？回想當我們未能將自我建立在上帝之上，那種「致死的疾病」、那種屬靈深層的噁心，我們掙扎著要感到有價值、有目的、有優越，但這些都是建立在某些情境之上，而這些情境卻是無法達成或維持的，它們總是由我們的手中溜走。正如齊克果所言，我們都沒有成為真正的我們自己，在內在，我們會經驗到焦慮、不安全與憤怒；而在外在，這會讓我們去邊緣化、壓迫與排斥其他人。

縱使有所有法律上的正當性，法利賽人所擁有的生命，比較是被罪與絕望所驅策的。他們將自身的價值感建立在道德與屬靈的績效上，就好像在累積一張將來要呈獻在上帝與世界面前的履歷表。所有宗教的道德與屬靈標準

都很高，法利賽人深知他們無法活出這樣的標準，他們不像他們所應該做的經常禱告，他們沒有愛與服事鄰居到那種應有的程度，他們沒能保持內心思想純淨到應該的水準；這樣的結果是：他們所經驗到的內在焦慮、不安與煩躁，甚至大大超越那些無信仰之人所經歷到的。

羅夫萊斯（Richard Lovelace）精準掌握到另一種觀點，說明法利賽形式的宗教，為何如此有破壞性：

許多人……藉由他們的敬虔、過去悔改的經驗、最近宗教的表現，或是相對較少有意而任性的不順服，可以確保上帝的接納。……這種不安全感顯示出內在的驕傲、他們對自我公義頑強與防禦性的堅持，以及對他人防禦性的批判。自然而然，他們會厭惡其他文化風格、其他種族的人，唯有如此，才能支撐自我的安全感，也才能排除他們受壓抑的怒氣③。

如同羅夫萊斯所言，法利賽式的宗教不僅傷害內在靈魂，也造成了社會摩擦；法利賽人需要去炫耀他們的正義感，所以他們輕視並攻擊那些與他們教義信仰與宗教儀節不同的人，這導致種族主義與文化的帝國主義。一個充斥自以為義、不安、易怒、道德主義之人的教會，是極度沒有吸引力的；他們的公開宣言常常是高度論斷性的，而在其內部，這些教會會經歷許多激烈衝突、分裂，甚至分黨別類；若是教會領袖中有人出了道德閃失，這樣的教會要不是加以合理化、譴責所有批評者；就是把這個人當成代罪羔羊。數以百萬計在這種教會成長，或靠近這種教會的人，會在年輕時或大學階段，因為這樣的經驗，而拒絕基督教信仰。在這些人日後的生命裡，他們就對基督教完全免疫、毫無興趣了；如果你正是被這種教會所幻滅的人，任何時候、任何人對你再推薦基督信仰，你都會以為這些人在向你推銷「宗教」，法利賽人以及他們無吸引力的生命，讓很多人對真正的基督教本質，產生混淆。

恩典的不同

可見，認知上帝接納我們，是因為我們的努力，與認知上帝接納我們，是因為耶穌為我們所做的，這兩個觀點間，是存有深淵差異的。宗教運作的原則是：「我遵行——因此我能被上帝接受。」但福音的運作原則是：「我被上帝接受，是因為基督為我所做的——因此我願遵行。」依照上述兩種不同原則生活的兩個人，可能同坐在教會的長椅上，他們同樣禱告、同樣慷慨奉獻、也都忠誠信守他們的家庭與教會，希望過著聖潔的生活。然而，他們之所以如此，卻是出自於兩種截然不同的動機、來自兩種截然不同的屬靈自我，最後，也將導致兩種截然不同的生命。

主要的差別在動機。在宗教裡，我們努力去遵守神聖的標準，是出自於恐懼；我們以為，如果不遵守，將會失去上帝在今生與來世的祝福；但在福音中，信仰的動機，是來自我們對因基督而領受的祝福，心存感恩；道德主義者是被強迫去順服、被恐懼所驅使；而一個基督徒，卻會爭相去順服，被那種想去取悅並靠近那位賜生命者的渴望所激勵。

另一種差異是有關於我們自我身分與自我認知的。在宗教的框架中，如果你感覺自己符合所選擇宗教的標準時，你會感覺到優越，並鄙視那些沒有走在真道上的人，無論你的宗教是屬於比較自由的（在此狀況下你常會感到自己比那些偏執與心胸狹小的人優越），還是屬於一種比較保守的宗教（在此狀況下，你會感到自己比那些比較不敬虔與不道德的人優越），這兩種狀況是一樣的。但是，如果你自覺沒能達到宗教的標準，就會對自己充滿厭惡，比起沒有上帝或信仰的狀況，你會感到更大的罪惡感。

當自我對福音的掌握很弱時，我對自己的觀點，常在這兩個極端之間擺盪。當我表現得超過自我的標準時——在學業、事業或關係上——我覺得有

信心但不謙卑，我容易變得驕傲、對於失敗者無同情心；當我表現得不如自我的標準時，我感到謙卑但沒信心，覺得自己是失敗者。然而，我發現福音之中，具有強大的能量去建立一個獨特的自我；在基督裡，雖然我有缺點，但因為我願意承認這些缺點，我知道我能被恩典所接納。基督教福音是：我是如此有缺點的，以至於耶穌必須為我死；但同時，我也是如此被愛與被珍惜的，以至於耶穌樂於為我而死。這會引領我們在同時間，具有深深的謙卑，也有深深的自信，它驅走了我們的搖擺與憐艾。我既不會覺得優於其他人，也毋須向任何人證明什麼；既不會把自己看得太高，也不會看得太低，相對，我只是比較少去思考自身利益。我不必常常去提醒自我——自己做得如何？別人又是怎麼看我的？

宗教與福音在人際間如何彼此相待，也是有基本的差別的，特別是在對待那些與我們信仰與實踐不同的人。後現代的思想家瞭解一個人的自我，是透過排斥其他人——那些與自我的基礎價值或特質不同的人，來成形並不斷被強化的。我們是透過指出我們不是哪種人，而來定義自我的；我們透過貶抑其他種族、信仰與特質的人，來支撐自我價值感④。但福音的自我身分，給我們全新的基礎，來成就和諧與公義的社會關係。基督徒的價值與身價，不是透過排除任何人，而是透過耶穌自願為我被隔絕，而創造出來的；祂的恩典一方面比宗教讓我更加謙卑（因為，我是如此的有缺點，以致無法靠自己的努力來救拔自己）；另一方面，也比宗教更有能力地肯定了自我（因為，我可以絕對確定，上帝對我無條件的接納。）。

這代表我不能輕視那些與我信仰不同的人，因為我並不是因為自己有正確的教義或行為才得救；在我面前的那人，即便有著錯誤的信仰，可能在很多方面，還比我更為品德優良。這也代表，我不必被任何人恐嚇，我不再懼於與我不同之人的權力、成就或天分，福音讓一個人免於過度敏感、防衛性高，以至於要去批判別人。基督徒的自我認同不是建立於要被認為是好人的

需要上,而在於上帝對你,在基督裡的評價。

　　宗教與福音在處理問題與苦難時,也有完全不同的方式。道德性的宗教讓人信教,是透過讓人以為:如果他們過著正直的生活,神(或其他稱呼)就會對其尊重並施恩;他們認為,他們應該得到這種正派、快樂的生活。然而,如果生活開始不如意,道德主義的宗教信徒,會感到讓人虛弱的憤怒,他們若非對神(或「整個宇宙」)發怒,因為覺得自己既然努力活得比別人更好,應該擁有比別人更好的生活;就是會對他們自己深感憤怒,甩不掉那種失敗的感覺,以為自己沒能活出符合應有標準的生命。然而,福音讓人在生活逆境中,可以脫離這種苦毒、自我定罪與絕望的漩渦;他們知道宗教的基本前提——如果過著敬虔的生活,你所經歷的就一切平順——是錯誤的。耶穌是世上所有人中最為道德敬虔的人,但祂的生命卻經歷了貧窮、拒絕、不公不義,甚至是毒刑虐待。

恩典的威脅

　　很多人第一次聽到宗教與福音的差異時,他們覺得這太容易了,「好划算!」他們會說:「如果這就是基督教,我要做的就是與上帝有一個個人關係,然後就可以為所欲為了!」但是,這些話只是根據恩典,從外在基本的經驗推導所説出的;可是,沒有人在內在經歷過恩典之後,還會這樣説的;事實上,恩典可以是非常具威脅性的。

　　幾年以前,我遇到一個來到救贖者教會的婦人,她説她自小在教會長大,卻從未聽説過福音與宗教的差別,她始終以為上帝接納我們,只是因為我們夠好,她説我講的新信息聽起來很可怕。我問她為什麼可怕?她回答:

　　如果我之所以得救,是因為我有好的表現,那上帝可以要求於我或要我經歷的,就有一個限度,我就好像一個付稅的人,因為已經付出稅金,而擁

有一些「權利」——我因為已經盡了一些義務，所以現在我，可以擁有一些屬於自己的生活品質。但如果我是一個被純然恩典所赦免的罪人——那就沒有任何事，是祂所不能要求我的了。

　　她瞭解在恩典與感恩間的動態關係。若是當你失去被懲罰的恐懼，也同時會失去過著良善無私生活動機的話，那唯一能讓你去過正直生活的動機，就只有恐懼了。這位婦人立刻看到，在純粹恩典的救贖下，那種以為靠信仰可以恣意妄為的想法，其實是有其算計與風險的。她知道如果她是一個被恩典所救贖的人，她就比靠其他（如果還有任何方法的話）方式得救，更加的受制於上帝的主權。她知道如果耶穌真的為她做了這些事，她就不再是原先的自己；她會喜樂地、心存感激地屬於耶穌，因為祂用自己所付上的無限代價，為她供應了這一切的豐盛。

　　從外面看，這一切似乎聽來有強制性，好似一種難以忍受的義務；但從裡面看，真正的動機卻是喜樂的。想想看，當你談戀愛時所發生的，你的愛讓你急於得到所愛之人的接納，你會問：「你要不要出去玩？」甚至可能是：「你願意嫁給我嗎？」如果答案是肯定的，你會說：「好吔！我成功了！現在我可以為所欲為了。」嗎？當然不會！現在，你不必等你愛的對象，直接要你為她做什麼，你會主動去做一切可以取悅她、讓她快樂的事。這其中沒有一點強迫或義務的味道，但你的行為，會被所愛之人的心思意念所徹底改變。

　　沒有人對此狀況比雨果（Victor Hugo）在《悲慘世界》（Les Miserable）裡闡述得更生動。他筆下的男主角尚萬強（Jean Valjean）曾是一位悲情的罪犯，他從一位仁慈對他的主教處偷了一批銀器；不久他被警察抓到，解回這位主教的家中。在一種極端恩典的行為下，這位主教放了他，並且把銀器送給他；這種慈悲的行為，大大震撼到尚萬強的內心深處，在接下來的敘述中，雨果道出這種恩典具有多麼強大的威脅性：

相對於〔這個主教〕這種天大的仁慈，是他的自尊、這也是我們心中諸多邪惡的堡壘。他隱約知覺到這個教士的饒恕，是他前所未曾經歷過最大的挑戰與最難抵禦的攻擊；如果他抗拒這種仁慈，他的倔強性格最終是不會改變的；但如果他退讓，他將被迫要拋棄多年來自己所緊抱著、因別人行為而填滿他靈魂的那些憤怒；這個時刻，是他要去征服、否則就要被征服的關鍵；這是一種掙扎，這種巨大而終極的掙扎，已開始發生於這個人的罪性與善念之間⑤。

尚萬強選擇讓恩典充滿他，他放棄自己深層的自憐自艾與苦毒，開始過一種對別人施恩的生活，從此，他的整個人從根本改變了。

小說中另一主角是警官賈維（Javert），他的一生都圍繞在獎勵與懲罰、那種黑白分明的認知上；在書中，他不眠不休、自以為義地追捕尚萬強，即便這樣的行動已經毀壞自己的生活。終於，賈維落在尚萬強的手中，但尚萬強沒有殺他，反而讓他的敵人離去；這種極度的恩典對賈維而言，是很深的困擾，他瞭解若要對此善行做出適當的回應，他必須完全改變自己的世界觀。不願因此去做出改變，最後，他選擇跳進塞納河自盡。

這看似最大的自相矛盾：無條件恩典之下那種釋放人的行為，反而會要求接受者，必須放棄自己對生命的控制。這真是一種反諷嗎？不，如果你記得第三章與第九章的觀點，答案並非如此；我們並無對自己生命的掌控，我們都為某些事物而活，我們也都被這些事物所掌控，他們才是我們真實的主宰。如果這主宰不是上帝，它會無止盡地壓迫我們；唯有恩典才能將我們由自我的奴役中釋放出來，而這自我，甚至是蹲伏在道德與宗教之中的；這個假象是：我們是自由的、在我們所選擇生活中做自主的奴僕，但恩典正是對此假象的威脅。

福音使這種前後完全不同的生命，成為可能。然而，基督徒常未能支取福音的資源，過著他們本來在基督裡，能夠活出的美好生活。對閱讀本書的

任何讀者而言，認識福音與宗教的基本差異，都是絕對重要的。基督教的基本信息，與傳統宗教的假設，從根本就不同；每種其他宗教的創教者，本質上都以教師的立場出現，而非救主本身；他們來了，說：「這樣做，你就會發現神聖。」但耶穌本質上是以救主的身分到來，而非教師（雖然祂也曾扮演教師的角色），耶穌說：「我就是來找你的神聖，我來，是要做你無法為自己做到的事。」基督教的信息是：我們得拯救，並非因為我們的紀錄，而是靠著基督的紀錄；所以基督教並非一個宗教或非宗教，它是完全不同的信仰。

第十二章　十字架的（真實）故事

　　我可以接受耶穌是一位烈士、是個犧牲的化身、也是位神聖的教師；他在十字架上的死亡，是為世人做一個榜樣；但若要說這中間有什麼神祕或奇妙的美德，我的心裡是不能接受的。

　　——甘地（Gandhi），《甘地自傳》（An Autobiography）

　　當我不經意看到十字架時——突然間我的心跳停止了。一種本能的、直覺的反射，讓我瞭解到有一些爭論，比我們其他的高遠理想（無論它們如何高貴）更為重要、更為激動人心、也更為熱情澎湃，……我應該穿戴上它，……它應該成為我的制服、我的語言、我的生命。我應該沒有藉口，我不能說我不知道，我一開始就知道，但我卻轉身而去。

　　——馬格理居（Malcolm Muggeridge），《重現耶穌》（Jesus Rediscovered）

　　基督教主要的象徵物一直都是十字架。耶穌為我們的罪而死，是福音的核心，而這福音就是好消息。然而，基督教會所視為好消息的東西，漸漸地在我們其他的文化中，卻是壞消息。

　　在基督徒的解釋中，耶穌死了才可以讓上帝赦罪。但這對很多人而言卻是可笑甚至不祥的。「為何耶穌必須要死？」這個問題在紐約甚至比「上帝存在嗎？」要更常被問到。「為何上帝不能就直接赦免我們？」人們問：「基督徒的上帝聽起來好像是喜歡報復的神，就像古代神祇，需要用人的犧牲來平息祂的憤怒」。為何上帝不能就接納每個人，或至少接納那些對其錯

誤感到抱歉的人呢？基督教的十字架教義一方面讓人疑惑，另一方面也警醒著其他人。有些自由派的新教徒神學家拒絕十字架教義，因為它看起來好像是「虐待聖子」。

那麼，為何我們不能把十字架拿掉呢？為何不能只專注在基督的生命以及教導，反而要強調祂的死亡呢？為何耶穌必須死呢？

第一個原因：真正的饒恕，是代價高昂的受苦

讓我們用一個純經濟性的例子開頭。想像有人借用你的車，在他倒車要離開車道時，撞上你家的大門，撞倒了門與部分的圍牆，而你的車險並不包含大門與圍牆的損失，你可以怎麼做？實際上，有兩個選項：第一個是要求他賠付所有損失，第二個是不讓他賠任何東西；你也可以採用折衷的辦法，讓你們兩人共同分擔這損失。請注意不論在任何選項下，傷害的成本都要由某人負擔，不是你就是他，要去吸收這個破壞行為所造成的成本，這個負債是無法憑空就消失的。在此例子中，饒恕代表：因為他的不當行為，你要付出代價。

多數對我們造成的錯誤，無法純粹用經濟觀點估算；某人可能搶走你的快樂、聲譽、機會或你某部分的自由，這樣的損失，是無法用金錢來衡量的，但你還是一樣，會有公義被冒犯的感受，這不是其他人說：「我真的抱歉。」就能釋懷的。當我們很嚴重的受害時，會有一種難以抹滅的感受，覺得犯錯者欠了一些，他們必須要償還的罪債；一旦你受害了，而且覺得這種應該償付的罪債不能被勾消時──只有兩件事可做。

第一個選項，是想辦法讓犯罪者為他們所犯罪的事情受苦，你可以斷絕與他的關係，主動去造成或被動地希望，他們生命中產生痛苦，與你因他們所經歷的痛苦相當。有很多方法可以做到這樣，你可以狂烈地與之正面挑

戰，告訴他們那些傷害你的事；你可以對周遭其他人訴說，詆毀他們的名聲，如果犯罪者因而受苦，你可能會開始感到一些滿足，覺得他們現在正在償還他們的負債。

但這個選項有一些嚴重的問題；你可能因此變得更頑固與冷酷、更自憐自艾，也因而更活在自我世界之中。如果犯罪者是一個有錢或有權勢的人，你可能在直覺上會在有生之年，對這類人產生厭惡或抗拒；如果這人是個異性或其他種族，你可能會永久對這種人產生尖酸與偏見。此外，如果你報復，犯罪者以及他的朋友家人通常會感覺，他們也有權利去做相同的回應，於是，反應與報復的循環可以一直發生好幾年。誠然，邪惡的事曾被加諸在你身上，但當你自己想要透過報復來得到償還時，邪惡並不會消失；相反的，邪惡被擴散出去，而且最悲劇的是，它會擴散進入你的性格之中。

然而，還有另一個選項：你可以饒恕。饒恕指的是不讓他們償付自己所做的。但是當你全心想要對某人發洩，卻要克制自我不去這麼做，對你是一種極大的痛苦，這是一種受苦的型態。你不僅損失了因對方行為而失去的快樂、聲譽與機會，現在還要放棄那種因讓對方痛苦，而可以得到的安慰；那是你自己要去吸收那件錯誤的負債，完全由你一人承擔，而不是讓犯錯的人去承擔他們的錯誤，這是一件非常痛苦的事；很多人會說這經歷，就好像某種死亡一樣。

是的，但這種死亡會帶來重生，而非終身活在苦毒與埋怨中的那種死亡。作為一位牧師，我諮商過很多人有關饒恕的問題，我發現如果他們真能饒恕——如果他們真能拒絕去對犯錯者做行為的報復，或甚至拒絕在心中有這樣的意念——憤怒將會慢慢開始止息，因為你不再給它任何燃料，所以怨恨之火就越燒越弱。C.S.路易斯在他的《致馬爾肯書》（Letters to Malcolm）其中一封信中說：「上週在禱告中，我突然發現——或者是感覺上好像我做了——我真能饒恕某個在過去三十年間一直想去饒恕的人。我努

力並禱告我真能做到。①」記得有一次，我正在輔導一位十六歲小女孩對父親的怨恨，我們一直都沒有進展，直到有一天我對她說：「妳的父親已經打敗你了，只要你一直恨他，你就一直被陷在怨恨中；除非你能從心中完全饒恕他，並且開始去愛他。」當瞭解這點後，她開始融化；雖然剛開始時，饒恕可能比怨恨的痛苦更大，但當她經歷過這種代價高昂的受苦之後，最終她得到了自由。饒恕必須在可以被感覺到之前，就先給予出去，這種饒恕的感覺，最後才會隨之到來，它會帶來新的平安、一種復活；這是唯一能阻止邪惡擴散的方法。

當我對受傷害者進行輔導時，常被問道：「難道犯錯的人不應該負責嗎？」我通常回答：「是的，但只有在你饒恕他們之後。」有很多好理由，讓我們想去當面對抗犯錯者；犯錯者已經造成傷害，就如我所舉的院子大門被撞壞的例子，修理這些傷害是要付上代價的；我們應該對抗犯錯者——讓他們對自己的本性覺醒、感化他們、去修復他們的關係，或至少約束他們並保護他人不再受其傷害。然而，請注意這些對抗的理由，都是為了愛。去愛他們與其周遭潛在受害者的方式，就是正面指正，並且希望他們會悔改、轉變，把錯誤導正。

然而，想要報復的慾望不是出於善意，而是出於惡意。你可能會說：「我只是要讓他們負責。」但你真正的動機，可能就是要看他們受傷害。如果你正面對抗的目的，不是為了他們的好處，也不是為了社會的緣故，只是為了你自己，只是為了要報復，犯錯者因此而會悔改的機率，實質上是零。在此狀況下，身為對抗者的你將會過當反應，你所尋求的不是正義，而是報復；不是他們的悔改，而是他們的痛苦。你的要求將會過分，你的態度也會是傷害性的。被對抗與挑戰的對方，當然會把這種作法，當成只是要造成傷害而已，於是報復的漩渦，於焉開始。

唯有先尋求內在寬恕，然後你的對抗才會是節制、智慧與寬懷大度的；

唯有放棄想去看對方受傷的需要，你才會有機會真正帶來改變、和解與醫治。你必須先順服於昂貴的受苦與饒恕的死亡之下，才能有任何重生復活的可能。

沒有人比潘霍華的生命，更加體現了饒恕的昂貴代價，他的故事我在第四章已有描述②。當潘霍華從倫敦回德國，要去對抗希特勒時，他在《作門徒的代價》（The Cost of Discipleship, 1937）中寫道，真正的饒恕始終是一種受苦的形式。

我所要背負我弟兄的重擔，不僅是他外在的部分、他自然的性格與恩賜，更實質上的，是他的罪。而背起這罪的唯一方法，是在我現在分享基督十字架的能力裡，去饒恕他。……饒恕是如基督般的受苦，也是基督徒要去背負的責任③。

在一九四三年四月，正值二次世界大戰結束前，他被移往福洛森堡（Flossenburg）集中營，並且被處決。

潘霍華如何活出他自己的話語？他的饒恕是昂貴的受苦，因為他真正對抗的，是在他面前的傷害與邪惡。他的饒恕並非如他（在「作門徒的代價」書中）所稱的「廉價的恩典」，他並沒有忽視或饒恕罪惡，他正面與之對抗，即便最後付出所有的一切；他的饒恕也是昂貴的，因為他拒絕仇恨，他經歷「去愛你的敵人」這種令人痛苦的過程，所以他對犯罪者的反抗，是克制而有勇氣的，不是惡毒與殘酷。潘霍華在獄中寫成的書信，處處可見這種讓人驚異的證據，其毫無苦毒的筆調，更是值得讚揚的。

請不要為我擔憂或焦慮，但也不要忘記為我禱告——我確信你不會。我非常確信上帝引導的手，也希望一直持守這確信。你絕不能懷疑，我是滿懷感激與歡愉，在被帶領到的這條道路上旅行；我過去的年日，充滿上帝的良善，我的罪已經被基督釘十字架的饒恕之愛所遮蓋……④

在此，我們看見潘霍華就是活出了耶穌為他所成就的生命，耶穌承擔他的罪，償付了這些罪的代價，現在潘霍華很釋放地，去對別人做這同樣的

事。潘霍華用神聖的饒恕，幫助他去理解人類的饒恕，現在，讓我們用潘霍華對人類饒恕的偉大的例子，去理解神聖的饒恕。

上帝的饒恕

「為什麼耶穌必須死？難道上帝不能直接饒恕我們就好嗎？」很多人會這樣問，但現在我們可以知道當邪惡很嚴重時，沒有人能夠「就這樣」饒恕。饒恕代表去幫犯錯者付出應由其付出的代價，因此你能夠用愛伸出雙手，尋求敵人的更新與改變。饒恕是由你去擔當對方的罪債，每位饒恕大惡的人都會經歷死亡的過程，被釘傷、流血、流汗與流淚，但最終卻會復活重生。

如果這就讓你驚訝了，那上帝為你做的不就更值得驚訝嗎？向來，我們虧負上帝，也虧負他人，但上帝決定寬恕我們，而非因此而懲罰我們；為了付上代價，祂甚至取了耶穌作為人的樣式，被掛在十字架，並且死在上面。如同潘霍華所說，每個要去饒恕的人，都背負了對方罪的代價；在十字架上，我們看見上帝作了每個人都應該去饒恕的榜樣，只是祂所成就的，是無限大的饒恕。當然，我可以主張人類的饒恕，也當如此，因為我們不可避免地都反映出創造我們上帝的形象。這就是為何我們不應驚訝於那種感受，感覺勝過邪惡唯一的方式，就是透過那饒恕的受苦，因為對上帝而言，這是最真實不過的了，祂要去打敗罪惡、那種對公義的熱情，與饒恕他人之愛的渴望，都遠比我們的，還要強烈得多。

在此，關鍵的是，記得在基督信仰中，耶穌基督就是上帝[5]。所以，並不是上帝把痛苦加諸在別人身上，而是在十字架上，上帝祂自己吸收了世界的所有痛苦、暴力與邪惡。因此，聖經的上帝不是像原始神祇一般，要求我們的血來平息並取悅；相反的，這是一位成為人、獻出祂自己的寶血，為了要成就道德公義與慈悲之愛的上帝；唯有如此，將來當祂要毀滅所有罪惡

時,因為我們的罪已經被贖,才不會被祂所毀滅。

因此,十字架並不只是一個犧牲之愛的榜樣,拋棄你的生命也不是什麼可羨慕之事——它是錯的⑥。耶穌的死,唯有在這事本身不只是個榜樣,而是救贖我們所絕對必要的情況下,才是真正的榜樣,而它正是如此!為何耶穌必須死才能饒恕我們?因為有罪債要被付清——上帝祂自己付清了它;因為有懲罰要被承受——上帝祂自己承受了它。饒恕,始終是一種代價高昂的受苦形式。

我們看見人類如何饒恕,以及它的高昂代價,透露了神聖的饒恕;然而,對人類而言,唯有神聖的饒恕,才是人類所能倚靠、最終的立場與能力。潘霍華再三強調此事,宣稱因為耶穌在十字架上對他的饒恕,才能讓他在上帝的愛中有安全感,也才能讓他對別人活出一種犧牲服事的生命。

第二個原因:真正的愛,是一種個人的交換

在九○年代中期,一個更正教的教派舉行了一場神學會議,其中有人說:「我不認為我們需要任何的贖罪理論;我不認為我們需要看到有人被掛在十字架上、血流滿地,和一些詭異的事情。⑦」為何我們不能只教導上帝是一個愛的上帝就好?答案是:如果我們去掉十字架,就不會有一個愛的上帝!

在現實的關係世界裡,我們不可能去愛一個人,但是卻不願意去分擔他的問題或需要,甚至與之易地而處的。所有實際能改變生命的愛,都涉及某些形式的這種交換。

若你愛的對象是正常而快樂的人,這愛可能毋須怎麼費心;但是,如果愛的對象是感情上受傷的人,你就不能在聽其傾訴或去愛他後,卻讓自己在感情上無動於衷;若非你在感情上擠乾自己、真情流露,是很難期待對方對

你所說的,能感到被增強與鼓勵;這端看是你或是他,要被榨乾感情;若要在感情上能鼓舞對方,你必須願意讓自己的感情被擠壓。

舉另外一例,假設你接觸到一個無辜的人,他正被祕密特務或政府或某個有力集團追緝;他來尋求你的協助,如果你不幫他,他可能會死;但若你幫他,你——本來完全沒事且安全的——也會陷在致命的危險中。這是電影中常見的情節,也是一樣的:是你或是他。唯有當你願意進入他的不安全與軟弱無助中,他才會透過你的涉入,經歷日漸增加的安全感與穩定力量。

想想父母的養育。當小孩來到世界時,他們是處在一種完全依賴的狀況,一直到父母累積多年、放棄自己的獨立與自由後,他們才可能漸漸成為一個自給自足、獨立的個體;如果身為父母的你,不願讓小孩阻礙了自己工作與玩樂的自由;如果你只在孩子不會造成不方便時,才願接近孩子,你的孩子只會在身量上成長,在很多方面,他們的心理與情感需求,還是會表現出不滿足、困擾與過度依賴。選擇很清楚:你若非犧牲自己的自由,就是犧牲他們的自由;不是你,就是他;若要愛你的孩子,你自己必受虧損,如此,他們才能加增受益;你必須願意進入他們的依賴中,最終,他們才會經歷你所擁有的自由與獨立。

所有讓重度需求者生命改變的愛,都是一種替代性的犧牲。如果你個人涉入其中,他們的軟弱會以某種方式流向你,而你的剛強則會相對流向對方。在《當代基督十字架》(The Cross of Christ)書中,斯托得(John Stott)寫道:「代替」是基督信息的核心。

罪的本質是我們人類將自己代替了神,而救贖的本質,是上帝祂自己代替了我們。我們……把我們自己擺在只有上帝值得的位置;上帝……把祂自己擺在我們應處身的位置⑧。

如果這是真的,若非親身為人,讓自己經歷與我們同樣的暴力、迫害、憂傷、軟弱,與痛苦,上帝怎麼可能成為一位愛人的上帝?對此問題有雙重

的答案:第一,祂必須如此做;第二,世上只有一種主要宗教宣稱,上帝確實如此做了。

偉大的角色互換

泰瑞爾(JoAnne Terrell)寫到她的母親是如何被母親的男友殺害,她說:「我必須要去找到我母親的故事、我的故事與耶穌的故事,三者間的關連性。」在瞭解十字架時,她找到了——也就是說,耶穌不只為我們受苦,也與我們受苦。祂知道(實質上)在鞭打之下,是怎樣的感受,祂拒絕被權勢者威嚇,甚至用自己的生命償付一切。祂自願地取了那些無權無勢、因不公義而受苦之人的位置⑨。正如斯托得所言:「若非因為十字架,我個人是絕對不會相信上帝的;在現實的痛苦世界裡,一個人怎能崇拜一個從來沒有、也不會受苦的上帝?」

因此,在適切瞭解之後,十字架不應該被用來鼓勵受迫害者接受暴力。當耶穌為我們受苦時,祂是在遵行公義;但當耶穌與我們一同受苦時,是表示對世上受迫害者的認同,而非站在加害者那方。所有改變生命的愛都會激起一種交換、一種立場的互換,但這裡有的是一個偉大的角色互換。上帝,原有著至尊無限的能力,卻與邊緣人、窮人與受壓迫者互換地位;先知總是把上帝吟誦成「祂叫有權柄的失位,叫卑賤的升高。」(路加福音:1章52節)但讓他們難以想像的是,上帝祂自己走下祂至尊的寶座,與受迫害者同受苦楚,讓受害者得以被高舉。

這種十字架的典範代表著:世界對權勢、力量,以及地位的榮耀,終究會被暴露且被打敗;而在十字架上,耶穌因著失去而得勝、因著受擊打而誇勝、因著軟弱與服事而得到權柄,也因著給出一切而得著真正的富足。耶穌基督把這世界的價值大幅翻轉,就如賴特(N.T. Wright)寫道的:

真正的敵人，畢竟不是羅馬，而是在人類高傲與暴力背後的邪惡勢力。……〔在十字架上〕因為拒絕捲入人類暴力的擴散漩渦，上帝的國度勝過了世界的國度，〔在十字架上，耶穌〕愛祂的仇敵，把另外一邊的臉讓他們打，也任其驅迫，走更遠的路⑩。

這種上下翻轉的模式與世界一般的想法與作法，是何等的對比，這創造了一種「另類帝國」，一種另類的現實，在那些被轉化的人中間，形成一種另類的對比文化。在這種和平的國度裡，對世上關於權力、認定、地位與財富這些觀念，都有很大的顛覆。在這種新的對應文化中，基督徒把錢財當成是要捨棄的東西，他們把權力當作是用來服務的工具；種族與階級的優越感、以別人為代價來聚財或得勢、渴望名氣與認可，這些人類生活中常見的標記，對於認識並經歷十字架的人而言，往往抱持著相反的心態。基督創造了一個全新的生命秩序，那些被十字架偉大所顛覆並重塑的人，不再需要透過金錢、地位、事業或種族階級的驕傲，來自我證明；上帝創造了一個相對文化，在其中，性、金錢與權力不再能控制我們，用在毀滅性的方向，反而被用來作為生命的給予，與社群的建立。

要瞭解耶穌為何必須死，很重要的是，要同時記得十字架的結果（饒恕的高昂代價），以及十字架的模式（顛覆世界的價值）；這樣，在十字架上公義與慈悲才得以並存——兩者同時間得到成就。如果上帝要嚴肅看待公義，又要仍然愛我們，耶穌的死就成為必要。在我們所有的關係中，應該要同時兼顧愛與公義兩者，我們絕對不能默許不公義的存在，因耶穌與受逼迫者同在；但我們也不能想去以惡報惡，因為耶穌赦免祂的敵人，並且為他們而死。

那麼，耶穌究竟為何而死？即便耶穌本人也曾問此問題，在客西馬尼花園中，祂曾問上帝，是否有其他的方式〔可以不走眼前十字架的道路〕，但沒有。在十字架上，祂在劇烈痛苦中問道：「為什麼？」為什麼祂被棄絕⑪？

為什麼這一切都是必要的?聖經上的答案是——為了我們!

十字架的故事

我想解釋當耶穌死時,祂究竟為我們做了什麼?我過濾一些原則,找到這些答案,但我不能完全闡述十字架教義的全貌;我曾聽說過,大作家歐康娜曾經被要求對她的一篇小說「一言以蔽之」,她辛辣地回應說,如果她真能一言以蔽之,那她就不必去寫成一個故事了。我雖然曾經嘗試,想把耶穌十字架的意義濃縮精簡,因為我認為這是極重要的工作;然而,我在此章中這樣的闡述,並不足以表達十字架生命改變能力所能夠創造出所有豐富的敘事弧線與情節。

感動我們最深的故事情節,總是那些為了讓別人得著生命,某人必須面對無可彌補的損失或死亡。舉例而言,幾乎沒有受歡迎的電影缺乏這樣的主旨;就拿我最喜歡的電影《狂徒淚》(Angels with Dirty Faces)來說,賈克奈(James Cagney)飾演的洛基·蘇利文(Rocky Sullivan)是個劣跡斑斑的知名罪犯,但也是城裡許多不良少年崇拜的偶像;在他要去坐上電椅受死之前的最後一晚,由派特·歐布萊恩(Pat O'Brien)所飾演的兒時好友傑瑞(Jerry)來看他,傑瑞是一位想要拯救城內孩子脫離犯罪生活的牧師;傑瑞對洛基做了一個令人驚訝的請求,他說這是唯一的方法,可以讓他正努力拯救的孩子們,得以離開他們所選擇的毀滅之路。他的請求是:

我要你去放下他們。你看,你已經成為這些孩子,以及其他數百個孩子的英雄,都因為你的生活——現在,你即將變成一位在死亡中被榮耀的英雄,而這正是我所極力要預防的,洛基。他們必須要去輕視對你的記憶,他們必須要以你為恥。

洛基難以置信地回答:

你要我去裝模作樣，表現出膽小的樣子，這樣那些孩子才會以為我很遜，……你要我去拋棄我僅有的尊嚴，……你要我貼著肚子在地上爬──這是我一輩子都不會做的事。……我不會去做任何事，你的要求太過分了，……要去幫助那些孩子的話，你得想別的辦法。

傑瑞要洛基去做的，就是那種偉大的角色互換，那種替代性的犧牲。如果你緊抓住自己的尊嚴，他說，那些孩子們就會在恥辱中死亡。如果你在恥辱中死亡，放棄你的榮耀，那些孩子的生命，就可以得拯救，這是唯一可以讓孩子們，由英雄崇拜中被釋放出來的方法；洛基拒絕了。但是，第二天早晨，當他在走向行刑室時，洛基突然開始在怯懦的歇斯底里中哭喊著請求施恩，然後在羞辱中死亡，他做了終極的犧牲。電影的觀眾總是被此場景所震撼；我深刻體會這感覺，因為我每次觀賞，都會被它感動，決心要去過一種不同的生活，像這個電影，就是一個有生命影響力的故事。

另一個偉大的例子是《雙城記》（A Tale of Two Cities）中那種故事的敘述，兩位男主角查爾斯‧達爾南（Charles Darnay）與雪尼‧卡爾登（Sydney Carton）長得很像，也同時愛上同一位女士露西‧曼奈特（Lucie Manette）。露西選擇了查爾斯，結了婚並有了孩子；故事的背景是在法國大革命時代，身為法國貴族的查爾斯被逮捕、監禁，而且被宣判要上斷頭臺。

在小說的結尾，身為英國人的雪尼，在查爾斯要被處死的前一晚去探訪他；他建議要與查爾斯角色互換，查爾斯拒絕了，但雪尼將他下藥迷昏，然後用在外等候的馬車把他私運出去，於是雪尼替代了查爾斯的位置；之後查爾斯一家人就成功逃往英國。

在監獄的最後那一晚，一位同樣被判死刑的年輕女裁縫來到雪尼面前，開始與他對話，她以為雪尼就是查爾斯。當她發現眼前之人並非查爾斯時，她睜大雙眼問道：「你要為他死嗎？」雪尼回答：「噓～是的！以及她的妻

子與孩子。」這位裁縫師於是向他承認，自己怕得要死，不確定自己是否能面對死亡；她請求這位偉大的陌生人，是否可以握住她的手，直到終了。當行刑時刻到來時，他們一起手牽手走向死亡，她發現自己只要是看著他，心中也能有鎮靜，甚至是被安慰與有盼望的。

故事中的女孩，在面對她的苦難時心中是沉重的，她的力量是流失殆盡的；然而，她被雪尼那種替代的犧牲所深深震撼，這讓她得以面對最終的考驗。

感動人？是的，但福音比這更好⑫！我總是發現這些犧牲的故事非常有感情渲染力。每次看完時，我都決心要過個更有勇氣與無私的生活；然而，我並沒有真正完成那種決志；這些故事感動我的感情，也激動我的良心，但是我心的基本型態還是沒有被改變。我還是被一種要去向他人證明自己的需求所驅動、想要去贏得肯定與讚賞、想要去控制別人對我的想法。只要這些需求與恐懼對我有如此的力量，我改變的意願，就不可能堅持下去。

然而，福音不只是一種感動人心、關於別人的小說，它是一個關於我們真實的故事，我們事實上都是劇中人，我們是那些不良少年，為了拯救我們，耶穌放棄遠比成為人類閃耀巨星更偉大的人物；而且，耶穌也來到我們的監獄、靠近我們並替代我們的位置，即便我們並不希望被拯救；裁縫師被一種不是為她而做的犧牲所感動，當我們發現耶穌已經放棄自我，將祂的位置與我們互換時，我們難道不應該為此而更受激勵嗎？

我只能說，從外界第三人的立場看了這些故事，讓我受到激動；但當我明瞭，我實際上，是在耶穌的故事之中（而祂也在我的故事之中），這改變了我。原先那些緊抓住我心的恐懼與驕傲，終於被卸下了，耶穌必須為我而死的事實，讓我從自我驕傲中謙卑下來；耶穌樂於為我而死的事實，更讓我的恐懼得到撫平。

第十三章　復活的事實

> 我的問題——那在我五十歲時，幾乎讓我瀕臨自殺的——是最簡單的問題，卻存在每個人的靈魂深處。……這個問題若無答案，人將無法生活，這問題就是：「我今日與明日所做的，對將來有何意義？我的整個生命，將來會如何？我為何而活，為何期望任何事，為何做任何事？」也可以用另一種方式，表達此問題：在我生命中，有任何的意義，可以經歷那一直等著我、無可避免的死亡，而不被毀壞嗎？
>
> ——托爾斯泰（Leo Tolstoy）《懺悔錄》（A Confession）

當我在大學研讀哲學與宗教時，我被教導耶穌的復活是歷史上的一大懸案，不管你的觀點如何。多數現代歷史學家做出了哲學性的假設，認為神蹟不可能發生，因而宣稱，復活是高度可疑的。然而，如果你不相信復活，就很難解釋，為何基督教得以發展起來。

幾年前我被診斷出甲狀腺癌，因為可以治療，所以很快的被外科手術與其他療法成功的摘除。然而，引用強生（Samuel Johnson）的名言：在任何情況下，當「癌症」一詞被用來對你宣告時，都可讓你的心智出奇的清靈。在治療期間，我發現了賴特（N.T. Wright）所著的《上帝之子的復活》（The Resurrection of the Son of God），這是最近的一本關於耶穌復活的歷史學術大作，所以我特別留意去閱讀它。我漸漸清楚地發現：這個問題不僅是，如它過去所呈現的，一個歷史、哲學的議題；它現在仍然有這些角度，但卻遠比這更寬廣；如果這件事是真的，它將完全改變我們的生命！

有時候，人們會來找我並說：「我真的對耶穌這段教訓有所掙扎，我喜歡基督信仰中的這部分，但我想我實在不能接受它。」我通常回答：「如果耶穌從死裡復活，那你必須要接受祂所說的一切；如果祂沒有從死裡復活，那又何必管祂說了什麼？每件事情的真正關鍵，不是在於你喜不喜歡祂的教導，而是祂是否真的從死裡復活！」這也是當人們第一次聽到復活這件事情時的反應，他們知道如果這是真的，就代表我們不能再任性而活，但這也代表我們不必再懼怕任何東西：羅馬的刀劍、癌症、沒有任何東西可以使我們恐懼；如果耶穌從死裡復活，它改變了每件事。

祂真的復活了嗎？讓我們看看原因與證據，也聽聽正反兩面的辯論。

論到耶穌的復活，多數人以為證明的壓力，是落在主張復活確實發生的信仰者身上；但實情並非如此，不信的人也一樣有證明其不可信的責任。只是相信耶穌並沒有從死裡復活，是不足夠的；你必須要提出一個在歷史考據下，站得住腳的說法，來解釋教會的發生；你必須提出其他可信的解釋，說這一切是如何開始的；多數不相信耶穌復活的人，提出了基督教如何開始的一些假說情境。

他們說，當時的人並沒有我們現在對世界的科學知識，他們對於神奇與超自然的發生事件，是容易受騙的。他們很容易對一個復活耶穌的報導無辨識能力，因為當時的人，相信死裡復活是可能的。因為原本相信耶穌是彌賽亞（譯按：猶太人的救世主，能拯救其民族脫離羅馬統治），所以當他被殺時，耶穌的追隨者是心碎的；這些人可能會在此心理狀態下，還是以為祂與他們同在、引導他們、在屬靈上活在他們心中，甚至有些人可能在幻象中，覺得祂對他們說話；經過幾十年，這些耶穌仍然活著的感覺，被發展成一些屬靈的故事，變成祂在身體上也復活了。在四福音書中對復活的相關記載，就是被用來支撐這種信仰，而編寫出來的。

在上述說法中所提出的另類解釋，對當代的一般人而言，乍聽之下似乎

言之成理,但這是因為我們忽略了當時歷史與文化的背景情境。

空墳墓與見證人

第一個謬誤是,這種另類解釋宣稱馬太、馬可、路加、約翰等福音書是在比較後期才寫成,遠比事情發生的當時,更為久遠。有人辯稱這些福音書記載的兩個主要證據——空墳墓與見證人——都是杜撰的,它們不可能是真的。

關於空墳墓與見證人的記載,最早不是記載在福音書,而是在保羅的書信中;這些書信,經過考證,現在每個歷史學家都同意,是在耶穌死後十五到二十年後寫成的。其中最有趣的記載內容之一,是在哥林多前書15章3—6節:

我當日所領受又傳給你們的:第一,就是基督照聖經所說,為我們的罪死了,而且埋葬了;又照聖經所說,第三天復活了,並且顯給磯法看,然後顯給十二使徒看;後來一時顯給五百多弟兄看,其中一大半到如今還在,卻也有已經睡了的。

保羅在這裡不僅談到空墳墓與「第三天」的復活(表示他是在談一件歷史事件,而不是用象徵或隱喻),他也明白列示了見證人;保羅指明復活的耶穌,不僅向某些個人與小群的人顯現,祂也曾一次向五百人的大群體顯現,而這些人中,在他寫信的當時,還有多數人仍然健在,因此他們都可以被求證。保羅的每封書信都是寫給一個教會的,因此它們是種公開的檔案,是要對人群高聲朗讀而寫成的;保羅邀請任何對耶穌與其死後向人顯現存有疑問的人,去向那些見證人求證。這是一種大膽的挑戰,在當時羅馬承平時期,周遊於環地中海地區是安全也容易的,所以這樣的求證並不困難。若非真有那些見證人存在,保羅是不可能會提出這樣挑戰的。

這些內容裡另一個重要的特徵,是保羅堅持他是很忠實地記述了被交給他的證言。十九與二十世紀初的批判學者,曾經假設早期基督徒可能採用了一種傳遞通俗民間故事的過程,這讓一個故事在每個傳遞過程中,都可能被加油添醋地修改了,就好像文化版的兒童「傳話」遊戲一樣。但是,就如我在第六章所言,現代人類學的研究,顯示古文化可以在其傳承中,清楚區別傳說故事與歷史記錄兩者①。歷史記錄是不容被改變的,這也是為何保羅宣稱,他所宣講的復活報告,是源源本本,由那些親睹事件的猶太人口中,所接收下來的。

此外,聖經中對於復活的記載,因為太有爭議,所以也不可能是人為杜撰的。每個福音書中,對第一個見證人的描述都是婦女;以當時婦女社會地位之低下,代表著她們的證言,在法庭上是不會被當成可接受的證據。對教會而言,記載第一目擊證人是婦女,沒有任何的好處,這只會損害這些證言的可信度;對將婦女記錄成首先見證復活者的唯一可能解釋,就是這是真實發生的。賴特相信早期宣揚福音的人,一定會有很大的壓力,想將婦女見證主復活的這一段拿掉,但是他們不能如此——因為這些紀錄,是如此廣為人知②。在被流傳了這麼久、被反覆傳誦這麼多次後,耶穌生平中關於復活的第一次見證,依然是觸動人心與改變生命的記載。

此外,如同賴特所言,空墳墓與耶穌個人接觸這兩件事,必須兩者同時為真,才能讓此事成為歷史上的確定。如果只有空墳墓而無親眼接觸的見證人,沒有人會認為存在有復活之事,人們可能假設屍體是被偷走了;但若是只有耶穌的見證人,卻沒有空墳墓,也沒有人會認為真有復活的發生,因為到處都有人,在失去所愛之人後,宣稱又看見他們。唯有在這兩者同時存在時,人們才會歸結出耶穌從死裡復活的結論③。

保羅的書信顯示一開始基督徒就宣稱耶穌的身體復活,這代表墳墓必定是空的,因為如果墳墓不是空的,在耶路撒冷沒有一個人會片刻相信復活的

宣示，懷疑者可以很容易地出示耶穌的腐屍；此外，如果沒有很多人親眼所見，保羅也不可能在公開文件中，告訴人說此事有很多的見證人，我們不能容許自己一廂情願地想像，復活的記載只是多年後的杜撰。無論如何，耶穌的墳墓必定真的是空的，而也有數百位親眼見證人，宣稱他們曾經看過祂復活的身體。

復活與永生

因此，確實有強大證據顯示墳墓是空的，而且有數百位宣稱見過復活耶穌的人，這部分，正如賴特所言，是「歷史上確定的」；但還是會有人說：「即便如此，並不能證明耶穌真的復活了，當然追隨者都會想盡辦法，希望去相信耶穌從死裡復活。如果有人為了要讓祂看似復活，而偷走了屍體，讓很多誠心希望如此的人又以為他們看見了祂，或許又有很多人，因為某些原因而跟著附和這種說法。」

在這種很普通的假設背後，存有著C.S.路易斯所稱「時序的偏見」（譯註：一種總是以為古不如今的驕傲偏見）。我們以為現代人對身體復活一事持懷疑態度，而古代人因為充滿著對超自然的易信，就會很容易立即接受它。完全不是這麼回事！不論何時，對所有主要的世界觀而言，個人身體的復活，幾乎都是難以想像的事。

賴特對第一世紀地中海世界裡的非猶太文化，作了詳盡的調查，無論東西方，他發現當時那裡人們的普遍觀念，都是不相信身體復活之可能的。為何如此？在希臘羅馬的觀念中，靈魂或精神是好的，而身體與物質世界是軟弱、腐化而敗壞的。對他們而言，實體，就其定義，一定是要分解破壞的，所以拯救是來自於從身體被釋放出來；在這種世界觀中，復活非但是不可能，也是完全不需要的；沒有一個靈魂在由身體解脫之後，還想要回到那個

身體,即便是相信轉世附身者,也瞭解迴轉到身體裡的生命,其實是因為靈魂還沒有脫離它的禁錮,真正的目的是要由身體永遠地釋放出來,一旦你的靈魂脫離身體而自由,這個靈魂還要回到原來身體的那種生命,是稀奇古怪、難以想像,並且是不可能的④。

耶穌的復活對猶太人同樣也是難以想像的。與希臘人不同,猶太人將物質與身體世界當成好的,死亡並未被視為由物質世界的解脫,而是一種悲劇。在耶穌的時代以前,許多猶太人就希望將來有一天,當上帝更新整個世界,除去所有苦難與死亡時,會有一個所有公義之人身體的大復活⑤。然而,根據猶太人的教導,復活只是整個世界完全更新的一個部分而已;而在歷史中,僅有一個人單獨復活,而世界還服在疾病、敗壞與死亡的重擔下,對猶太人而言,也是難以想像的,如果有人對第一世紀的猶太人說:「某某人已經從死裡復活了!」他會得到的回應是:「你瘋了嗎?那怎麼可能?難道疾病與死亡結束了嗎?真正的正義已在世上被建立了嗎?野狼與綿羊同眠了嗎?可笑!」一個人的復活,這樣的觀念,對猶太人而言,就像對希臘人一樣地難以想像。

這些年來,對復活的質疑者,也提出耶穌跟隨者可能因為幻覺,而想像祂曾經顯現在面前並對他們說話。這是假設對這些猶太跟隨者而言,他們的主復活是可以想像的,因為這是在他們世界觀裡的一種可能選項。但並非如此!其他人提出了共謀理論,認為門徒偷了屍體,並且對他人宣稱祂還活著,這理論假設門徒期待其他猶太人可以開放心胸地相信,一個人可以從死裡復活;但這也不可能!雖然理由可能不同,但那個時代的人,與我們現代人一樣,都認為身體的復活,是不可能的。

在第一世紀有很多救世主式的運動,其中原來看是彌賽亞的人物被處死,然而:

沒有任何一個案例,我們聽到失望的追隨者敢做一點的宣稱,說他們的

英雄已經從死裡復活了。因為他們比其他人更知道實情，復活不是一件私下的事件，猶太革命中領袖被當局處決的，以及倖免於難逃脫的人，只有兩個選項：放棄革命，或是找到另一個領袖。宣稱原來的領袖再度活過來，根本就不是一個選項；當然，除非祂真的復活了⑥。

那個時代，有數十位救世主式的偽裝者，他們的結局與耶穌一樣。但為何耶穌的門徒，會把祂的釘死當成勝利而非失敗？──除非他們親眼看見祂從死裡復活。

新世界觀的爆發

在耶穌死亡之後，整個基督徒社群，突然採用一套全新而難以想像的信仰。第一代基督徒，對於現實，有著一種以復活為中心的觀點，他們相信未來的復活已經始自於耶穌，他們相信耶穌有一個被改變的身體，可以穿過牆壁又能吃食物，這不是一個如猶太人所想像、復甦的身體而已，也不是一個如希臘人所想像、單純的靈魂存在。耶穌的復活保證了我們的復活，現在，也將這種未來的新生命，帶進我們的心中⑦。

正如賴特指出，這種信仰裡的每一個觀點，直到現在的世界，都還是很獨特的；但是我們現在對此信仰所知的每一件事、每個細節，存在於這麼龐大的世界觀轉變裡，卻都是在很短時間內，發生在一小群人身上⑧。通常這麼巨大的轉變，要經歷多年的討論與辯論，經過不同思想家與作家辯論「復活的本質」，一直到有一派說法佔了上風，才會有一個定於一的結論，這是文化與世界觀改變的常模。

然而，基督徒對復活的觀點，絕對是史無前例的，它一夕之間，就在耶穌死後立即快速發展，中間沒有什麼過程或發展路徑，祂的追隨者說，他們的信仰不是來自於辯論或討論，他們單單就是告訴別人他們所見的一切，也

沒有人對這樣的宣告，提出任何可信的另類意見。就算你假設（不太可能發生的）有一兩個耶穌門徒，得到了祂由死裡復活的靈感創意，他們也無法鼓動其他猶太人去接受並相信，除非確實存在著多方、費解、可信並且重複的與耶穌的相會。

接下來的教會發展歷史，就變得更難解釋了。一群第一世紀的猶太人，怎們可能將一個人類，當成神聖來崇拜？東方宗教向來相信上帝是一個滲透萬物但非人的力量，因此，他們可以接受有些人比他人更有靈性知覺的這種觀念；西方宗教相信不同的神，常常變身為不同的人形，因此，有些人物可能真的就是宙斯或赫密士。但是，猶太人相信的，卻是單一、超然於萬物、個性化的上帝，若要去提出任何人類應該被崇拜這樣的觀念，絕對是一種褻瀆；但是，數以百計的猶太人幾乎是一夕之間就開始崇拜耶穌，保羅在非立比書第二章中所引用，對於將耶穌歌誦為上帝的說法，僅僅是在釘十字架後的數年後就寫成的。到底是什麼偉大的事件，可以打破猶太人對崇拜一個人的所有抗拒？但如果他們真的看到祂的復活，就可以解釋一切：除此之外，還有其他的歷史答案嗎？

另外一件應該謹記在心的事是：正如法國哲學家與科學家巴斯卡（Pascal）所言：「我相信那些被割斷喉嚨的見證人！」實質上，所有的使徒與早期基督教領袖，最後都因為他們的信仰而死，我們很難相信這些人付出這麼偉大的自我犧牲，只是為了要去支持一場他們發起的騙局。

因此，懷疑者僅說：「它不可能發生。」是不足以駁斥基督信仰中對耶穌復活的教導。反對的人必須要回答這些所有的歷史問題：為何基督教崛起如此快速？又如此有力？當時沒有其他彌賽亞追隨者宣稱其領袖由紀裡復活——為何僅有這群人如此宣稱？從來沒有任何猶太群體敢將一個人當成神來崇拜，是什麼讓這群人如此去做？猶太人向來不相信有神性的人，也不相信個人的復活，是什麼讓他們的世界觀幾乎是一夕改變？你如何解釋數以百

計此一復活事件的目擊證人，在當時受壓迫的情境下，數十年間持守他們的證言，最後終於因為這個信仰，而犧牲其生命？

復活的挑戰

歷史上的事件，不能像實驗室中的東西那樣的被證明。然而，耶穌基督的復活，在歷史上是一個被完全證實的事實，其證據力比我們完全接受的多數古代事件還要堅實得多。除了耶穌的復活外，每種想要去解釋教會誕生的說法，在面對我們所知的第一世紀歷史與文化考證下，都站不住腳。如果你不武斷地用哲學偏見去反對神蹟的可能性，耶穌復活一事，確實存有最多的證據去支持它。

問題是：人們真的會捨棄調查而武斷結論。許多人不去嘗試回答這些困難的歷史問題，然後讓這些答案去引導他們的想法；他們就是認為神蹟不可能，從而由這樣的反對，尋求脫身。賴特對此做了一個嚴厲的回應：

早期基督徒並未發明空墳墓以及與復活耶穌的會面或眼見。⋯⋯沒有人預期這樣的事情會發生；不論他們對此事如何地感到罪惡（或如何健忘），也不論他們花了多少小時在研讀經書，沒有任何一種轉換的經驗，可以讓人發明這些情節。認為還有其他可能，其實是停止對歷史的追求，進入了一個我們自我幻想的世界⑨。

我同情那些人，他們會說：「即便我不能想到其他解釋，那又如何？復活就是不可能發生！」然而，我們別忘記，第一世紀的人也就是這樣感覺的；他們與你一樣，認為復活是無法被想像的；在當時，讓人能接受復活的唯一方法，就是讓證據去挑戰與改變他們的世界觀、他們認為何者是可能的觀點。對於復活的宣告，古代的他們與現代的你，存在一樣多的困擾，然而這些證據——包含目擊證人的說法，以及基督跟隨者生命的轉變——實在是

讓人難以拒絕相信。

每年復活節我都會宣講復活，在講道中，我總是告訴我質疑、世俗的朋友們，即使他們不能相信復活，也應該想要這件事成真。他們多數對窮人的公義至為關心、想要減輕飢餓與疾病，也關心環境保育；然而他們許多人卻相信物質世界是由意外所造成，而世界與其上的每件事物，最終都會在太陽死亡之時，銷熔殆盡；他們為這麼少人關心公義感到挫折，去未能認知他們的世界觀，其實正毀壞了想讓這世界更好的任何動機，如果在最後我們所做的一切，都不會有任何改變，那為何我們還要為他人犧牲？然而，如果耶穌真的復活了，這表示有無窮的希望與理由，讓我們要傾倒自己，去滿足世界的需要。在一篇講道中，賴特説道：

復活信息就是在告訴我們：這世界重要！現世中的不義與痛苦，現在，必須被醫治、公義與愛已經勝利的消息所彌補。如果復活節只是耶穌基督在靈魂上被提升——〔那麼〕它只是關於我，也只能在我個人的屬靈生命中，有個新空間。但如果耶穌基督真的從死裡復活，基督教就成為全世界的好消息——那種會溫暖我們心靈的消息，正因為它不只是關乎一顆溫暖的心而已。復活節代表在這個不義、暴力與墮落充斥的世界，上帝並不準備容忍這些事——我們會去計畫與努力，伴隨上帝所有的能量，去實踐耶穌超越這一切的勝利。挪去復活節，卡爾・馬克斯對基督教無視於現世問題的批判，就可能是對的；挪去復活節，佛洛伊德說基督教只是自我願望的滿足，就可能是對的；挪去復活節，尼采說基督教只是為軟弱者預備的，就可能是對的⑩。

第十四章 上帝之舞

在一九三八年,……我為偏頭痛所苦;任何聲響都像一記重拳般讓我難受,……我發現這首詩……叫做〈愛〉(由喬治‧賀伯特〔George Herbert〕所寫),我把它謹記在心。常常,在突發頭痛的最高點時,我讓自己不斷複誦此詩,把我所有的注意力集中在詩中,然後把我的靈魂,緊緊抓住詩中強調的溫柔。我曾以為自己只是把它當一首美麗的詩來朗誦,但在不自覺中,這種朗誦已經具有一種禱告的美善。在某一次的朗誦中,基督祂自己降臨並且充滿了我,在我對上帝的問題,正在難解且持續爭辯之際,我從來沒有預期會有這種可能、這種真實的接觸、面對面的接觸;自此,一段個人與上帝的親密接觸於焉展開。

——法國哲學家薇兒(Simone Weil)《等候上帝》(Waiting for God)

我相信基督信仰讓我們個人的生命故事,以及我們所觀看的世界歷史,變得最有意義。在前面六章中,我已經辯明基督教義,相對於其他任何的解釋,對於我們由哪來?有何問題?如何處理?這些我們看到與經歷的問題,具有最強大的解釋能力。現在,是該要把我們所檢視的各種敘事線索收斂起來,然後,把整個基督信仰的故事線,做一個完整的呈現與回顧。聖經常被總結成一齣由四部曲組成的舞台劇——創造、墮落、救贖、恢復。

神聖之舞

基督信仰，獨特於世界信仰之中，教導我們上帝是三位一體的。三位一體的教義，講的是上帝雖然是一個個體，卻有三個永恆存在的位格：聖父、聖子、聖靈。三一真神代表的是：在本質上，上帝本身就是一位關係性的神。

　　福音書作者約翰描述聖子是自永恆以來就活在「天父的懷中」（約翰福音：1章18節），這是一種形容愛與親密的古代修辭。在約翰福音書的後面，聖子耶穌描述聖靈活著就是為了「榮耀」祂（約翰福音：16章14節）；相對的，聖子榮耀聖父（17章4節），而聖父也榮耀聖子（17章5節）；這種相互榮耀的狀態已經自亙古持續至今，也將繼續持續到永恆。

　　「榮耀」這個詞的意義為何？榮耀某事或某人，是去讚美、享受並且在對方身上得到欣喜。當某事物有用時，你之所以被吸引，是因為它可以帶給你，或為你做些什麼；但如果它是美麗的，那你喜悅它，就只是因為它本身的樣態，只要在它面前，就已經得到由它而來的報酬了。去榮耀某人，也是要去服事並遵從他或她；你會犧牲自己的利益去讓他們快樂，而不是犧牲他們的利益，只求自己的快樂。為何如此？因為你最大的快樂，就是看著他們在喜樂之中。

　　那麼，聖父、聖子與聖靈間相互榮耀又是什麼意思？如果用圖像的方式去理解它，我們可以說，自我中心是自己保持停滯、靜態；在自我中心裡，我們要求別人的軌道，繞著我們轉；唯有在能夠幫助我們達到個人目標或滿足我們的前提下，我們才願意去做事，或付出感情給他人。

　　然而，在三一真神的內裡生命裡，這是截然不同的。三一神的生命特色不是自我中心，而是相互間自我付出的愛。當我們樂於服事別人時，我們進入一種圍繞著他或她的動態軌道中，我們會以他們的利益與需求為中心。這創造了一種舞蹈，特別是如果有三個人，每個人都圍繞著其他兩個人而運動，這就是聖經告訴我們的三一論，每個神聖的位格，都以其他的兩個位格

為中心,卻沒有任何一個,要求他人圍繞著自己轉動;每個位格,都自願以其他兩個為中心而轉動,不斷傾倒愛、喜悅與仰慕給對方。每個三位一體的位格都愛戀、仰慕、遵從,並喜悅對方,這就會創造一種動態的、悸動的喜樂與愛戀之舞。早期希臘教會的領袖用一個名詞形容它──「融會契合」（perichoresis）,請注意我們現在所用的字「舞蹈術」（choreography）就是包含在其中的,因此,它實際上的意義就是:「環繞地跳舞或流動」①。

聖父……聖子……與聖靈彼此榮耀,……在宇宙的中心,自我付出的愛,是上帝三位一體生命的動態匯流。在上帝中存在的三個位格彼此高舉、交流與遵從,……當早期希臘基督徒論到上帝裡的融會契合,他們的意思是:每個神聖的位格,都在其中心包容其他兩個位格;在持續動作的交流與接納中,每個位格都包覆並圍繞著其他的位格②。

在基督信仰中,上帝並非一個非人的個體,也不是一個靜態的事物──甚至不只是一個單獨個體──而是一個動態、躍動的活動、一種生命、一種戲劇,如果你不認為我不敬的話,幾乎是一種舞蹈。……〔這種〕三個位格的生命型態是,……從現實世界中心所湧出,一切能量與美麗的偉大泉源③。

三一真神的教義,讓我們的心智難以完全理解,但即便有認知的困難,這個令人驚訝、動態的三一神概念,卻是活潑而具有深遠、神奇、生命形塑與世界改變的引伸意涵④。

愛之舞

若是沒有上帝,那所有在我們之中與關乎我們的,都是盲目且非人力量的產物。愛的經驗在感受上或許仍然顯著,但進化論自然主義者告訴我們,它只不過是一種腦子裡的生物化學狀態罷了。

但若是有上帝呢?就會讓愛更美好嗎?這端視你認為這位上帝是誰。如

果上帝是單一個體,那麼直到上帝創造了其他物體,才會有愛,因為愛一定要有對象;這也表示一個單一個體的上帝,會是自始至終擁有權威、主權與偉大,但卻不會有愛的神。若此,那麼愛就不會是上帝的本質,也不會在宇宙的核心;權力,才是主軸。

然而,如果上帝是三位一體的,那在這社群裡,愛的關係就會是「偉大的泉源……處於現實世界的中心」。當人們說:「上帝是愛」時,我相信他們是說愛很重要,或者是上帝真的要我們去愛,但在基督徒的觀念中,在祂的本質中,就存有愛;如果祂只是一個單獨存在的個體,就不可能在永恆中有愛,因為祂沒有愛的對象。如果祂如同東方宗教中,那種非人性的萬物之靈,祂也不會去愛人,因為愛是人類所特別會去做的事;東方宗教相信個體的人性只是幻影,因此愛也是⑤。切斯特頓(Chesterton)寫道:「對佛教徒而言,……人性是人的墮落;對基督徒而言,人性卻是上帝的目的、祂對宇宙一切想法的主旨。⑥」因為上帝在本質上,原來就是一種永恆的人際相互之愛,所以人性中的愛,本就是上帝的目的。

終極的實現,是要完成一個彼此認識與彼此相愛的人類群體;整個宇宙、上帝、歷史與生命,就是這麼回事。如果你愛錢財、權力與成就,高過人的關係,你會在現實的磐石上,把自己摔個粉碎。當耶穌說,為了找回自我生命,你必須在服事中先喪失自己的生命(馬可福音:8章35節),這就是在述說聖父、聖子與聖靈,從自古以來一直在做的事。如果你站著不動,想讓每件事物都圍繞著你的需求與利益轉動,你就永遠無法得到真正的自我。除非你願意因為某些承諾的關係,去經歷與喪失個人的自由選項,也願意承受個人限制,否則,你還是會失去自己及萬物的本性。

在本書中的其他部分,我已經追溯,如果拒絕付出饒恕的代價、愛的代替性交流,與對群體的自我約束,你就不可能保持一個整全的人性。我引用C.S.路易斯所言:除了天堂之外,唯一沒有人際關係痛苦與受難的地方,就

是地獄。

爲何如此？因爲根據聖經，這世界不是由一個只是單一個體的上帝所造，也不是由一種非人性的力量所發射而成；它不是人格化神祇間力量鬥爭下的產物，也不是由隨機、暴力、意外的自然力量所造成。基督徒拒絕這些其他的宇宙創造解釋，而這些解釋也拒絕把愛置於重要位置。我們相信，這世界是由一位本身就是一組個體所組成的上帝造成的，這三位一體的群組成員間，在永恆裡彼此相愛。因此，你也是爲了彼此自我付出、以他人爲導向之愛而受造的；自我中心摧毀了上帝所創造的結構。

創造之舞

神學家愛德華茲（Jonathan Edwards）在思索三一神的內裡生命時，結論說上帝是無窮快樂的。在上帝裡面，是一群彼此傾倒榮耀與喜樂之愛的成員。讓我們用自己的經驗去思想這種形式：想像有那麼一位仰慕對象，你愛他遠勝世上其他任何人，你願意爲他做任何的事；現在，想像這對象正好對你也是如此，於是你們進入一種終身友誼關係，或是一段愛戀關係或婚姻。聽起來像不像天堂？是的，因爲這正是由天堂而來的——這正是上帝在祂自己內裡所瞭解的，只是祂們的關係比起我們的，在深度與廣度上，更爲無限與難以想像；這就是爲何上帝是無窮快樂的，因爲在祂裡面的核心處，存有「以他人爲導向」的特質，因爲在上帝裡面，沒有尋求自我榮耀的，都是追求他人的榮耀⑦。

「但是，等一下！」你會說：「在聖經裡的每一部分，不都是要我們去榮耀、讚美，與服事祂嗎？你怎麼說祂沒有尋求自我的榮耀呢？」是的，祂確實要我們去無條件服從，去榮耀、讚美，把我們的生命以祂為中心。但現在，我希望你終於發現祂為何要如此，因為祂要我們喜樂！祂之所以擁有無

限的喜樂，不是透過自我中心，而是透過自我付出、他人中心的愛；身為按祂形象所造的我們，唯一能有此喜樂的方式，就是我們願意把生命以祂為中心，而不是以自我為中心。

為何一個像這樣的上帝，要去創造出一個像我們這樣物種的世界？在聖經經文的基礎，比方說約翰福音17章20-24節，神學家愛德華茲推論出答案來了，歷史學家馬斯登（George Marsden）歸納其觀念如下：

為何這麼一位無限良善、美好，與永恆的上帝還要去創造？……對此，愛德華茲引用基督徒三位一體的觀念，把上帝視為本質上是一種多數關係的存在，……上帝創造的最終原因，愛德華茲相信，不是去補強上帝內裡所欠缺的，而是去擴充那種完美的內部溝通、那種存在於三一神中美善與愛的溝通。……上帝對那種神聖完美的喜樂、快樂與喜悅，外部表現於對被造物溝通那些快樂與欣喜。……整個宇宙是上帝榮耀的爆發，完美的良善、美麗與愛從上帝輻射而出，也讓受造物不斷分享，在上帝的喜樂與喜悅之中。……於是，創造的終點，就是上帝與祂所愛的受造物，合而為一⑧。

上帝造我們，並非要去得到那種相互愛戀與榮耀的宇宙、無限之喜樂，而是要去分享這些；我們被創造，是為了加入這舞蹈。如果我們將生命以祂為中心，不是用自利的心態服事祂，而是因為祂的真實身分、因為祂的美麗與榮耀，我們就會進入這舞蹈，分享祂活在其中的喜樂與愛。如此，我們被設計，不是用來一般泛泛地相信上帝，也不是為了抽象的感動或靈性；我們被創造，是為了能將我們的生命以祂為中心，將我們生命的目的與熱情，定位在去認識、服事、取悅也更像祂。這種快樂將持續到永恆，也會難以想像地不斷增加（哥林多前書：2章7-10節）。

這將我們帶到一種對物質世界獨特的正面觀點。世界並非如其他創造解釋所稱的，只是一個幻影、諸神間戰爭的結果，或自然力量意外的產物，它是由喜樂所創造，所以它本身是好的，它裡面也都美好。整個宇宙被理解成

一個彼此間由能量約束,但各自獨立之物體間的舞蹈,就好像行星繞著星球轉動,好像海潮與四季,「好像原子在一個分子中,好像音符在一節和弦裡,好像在地球的生物體,好像懷著在身體中攪動胎兒的母親」⑨。在三位一體內裡生命中的愛,就是透過它而寫成的。創造,就是一場舞蹈!

舞蹈的失落

聖經起始於創造的舞蹈,但在創世紀第三章,我們卻讀到了墮落。上帝告訴亞當與夏娃,他們不能吃某種樹上的果子,否則必然會死;吃了這樹上的果子為何會這麼糟糕呢?接下來沒有答案,但我們如果只在它符合自我目標與利益時,才遵守上帝的指示,那我們就是想讓上帝繞著我們的軌道運行,上帝變成了某種目的工具或手段,祂自己不再是那目的。於是,上帝好像是對人類說:「要遵守我對那樹的指示,因為你愛我,是為了我的緣故。」

但是我們失敗了,我們變成停滯的、自我中心的。於是根據創世紀第三章,當我們與上帝的關係破裂時,我們與其他事物的關係也都崩解了。自我中心造成了心理的疏離,再沒有比自我專注於那種無止境追求自己需求、慾望、待遇、自尊、與紀錄,更可悲的事了;除此之外,自我中心也導致社會瓦解,它也是國家、種族、階級與個人之間,關係破裂的根本。最後,從有些神祕的觀點而言,人類拒絕去服事上帝,也會導致我們與自然界的疏離。

我們失去了這個舞蹈;這個喜樂、互相付出的關係,不可能存在於每個人都是靜態,只想要他人圍繞著自己的世界裡。

但是,上帝並沒有離棄我們不管。上帝的兒子降世為人,就是要去起始一種新的人類、一種新的社群,這些人願意失去他們的自我中心,重新過以上帝為中心的生活;結果,緩慢而穩定地,也把其他的關係重新導入正軌。

保羅稱耶穌為「末後的亞當」，首先的亞當在伊甸園中被試探，而末後的亞當（耶穌）卻是在客西馬尼花園被試探；首先的亞當知道，如果他在樹的事上順從上帝，就會有生命，但他沒有順服；末後的亞當也在保羅所稱的一棵「樹」（十字架）一事上被試探，祂知道如果順服天父，自己將被破碎，然而他，還是選擇順服。

為何耶穌為我們而死？耶穌這樣做得到什麼？要記得，祂在三位一體中，本來就享有那個喜樂、榮耀與愛的小社群，祂並不需要我們，那祂究竟由這事中得到什麼好處？完全沒有！這代表當祂進入世界、為我們的罪死在十字架上時，祂是在環繞並服事我們，「你所賜給我的榮耀，我已經賜給他們了（約翰福音：17章）」，祂在我們中間所做的，正是在永恆以來與聖父、聖靈之間所一直在做的；祂以我們為中心，在不求自己利益的狀況下，愛著我們。

歸回舞蹈

如果耶穌所做的美善感動你，這是脫離你的自我中心與恐懼、回歸到與祂信任關係的第一步。就像祂一直所在做的，當耶穌為你而死時，祂正邀請你與祂一同共舞；祂邀請你開始將每件生命中的事，都以祂為中心，正如祂也曾把祂自己給了你一般。

如果你回應祂，你所有的關係都將開始被醫治。如同我在第九章所提點的，罪就是把你的自我，圍繞在除神以外的任何事物上；我們只會投入或追求，那些能夠建立自我、支撐自我價值，與自我創造的關係，但這也導致我們去輕視那些沒有我們一樣成就，或與我們具有相同自我標記的人。

然而，當我們發現耶穌向我們走來，而且用無限、自我付出的愛來環繞我們時，我們是被邀請去將自己的生命，擺在一個全新的基礎上。我們可以

將祂作為生命的中心，放棄想讓自我成為自己救主與主人的想法；我們一方面，可以接受祂讓我們認清自己是罪人、需要祂救贖的挑戰，另一方面，也可以接受祂的邀請，用祂那更新的愛，來作為我們新的身分與自我的基礎。如此，我們不需要再向別人證明自己，我們不需要再用其他事物，來支持我們脆弱的尊嚴與自我價值，而我們也將可以迎向他人，正如耶穌迎向我們一般。

如果在任何地方有了自我付出，我們觸摸到的，就不僅是所有創造的韻律，更是萬事萬物的律動。因為那「永恆之道」也這樣在犧牲中給出祂自己；當祂被釘十字架時，祂「原先在榮耀與喜樂中所熟習而做的，如今卻要在邊陲之境的狂暴氣候中完成」，而祂的自我付出，是在世界有基礎之前，就早已經存在的。……從最高到最低的一切自我都要退位，而且，透過這種退位，它才能成為更真實的自我，也因此更加褪去老我，直到永遠。這不是一種……我們可以逃脫的律，……存在這種自我付出系統之外的，……就是、也唯有地獄。……那種在自我裡面的強烈禁錮，……自我付出是一種絕對的真理⑩。

舞蹈的未來

那麼，人類歷史的故事將如何終結呢？在聖經的最後一卷書中，我們看到與其他宗教非常相反的預測：我們沒有看見世界的幻影融化掉，也沒看到屬靈的靈魂脫離物質世界而進入天堂。我們所看到的是天國降臨到我們的世界，與之連結並洗盡它一切的破碎與不完美，這會變成一個「新天新地」。先知以賽亞描繪這世界將像一個新的伊甸園，其中，再一次存在人類與自然的絕對和諧，傷害、疾病與死亡都會終結，所有種族的敵意與戰爭也會告終；不再有窮人、奴隸、罪犯與傷心悲吟的人。

這些都會按照我們所知「創造是一個舞蹈」的規則而發生。當世界被創造時，三一真神實際上是用「歡欣」來造成它的，在欣喜中上帝創造整個世界的事物，來進入祂的喜樂，而新造的眾星也為此歡唱；直到如今，創造繼續在訴說上帝的榮耀，而且看著祂，「這一切都歡呼歌唱」（詩篇：65章12—13節）。上帝懷著關心與愛，迎向祂的世界，祂對祂創造的每一部分都有承諾，愛它且支持它。雖然罪惡與邪惡讓世界蒙塵，但它們也只是世界真實自我的一個影兒；到了時間的終了，自然會回復到它完滿的榮耀，而我們也會與之回復關係，「但受造之物仍然指望脫離敗壞的轄制，得享神兒女自由的榮耀。」（羅馬書：8章21節）。當世界被帶進上帝榮耀的完滿時，它整個都會被醫治，邪惡將會被摧毀，而受造之物所有的潛能、在此之前蟄伏而沉潛的，都會爆發出完滿與美麗，與我們未來將成為的樣貌相較，現在的我們，僅僅像蔬菜一般平凡。將來，在歸回之王的面前，甚至連樹都會歌唱且作出樂聲，凡祂所到之處，都讓哀傷變成舞蹈。

因為受造之物是按著上帝的形象所造，祂同時既是一個也是多個，所以人類最終也必將合一，但我們的種族與文化的多元性，在更新的世界中，將被保留。所有人種，最終將在和平與互賴中一起生活。在至高之處，榮耀歸於上帝；在地上平安，歸於祂所喜悅的人。

基督徒的生命

我們如何對此回應？當我們看到整個故事的全貌時，我們清楚看見，基督教不只是讓一個人的罪得赦免，因此可以上天堂。信仰基督教是一個上帝救贖的重要手段，但並不是最終的結果或目的；耶穌降世的目的，是要讓整個世界被導正，去更新與恢復創造，而非去逃避它。這不僅是要帶來個人的赦罪與平安，更要把公義與和平，帶到世界上。上帝創造了身體與靈魂，耶

穌的復活顯示祂將要救贖身體與靈魂兩者；上帝聖靈的工作，不僅要救靈魂，也要關心並培養地球的面目，與物質的世界。

我們很難過度強調這種異象的獨特性。在聖經之外，沒有其他主要的宗教信仰，對於恢復物質世界完美的和平、公義與完整，有特別的盼望或興趣。斯里蘭卡基督徒作家拉瑪強佐（Vinoth Ramachandra）對此有清楚的看見。他說，所有其他的宗教都把救贖，當作某種由凡人解放出來的形式；救贖，是被視為由個性與物質形體束縛中脫逃，進入某種昇華的屬靈存在。

〔聖經的〕救贖不在於由這個世界上逃離，而在於這個世界的轉化。……在任何的宗教系統或人類哲學中，你不會發現世界的希望，……聖經的觀點是獨特的。這是為何當有人說別的信仰中也有救贖，我會問他們：「你講的是什麼救贖？」沒有信仰堅持對世界永恆救贖的應許──對這個平凡的世界──但十字架與耶穌的復活，就是如此⑪。

那麼，成為上帝在世上工作的一部分到底是什麼意思？活出一種基督徒的生命，到底是什麼意義？回答此問題的一種方法，是去回顧三位一體與原始創造的生命。上帝要我們不斷增加地分享在祂自己的喜樂與喜悅之中，就如同祂在三位一體中所享受的一樣；我們可以在以下三種狀況下分享祂的喜悅：第一，當我們歸榮耀給祂時（崇拜與服事祂，而非我們自己）；其次，當我們尊重並服事其他照上帝形象所造之人的尊嚴時；第三，當我們珍惜祂在自然界中，所衍生出來的榮耀時──這也反映出上帝的榮耀。我們唯有在崇拜祂、服事人群與關心受造環境時，才能榮耀並享受上帝。

然而，另外一種看待基督徒生命的方式，是從最終恢復的觀點來看。這世界與我們的心是破碎的，耶穌的生命、死亡與復活，是極度昂貴的拯救作業，為了要去恢復公義，給那些受迫害及邊緣化的人；恢復身體的整全，給那些承受病痛或瀕死的人；恢復社群，給那些孤立孤單的人；以及恢復屬靈的喜樂與連結，給那些與上帝疏離的人。作為今日的基督徒，我們要在這些

工作上有份,並且期待受苦與困難,也對最終的成功,有著喜樂的確據。

福音的故事,對道德義務與我們對真正公義的信念是有意義的,所以基督徒要盡可能地去成就恢復性與重分配的公義;福音的故事,對我們難以捨棄的宗教觀念是有意義的,所以基督徒要去傳福音,透過耶穌向人指明,赦罪及與上帝和好的道路;福音的故事,對根深柢固關係性的人格是有意義的,所以基督徒要犧牲地致力於強化周遭的人類社群,以及基督教社群——教會;福音的故事,也對我們在面對美善時的欣喜是有意義的,所以基督徒要去服務物質世界,無論是透過科學去培育自然界受造之物,或是去培養那些從事於藝術努力的人,讓人們都知道,為何這些事物對人類的繁榮是必須的。天空與樹木都「唱出」上帝的榮耀,當我們關心照顧並與之慶祝時,就是把它們稱頌上帝的聲音釋放出來,而我們也樂在其中。簡言之,基督徒的生命,不僅是要透過鼓勵人們在基督裡的信仰,來建立基督徒社群,更是要透過公義與服務的行為,來建立人類的社群。

上帝要擦去他們一切的眼淚;不再有死亡,也不再有悲哀、哭號、疼痛,因為以前的事都過去了。（啟示錄:21章4節）

當我們到那時,我們會說,我終於回家了!這是我真正的國度!我屬於這裡,雖然我並不知道它,這卻是我一生所尋求的土地!但這絕非故事的終結。事實上,如同C.S.路易斯所言,我們所經歷的一切冒險,最後只會成為故事的「封面與標題頁」而已;終於,我們將開始讀這「偉大故事的第一章,這本世上無人曾讀的書、這本會一直持續下去的書、這本每一章都比前一章更精彩的書。⑫」

後記　接下來要往哪走？

> 最重要的是，要認識自我，瞭解自我的欠缺。這需要將自我去與真理比對；而不是用真理來配合自我。
> ——歐康娜（Flannery O'Connor），《小說家與他的國度》（The Fiction Writer and His Country）

> 此後伊歐玟的心意改變了，或者說，她終於瞭解它了。
> ——托爾金（J. R. R. Tolkien）《王者再臨》（The Return of the King）

這本書讀到這裡，現在的你雖然未必全然確定，但可能會感到基督教比較合理了。你可能會對這世界的需要、你自己的狀況與基督在世上使命的某些描述，特別有個人感動；如果你想要去探索，信仰基督對你的意義為何？接下來你該往哪裡走？

檢驗你的動機

動機幾乎都是混雜的。如果你在做任何事之前，都要求你的動機純正且毫不自私，可能你會永久等待而無任何行動。然而，在面臨信仰承諾的決定時，瞭解自己採取行動的主要動機為何，至為重要。舉例而言，你也許正在很大的困難與需要之中；你敏銳地直覺到，也許在你生命中的第一次，需要上帝與某種的屬靈幫助，才能克服它。這樣想沒有錯，但在此狀況下，你很容易把親近上帝，當成達到目的的一種手段；究竟你進入基督信仰，是為了要服事上帝？還是要讓上帝來為你服務？後者是有一點薩滿教（shamanism）的味道，想要透過人的禱告與儀式，來控制上帝；這是在

利用上帝，而非信任上帝。

我們必須認知到，現實上，我們之所以走向上帝的旅程，開始的原因，都是因為要從上帝身上得到些什麼；然而，我們必須要去認清，正因為祂已經幫我們成就的事，我們欠祂我們的整個生命。祂是我們的創造者，光是這個理由，我們就在每件事上，都欠了祂。然而，祂也是我們的救贖者，付出無限的代價來拯救我們。任何有理性的心，都應該想要臣服於那位不僅是全能、也願意為我們的好處犧牲任何事物的主宰。

在走向上帝旅程時，我們常會想：「我應該要做什麼，才能從祂那裡，得到這個那個的？」但最後，我們要開始想的是：「我要做什麼，才能得到祂？」如果你不做這樣的心態轉換，永遠不可能與真正的上帝相遇，最終只是相信了某個漫畫版的祂。

數算代價

一位基督徒，顧名思義，是「屬基督的人」，這人不只是泛泛地受基督教導的影響，而是把他整個人最基本的效忠都轉向耶穌。基督徒瞭解，透過基督重要的宣告，這種「全有或全無」（all-or-nothing）的選擇，已經加在我們身上。

在早期教會，基督徒的認信宣告是「耶穌是主」（*Christos Kurios*），放在歷史情境下，當時的人被要求宣誓「凱撒是主」（*Kaiser Kurios*），所以這樣的認信，就代表耶穌是那至尊的權威；祂不只是一位神聖天使般的靈，而且，正如早期基督徒詩歌所稱，祂擁有「超乎萬名之上的名」（腓立比書：2章9節）；而且「上帝本性一切的豐盛，都有形有體的居住在基督裡面。」（歌羅西書：2章9節）

這是一個偉大的宣告，但其中確有其邏輯。近代中最瞭解此一邏輯

的人是U2合唱團主唱博諾（Bono），他與音樂記者阿薩亞斯（Michka Assayas）有一段對話：

阿薩亞斯：基督位列全世界最偉大的思想家，但把祂當成上帝的兒子，是不是扯太遠了點？

博諾：不！對我而言，這不會扯太遠。你看，世俗之人對基督故事的反應總是像這樣：祂是個偉大的先知，顯然也是個很有趣的傢伙，與偉大先知不管是以利亞、穆罕默德、佛祖或孔子同等，也有許多好的教導。但事實上，基督並不允許你如是想，祂不讓你就此脫鉤；基督說，不！我不是說我是個教師，別叫我老師；我也不是個先知！我是說：「我是那位救世主彌賽亞。」我說的是：「我就是上帝的化身。」於是，人們會說，不！請不要這樣，你就當一個先知好嗎？我們可以接受你作一個先知，你有點古怪哩；我們已經有吃蝗蟲野蜜的施洗者約翰，這我們還可以接受，但請不要提到那「彌」字開頭的名詞！因為，你知道，我們將必須把你釘死在十字架上。於是祂說，不，不，我知道你們期待我，帶領一支軍隊，把你們從這些亂七八糟的事物中，拯救出來，但事實上我就是彌賽亞。這個時候，每個人都開始看著自己的鞋子，說道：喔！我的天啊，這人會一直這樣說下去。於是，你所面對的，要不是這人就是祂所自稱的——彌賽亞，或者，這祂就是一個不折不扣的瘋子。我所說的是，我們在談的是像殺人魔查爾斯·曼森（Charles Manson）那樣的瘋子，……我不是在開玩笑。超過半個地球的整個文明軌跡，會被一個瘋子給改變，並上下翻轉？對我而言，這才是叫做扯太遠……。

博諾所描述的正是耶穌自己的宣告，強迫我們必須作出一個「全有或全無」的選擇。他問我們：一個像查爾斯·曼森或柯瑞西（David Kores，（譯註：異端邪教領袖）等級的瘋子，可以對祂的追隨者與世界，產生這麼大衝擊的機率有多大？但是，如果耶穌不是一個瘋子，那我們唯一的選項，就是去接

受祂的宣告，並且將我們整個生命以祂為中心。我們最沒有權利去做的一件事，就是去對祂不冷不熱地回應。

歐康娜在她的小說《好人難遇》（A Good Man Is Hard to Find）中也有相同的觀點。書中這個脫序者是一個綁架了南方郊區一個家庭的匪徒。一家之長的老奶奶嘗試與他聊聊有關於禱告、教會與耶穌，希望藉此讓他不要殺她。但這個綁匪卻回答：

耶穌⋯⋯就是祂讓一切都失去平衡的。如果祂真的做了祂所說的，那你除了拋下一切來跟隨祂之外，就沒有什麼其他好做的；但如果祂沒有做到，那你最好享受這剩下的幾分鐘生命，最好的方式是殺掉某人、燒掉他的房子，對他做些壞事，沒樂趣但很壞的事；除此之外，你也沒有什麼好做的。

歐康娜曾經評論這一段，這位綁匪才真的瞭解耶穌這種「全有或全無」的意涵。她說：「這個故事是關於某種對比：老奶奶與她膚淺的信仰，對照於綁匪那比較深層與耶穌行為有關的感受，就是這樣的感受，讓這綁匪的世界失去了平衡。①」歐康娜自己也感受到這樣的壓力：只說你相信耶穌是沒用的，除非你讓祂來改變你的生命，並影響你看每件事物的觀點。「除非在我們真實生活中，有個被救贖的理由，否則救贖本身是無意義的。」歐康娜在一篇論文中寫道：「我從基督教正統教義的論點看到這事；這代表對我而言，生命的意義，是圍繞在基督對我的救贖，當我看世界，我看到的也是這救贖與萬事萬物的關係。②」

博諾與歐康娜是兩種極端不同性格的人，但這兩人都感受到耶穌宣告的強烈意涵。基督徒是那些讓耶穌的真實，來改變自我每件事的那些人，這決定了他們是誰？他們如何看待事物？以及他們如何生活。

生命盤點

或許博諾與歐康娜的挑戰，讓你倒吸了一口氣。如果你對基督教越來越佩服，也越來越有興趣，但還不想作出這麼重大的承諾，你該怎麼辦？你可能感受到，在你與基督信仰之間，還是存在著障礙。

如果這正是你的景況，請不要停在這裡，就此希望你的感覺會自動改變，而這些障礙也會自動消除。做一個盤點，來辨識讓你還存有疑慮的特定原因吧！下述這些問題，可能對你的這個過程會有幫助。

‧**內涵的問題**：在基督教信息中，有哪些部分——創造、罪、耶穌是上帝、十字架、復活——是你所不瞭解或不認同的？

‧**統合的問題**：是不是還存有些對基督信仰的疑問與反對，是你內心中解不開的？

‧**成本的問題**：你是否以為，進入一個全面的基督信仰，會讓你付出某些高昂的代價？對於這樣的承諾，你所恐懼的是什麼？

你可以列出一個像這樣的條列表，去分析並辨識攔阻你全力投入的障礙，但別只靠你自己去做這事。幾乎所有的事情——從一種新的語言，到一種新的技能——最好都能投身在其他人組成的社群中來學習，這社群是由每個處在不同朝聖階段的人所組成的。花些時間在一個基督教會裡，與它的成員一起參加崇拜與團契，與基督徒交談，聽聽他們是如何處理自己的疑惑的。

最重要的是，記得成為基督徒並不是填寫一份相信或不相信的問卷。在馬太福音第十一章，耶穌呼召我們：「凡勞苦擔重擔的人，可以到我這裡來，⋯⋯你們當負我的軛，學我的樣式；⋯⋯因為我的軛是容易的，我的擔子是輕省的。」曾經有人對牧師說，他樂於成為基督徒，只要牧師能給他一個對基督教真實性，完美無瑕的論點。這位牧師回答：「若是上帝並沒有給一個完美無瑕的論點，但是給了一位完美無瑕的人，你覺得如何？③」耶穌所說的：「我就是那個人，來到我這裡吧！看看我是誰，看看我的十字架，

看看我的復活;沒人能夠假造這些!來到我這裡,你會為你的靈魂找到安息。」

到了最後,當你對耶穌瞭解越多、越知道祂是誰,又做了什麼,你的信心與確定,就會隨之成長。

在此時點,或許還會有一個許多人覺得,不如你想得那麼難處理的障礙:紐約市充滿那些在不同教會中成長或受洗,但後來在十來歲或大學放棄信仰,從此也多年未想過信仰的人;然後,某件事情讓他們重回屬靈追尋的模式,他們重新研究基督信仰的根本,才發現自己以前好像從來沒有真正瞭解過它,對於我這個牧師而言,他們的問題是:「我不知道自己是否已經是一個基督徒,我到底是重新回到信仰?還是第一次去發現它?」答案很簡單——我不知道,而這也不重要。不管是第一次與上帝連結,或者是重新與上帝連結,你都一樣需要做兩件事,這兩件事是什麼呢?

採取行動

你要做的第一件事是悔改。這不是一個聽來很高雅的字詞,但你避不開它。開始與上帝有一個新關係的悔改,並不是條列勾選你覺得抱歉或要改變的罪惡;別誤解我:如果你正在欺壓窮人或欺騙配偶,而你想要信上帝,那麼無論如何請先停止這些事,一位基督徒應該要愛護窮人並對其婚約誓言忠貞。但僅僅是這些行為上的改變,並不足以讓你成為基督徒;很多世俗之人,都是社會上與個人上有道德的,但他們沒有透過耶穌,建立與上帝的關係。悔改絕對需要對個人的罪感到抱歉,但它的意義比這更深廣。

真正能夠改變你的心、改變你與上帝關係的悔改,開始於認知到自己的罪:在眾罪的底層,是你想要去自我救贖的老我。正如你在第九章與第十章所看見的,無論是在我們的壞行為或好行為中,我們都想成為自己的救主與

主宰，我們自有另類的信仰與「神」——即便我們並沒有稱之為信仰與神。我們想透過道德的良善或成就或家庭或事業，來證明我們自己。縱使是勤奮地投入教會或宗教，若是像過去所認為，這樣可以讓上帝或他人欠我們，這種心態也是要悔改的。

可見，悔改是承認那些除上帝以外，你所曾經倚靠來滿足你的希望、成就與安全感的事物。這表示我們不僅要對我們做的錯事悔改（像是欺詐或說謊），而且還要對我們好行為底層的錯誤動機悔改。

你要做的第二件事是相信基督。對基督信仰明確的內涵是：你必須相信祂所說祂自己是誰的宣告、相信我們需要救恩、相信祂在十字架上確保了救恩，而且祂也從死裡復活。然而，改變生命的基督信仰，不僅僅是用你的理智去相信這些，它還有更深的意義。

改變生命的信仰以及與上帝連結，最好的表達方式是「信任」這個字。想像你在一個高高的懸崖上失足，開始向下滑落，這時在你身邊，正好有一棵小樹枝伸出在懸崖邊上，它是你唯一的希望，也夠強韌可以支撐你的體重，它要怎麼救你？如果你的理性確定它可以支撐住你，但卻沒有實際上伸手去抓住它，你一定會摔下去；如果你的心中，對這樹枝是否能撐住你，充滿疑問與不確定，但無論如何還是伸手去抓住它，你會獲救。為什麼？因為真正能救你的，不是你信心的強度，而是你信心的對象。對一個弱小樹枝的強大信心，遠比對一個強韌樹枝的弱小信心，還要致命。

這表示你不需要等到所有的疑問與恐懼都去除後，才能緊抓住基督。請別錯以為你必須放棄所有疑慮，才能來與上帝相會，這樣會把你的信仰，變成另一種靠自己得救的方式。想要努力去增進信仰承諾的品質與純度，終究會變成一種想要靠己力得救，也想讓上帝欠你一些的那種信仰；請記得，我們的救恩，在乎耶穌基督為我們所做的，而不在於你心靈信心的深度與純度。

可見，信心始於你要去認知並拒絕自己的另類信仰與神，然後轉向天父，以耶穌基督所做的為基礎，尋求與上帝的關係，而非靠你自己的道德努力或成就。我所熟識的幾位年輕人，用下述方法，採取了他們信心的行動，他們這樣禱告：

天父，我一直相信祢與耶穌基督，但我心中最根本的信任，卻是放在別處──在我自己的能力與正直上，但這只是讓我遭到困難。今天，我將自己所知的心思意念交在祢手中，我把我的信任移轉到祢身上，並且請求祢接收並接納我，不是因為我所做的任何事，乃是因為耶穌為我所做的每一件事。

這樣，一個一生之久的程序，由此展開，透過在生命中每一領域的持續改變，福音的故事會不斷地修正我們。

群體承諾

當人們問我：「我要怎麼才能真正成為一位基督徒？」我通常說：「要做到兩件事，還有一個第三件事。」那兩件事──悔改與信心──我剛才講過，但還有另一件重要的事。那為何不說其實有三件事呢？我比較喜歡說「兩件事與第三件事」，因為這第三件事與前面那兩件對照時，對你而言，是不一樣的第三件事。

成為一位基督徒，同時有個人方面與整體方面兩個層次。西方文化的人們，低估他們其實是其家庭、社群與文化的產物，而非僅僅是一個個人的選擇。因此，悔改與信心，要建立在個人與共同體的基礎之上，我們如此做，是當我們個人在禱告中親近上帝（如同在前述的例子中），同時也要公開宣告與上帝的關係，並成為教會的一部分。

路加福音告訴我們，耶穌是在同樣被處死的兩個強盜中間被釘死的。其中一個對耶穌加以辱罵，但另一個卻對他說：「我們受罰是應該的，因我們

所受的與我們所做的相稱，但這個人沒有做過一件不好的事。」在這樣狀況下還能這麼說，是一件了不起的洞見，這個賊認識到耶穌是無罪的，是為罪人受死的，於是他轉向耶穌說：「耶穌啊，祢得國降臨的時候，求祢記念我！」他正是把所有的信心與希望，寄託在耶穌身上，相信祂會帶來一個新的國度，一個新天與新地。當他把信心放在基督身上時，耶穌安慰他說：「我實在告訴你，今日你要同我在樂園裡了。」（路加福音：23章41-43節）

我重述這一段，是因為這個故事清楚顯示，一個人在將個人的心交給上帝那一刻就屬於基督；但是新約聖經中的每件事都顯示，基督徒應該要在人前確定並信守這個個人的承諾，透過公開的受洗行動來成為教會的一部分。我們的心是一個難駕馭的東西，要確保我們將衷心的信仰建立在耶穌，而非其他事物之上，我們需要後續的關注，並加入一個信徒的群體。

我明瞭很多人對基督教主要的問題不在耶穌，反而在教會上面。他們不要被告知，要成為基督徒並活出基督徒生活，他們必須要找到一個能夠成長的教會；他們過去可能有許多不好的教會經驗，這我完全瞭解。整體而言，我認為去教會的人可能在心理上與道德上，比不去教會的人更為軟弱，這沒有什麼好意外的，就好像事實上去看醫生的人，整體而言，比不去看醫生的人更為病態一樣。教會自然而然會吸引較高比例有需要的人，但教會中也會有許多生命被翻轉、充滿基督喜樂的人存在。

因此耶穌基督的教會，就好像個海洋，它是巨大而多元的。就如同海洋中有溫暖清淺的水域，也有著暗黑寒冷的水域；有些地方你可以毫無危險地進入，但也有些地方，會立刻吞噬並殺了你。我知道告訴讀者，他們應該尋求哪一種教會是一個何等危險的建議，我不輕易對此建議，而且，我請求他們要在絕對小心的狀況下去抉擇。但此事並無替代方案，你不能在沒有一群基督徒朋友、沒有一個找到自我定位的信徒家庭的狀況下，過你基督徒的生

活。

恩典的創傷

當人們問道:「我要如何成為一位基督徒?」時,給出一個明確的答案是重要的,但若給人一種印象,以為尋得上帝基本上是一種技巧、一種存乎於自我的行動,卻也是危險的。雖然,我們應該非常主動去尋找上帝,耶穌祂自己就呼召我們要去「要求、尋找、敲門」,才能發現祂;然而,那些進入與上帝關係中的人,卻不免回顧也認知到,事實上是上帝的恩典來找到他們,破碎他們,以至於他們能敞開地面對新的真理;然後,在你無法預知的方式下,你自己那墮落本質的現實,與上帝強烈的恩典之間,就這樣有了突破;要瞭解你所有想要做得好或快樂或真實的努力,都成為問題的一部分;在茅塞頓開之下,你開始用全然不同的角度看事情,但你卻永遠不知,這是如何發生的。我可以用上百位知名人物的屬靈自傳來證明這事,比如說聖保羅、奧古斯丁、馬丁路德,約翰衛斯理或在我會眾裡,上千件生命改變的見證;但我最喜歡的恩典創傷例子,是歐康娜在她短篇小說《啟示》(Revelation)中的一篇描寫。

故事開始於一位醫生的診所中,特平夫人(Mrs. Turpin)與她先生克勞得(Claud)正與其他人在候診。這時特平夫人用上下打量旁人的方式來打發時間,她感覺自己實質上比所有的人都優越──無論在種族上、階級上、身體型態上或是氣質上──而這正是診所裡候診人之間所呈現的。她是非常自命不凡而且自以為義的,努力要讓別人也如此相信。歐康娜技巧地勾勒出特平夫人對他人的主觀論斷,讓我們覺得不自在地熟悉。

特平夫人開始與另一位帶了女兒的婦人交談,這女兒名叫瑪麗・葛麗絲(Mary Grace),當時正在閱讀一本書。當她談論時,特平夫人顯現出極

度的自滿，以及比別人高一等的論斷語言。在一旁的瑪麗・葛麗絲雖然沒說話，卻在這女人不斷的誇口之下，開始不悅地沈下臉。最後，特平夫人提高音調說：

「如果說我有什麼優點的話，那就是『感恩』了！每當我思想，除了我這現況之外，我可能會變成的樣子，以及我所得到的一切，我就忍不住要大叫：『耶穌，感謝祢，把每件事都造成這個樣子！』但事情有可能是不一樣的！……喔，謝謝祢，耶穌，謝謝祢！」

就在這個時刻，瑪麗・葛麗絲終於忍不住爆發了，她把正在讀的書（書名是《人性發展》，Human Development）扔向特平夫人，正好打中她的眼睛；她跳過桌子，用雙手掐住她的喉嚨，開始勒住她的呼吸；瑪麗・葛麗絲的癲癇發作了，當其他人趕快制止她時，由震驚中回神的特平夫人靠近她質問：「你要跟我說什麼？」特平夫人嘶啞著喘息，摒住呼吸，好像在等待一個啟示。在某個層次，她正在要求對方要給她一個道歉；但在另一個層次，她開始瞭解到，這個女孩是上帝恩典的信差。瑪麗・葛麗絲抬起頭來，對她說：「回到你原來的地獄，你這個老疣豬！」

這個啟示已經傳達給它的標的了，但是特平夫人現在必須根據這啟示來改變她的世界觀。這一天較晚的時候，她獨自在她的養豬場中思考：「為什麼祢要送這樣一個信息給我？」她對上帝咆哮：「我怎能同時又是疣豬，又是一個完美的我？我怎能同時又被拯救、又是身在地獄？」數世紀前，馬丁路德經由一個比較沒這麼創傷性的方式發現，上帝是透過恩典來拯救，而非透過人的好行為來拯救；他瞭解基督徒既是正直而被接納——在基督裡，單單靠祂的恩典；但也是一個罪人，是一個來自地獄、被救贖的疣豬。

然而，特平夫人一開始，就像馬丁路德一樣，是抗拒上帝恩典啟示的。「為何是我？」她低聲抱怨：「在這附近，無論黑人白人這些人渣，我沒有不曾幫助過的；我每天如此努力、幾乎累壞背脊地工作；也為教會服事，如

果你比較喜歡人渣，為何不自己去找那些人渣？我有哪一點像他們？⋯⋯我也可以不工作，讓自己舒服過日，弄得髒兮兮的。」她繼續埋怨：「我可以窩在走道上一整天，喝著麥芽汁，吸著鼻煙，然後吐痰在水坑裡，沾得滿臉都是口水，我也可以盡量使壞。」在最後，一陣憤怒襲上心頭，於是她對上帝大叫：「你以為你是誰？」

此時，太陽落下，她看見天空中一抹紫色條紋。

一道夢幻的光芒閃耀在她眼中。她看見，⋯⋯一座巨大的吊橋，由地表經過一片火海向上延伸；在橋上大隊的靈魂正湧向天堂；他們是一整個大隊的⋯⋯人渣⋯⋯由怪物與神經病組成的大軍，正像青蛙一樣叫喊著、拍著手與跳躍著。〔但在〕隊伍的最後有一小群的人，她一眼就辨認出來是哪些人，就像她自己與克勞得，那些始終在每件事上都擁有一些，也有著上帝給的智慧，來正確利用這些東西的人。⋯⋯他們排在那些人渣的後面，滿懷著尊嚴與負責任態度地昂首邁進，正如他們向來所具有的好秩序、有常識且有可敬的行為，他們自己自成一格。但是她可以看見，他們那種震驚與變臉，這讓他們連原有的美德也被銷毀了。⋯⋯此時，這個夢境消失了，⋯⋯在她身旁的林地裡，看不見的蟋蟀合唱驚然響起，但她聽到的，卻是那些排在前面的靈魂，奮力爬向天際的聲音，並且高唱哈利路亞④。

這是多麼激進的想法！那些「怪物與神經病」，竟然可以比這些道德高尚的一小群人，更早進入天堂？但是耶穌也說過同樣的事，祂對當時那些震驚的宗教領袖宣告說：「我實在告訴你們，稅吏和娼妓倒比你們先進神的國。」（馬太福音：21章31節）

如果到此末了，你因為讀了書而希望能得到信仰，但終究還是沒能得著，怎麼辦呢？作家艾普斯坦（Joseph Epstein）曾經承認，他羨慕那些有智識與深度信心，可以讓他們看穿最黑暗危機的人，特別是，他對於歐康娜的基督信仰，如何讓她在面對紅斑性狼瘡早死威脅時，能夠毫無抱怨或恐

懼，感到佩服。但是，最終他結論：「信仰上的羨慕歸羨慕，但是你也不能做些什麼，最終，每個人都要安靜承受他所做的選擇。⑤」我欣賞艾普斯坦對信仰神祕的尊重，這不是一件可以透過技巧自己創造的事；然而，真的不能做些什麼嗎？

　　在我教會中一位婦女，在經歷人生最黑暗的階段時，抱怨她不斷重複地禱告：「上帝，讓我尋見祢。」但卻沒有任何結果。一位基督徒朋友，建議她不妨把禱告改變成：「上帝，請祢來找到我。畢竟，祢是那好牧人，要來尋找失喪的羊。」當她回顧這一段時，她結論道：「讓我能在此告訴你這個故事的唯一理由是──祂真的找到我了！」

感謝

謝謝在救贖者長老教會裡的會眾與領袖們，特別是這些年來我所遇到的許多人，無論是那些來諮詢的、在掙扎中的，或是批評的人。這本書，不過是我從他們身上學到東西的一本紀錄。謝謝Jill Lamar對我寫作長期以來的鼓勵與支持，也要謝謝David McCormick，一位很棒的經紀人；Brian Tart，一位絕佳的編輯；Nathaniel Calhoun, Jennifer Samuels, David Negrin, Lynn Land, Jim and Susie Lane, Janice Worth, 與Nicole Diamond-Austin, Round Robin 婦女會，及其配偶，還有我的三個兒子——David, Michael, 與Jonathan——在我寫書的過去四年間，給予我這麼多的支持，以及這麼多絕佳的建議。

我也要深深感謝，對於塑造我基督信仰基礎影響最大的三個人，他們依序是我的妻子凱西（Cathy）、英國作家路易斯（C. S. Lewis），以及美國神學家愛德華茲（Jonathan Edwards）。

路易斯的話語幾乎在每章中都出現，若不承認我對信仰的想法中，有多少是來自路易斯的，是一種錯誤。愛德華茲的話語出現得比較少，因為他給我的是可以被稱為我的「神學」的基礎。無論如何，路易斯與愛德華茲的思想，在本書中出奇地和諧與互補，舉例而言，第十四章中與上帝共舞的部分，就是出自於兩人的神學思想。

我的妻子凱西在書中沒有被引用，然而她卻是本書作者信仰與思想的主要作者。是她領我到路易斯、愛德華茲，以及改革宗神學（Reformed theology）；她也教我禱告、社會公義、以及城市的重要性。當你對某人的世界與生活觀有根本的重要性時，你得到的是在文末的感謝，而不是在引用的附註中；我將本書付梓的主要原因，是因為她喜歡這本書。「來自值得讚美之人的讚美，就是超乎一切的獎賞。」

全文完

附註

前言

① 詳見在The George Barna Group的報告 "One in Three Adults Is Unchurched" （March 28, 2005）。在歐洲，去教會的人數跌落的更加明顯，而英國的教會參加率則在歐美之間。參見Grace Davie所寫，收錄在Peter L. Berger編撰的文集*The Descularization of the World: Resurgent Religion and World Politics*（Eerdmans, 1999）中的文章 "Europe: The Exception that Proves the Rule?"；以及Peteer Brierly所著*The Tide Is Running Out*（Christian Research, 2000）.

② Ross Douthat, "Crises of Faith," *The Atlantic Monthly,* July/ August 2007.

③ George Marsden, *The Soul of the American University: From Protestant Establishment to Established Non-belief*（Oxford University Press, 1999）.

④ 資料來源：Peter Berger 在the Pew Forum Faith Angle Conference 發表的 "Religion in a Globalizing World", December 4, 2006, 於Key West, Florida. 內容可於下列網址取得：http://pewforum.org/events/index.php?Event ID=136. 也見於Douthat所著 "Cries of Faith," *The Atlantic Monthly*（July/August, 2007）. Douthat選取了Berger所引的相同資料，顯示與一般普遍的印象正好相反，當美國還在被宗教與世俗兩者所分裂時，歐洲正漸漸變得更加宗教虔誠；他說這兩個趨勢，都代表正在進行中的文化與政治衝突，以及雙方陣營中的極端化傾向。

⑤ "Defending the Faith," by Douglas Groothius, *Books and Culture*（July/August 2003）:12. See Quentin Smith, "The Metaphilosophy of Naturalism," *Philo* 4, no.2 at www.philoonline.org/library/smooth_4_2.htm. 時至於今，基督徒組織the Society of Christian Philosophers（創立於1978），包含了在那國家中高於10%的哲學教師與教授。更多相關資訊也可見於K. Clark，*Philosophers Who Believe*（Oxford University Press）.

⑥ "One University Under God?" *The Chronicle of Higher Educa-tion: Careers,* January 7, 2005.

⑦ 若要更佳的審視這部分，請詳閱前述Peter Bergerled在Pew Forum中發表文章的全文。

⑧ "A New Jerusalem," *The Economist,* September 21, 2006.

⑨ 通常一般人接受的一個「事實」，至少要符合下列兩個條件之一：a）這件事對於所有一般人，實質上已是不證自明的（例如：「路上有一塊石頭」）；或者b）這件事並非不證自明，但可以透過科學加以證明。如果我們所堅持的某些事物，是不能經由上述兩者來顯示或驗證的，那它就是一種「信仰」、或者是一種信心的行為。

⑩ 關於為何我們都是「信徒」一事，一個清楚的結論可見於Christian Smith, "Believing Animal," *Moral Believing Animals: Human Personhood and Culture*（Oxford University Press, 2003）.

⑪ 在救贖者教會中，每年復活節都請會眾分享他們的個人信仰經歷。在2006年的復活節，出了一版這些經歷的精選集，本書的引用已經得到許可。

第一章──不可能只有一種唯真的宗教

① 在每一章開頭的一段引述，是來自於一份對二十幾歲紐約年輕人的電子郵件問卷，受訪者被問到有關於他們對基督教主要的疑問與反對。我在文中改變了受訪者的名字。這部分要感謝Nicole Diamond-Austin 在這份問卷訪問的設計與執行。

② 近期由Richard Dawkins, Sam Harris, Daniel Dennett, 與Christopher Hitchens 等人所激起的反宗教暢銷書熱潮，並不建議將信仰明文制止，這是因為他們並不認為這種策略會有效果。他們主要是希望將信仰加以深深的譴責、調侃、以及正式變成私人領域的事物，這樣信仰才會被弱化並且被邊緣化。

③ Alister McGrath, *The Twilight of Atheism: The Rise and Fall of Disbelief in the Modern World*（Oxford University Press, 2004）, p. 230. See also pp. 187, 235

④ 許多二十世紀中葉知名的思想家，相信在他們孫子輩到了老年的時期，大多數他們時代的宗教，都會式微或衰亡。舉個例子：一個人類學家在1966年就寫道：「未來宗教的演化將會是滅絕。……對於超自然力量的信仰必然會凋亡，全世界皆然。這都是因為科學知識的日趨充足與擴散所致。」見A. F. C. Wallace, *Religion: An Anthropological View*（Random House, 1966）, p. 265.

⑤ 社會學家對於世俗化理論的信仰背離，可見於Peter L. Berger, ed., *The Desecularization of the World: Resurgent Religion and World Politics*（Eerdmans, 1999）.

⑥ 對於基督教在非西方世界的成長，詳見Philip Jekins, *The Next Christendom*（Oxford University Press, 2002）, and Lamin Sanneh, *Whose Religion Is*

Christianity?（Eerdmans, 2003）.
⑦ Joe Klein, "Because I Promised and You Seemed So Darn Curious ……" on the Time magazine blog, March 7, 2007. Accessed that date at http://time-blog.com/swampland/2007/03/ because_i_promised_ and_you_see.html.
⑧ Lesslie Newbigin, *The Gospel in a Pluralist Society*（Eerdmans, 1989）, pp. 9–10, 170.
⑨ Peter Berger, *A Rumor of Angels: Modern Society and the Rediscovery of the Supernatural*（Doubleday, 1969）, p. 40.
⑩ 確實有許多有深度的批判，顯示相對主義（Relativism）在本質上，確實是自我矛盾與自我反駁的。舉個例子，見H. Siegel, *Relativism Refuted: A Critique of Contemporary Epistemological Relativism*（Dordrecht: D. Reidel, 1987）. 有一個非常有影響力的觀點，宣稱「真理」只存在一個特定的信仰框架中，因此每個看似對立的信仰，其實都是一樣好的，因為並沒有一個超越所有框架的標準，讓我們可以在不同的真理宣告之中，作成裁決的宣判。對於這種觀點，更為後現代化的一種版本，是宣稱真理是「受語言支配的」，每個真理宣告，不過就是存在於特定語言學社群中的某種看法與說法罷了。然而，如同Siegel指出的，把所有的真理宣告，都解釋成受語言支配、僅是存在其自我語言社群的觀點，本身就是一種靠著語言詭辯，而想要運作於所有社群的觀點；確切而言，其本身也是一種對於人類狀況的強烈宣告。相對主義者本身對事物的觀點，並沒有賦予其權力，去做這種排他性的宣告；而相信這觀點的人，其實正在做著，他們禁止別人去做的事。「於是……相對主義不能在不自我挫敗的情況下，去宣揚它自己，或甚至確認它自己。」（p. 43）
⑪ Alvin Plantinga, "A Defense of Religious Exclusivism," in *The Analytic Theist,* ed. James F. Sennett（Eerdmans, 1998）, p. 205.
⑫ John Hick, *The Myth of God Incarnate*（Westminster, 1977） and *An Interpretation of Religion*（Yale University Press, 1989）. For a much more extensive answer to Hick than I give here see Peter Van Inwagen, "Non Est Hick," in *The Rationality of Belief and the Plurality of Faith,* ed. T. Senor（Cornell University Press, 1995）.
⑬ 對於這個觀點的一個精闢闡述，可見於Stanley Fish's "The Trouble with Tolerance" in the November 10, 2006, issue of the *Chronicle of Higher Education.* 也見於一本書評：Wendy Brown's *Regulating Aversion: Tolerance in the Age of Identity and Empire*（Princeton University Press, 2006） 她的觀點（Fish的亦同）是：西方觀念中「對所有觀點的容忍」，本身就對於真理存有一套特別

的假設，這套假設被用來作為標準，檢視社會中哪些人會被容忍，哪些人不被容忍。Fish說我們的社會自有其一套神聖、不容質疑的信仰，像是「選擇的崇高性」等。Brown and Fish堅稱許多原來歷史、傳統的信仰原來是確立的，只因為我們自由的西方社會，賦予它們新的建構意義，反而變成「不被容忍的」。「它假設人們會做某事，並不因為他們相信如此，而是因為他們是猶太人、回教徒、黑人、或同性戀者。……而這些人是不受理性訴求的。」因此，任何宗教若將其真理置於容忍之前，就會被認為是對其內部文化的「過份依賴」，也不再是理性的了。「一旦一個群體拒絕將容忍當作是最高指導原則，轉而訴諸於教會或種族的文化規範時，它就變成一個空有容忍之名的不容忍群體。」

⑭ C. John Sommerville, *The Decline of the Secular University*（Oxford University Press, 2006）, p. 63.

⑮ Mark Lilla, "Getting Religion: My Long-lost Years as a Teenage Evangelical," in *New York Times Magazine* September 18, 2005, p. 95.

⑯ Robert Audi, "The Separation of Church and State and the Obligations of Citizenship," *Philosophy and Public Affairs* 18（1989）: 296; John Rawls, *Political Liberalism*（Columbia University Press, 1993）, pp. 212–254.

⑰ On February 28, 2007, this document could be accessed at http://www.cfidc.org/declaration.html.

⑱ Richard Rorty, "Religion as a Conversation- Stopper," *Philosophy and Social Hope*（Penguin, 1999）, pp. 168–169.

⑲ See Richard Rorty, *Consequences of Pragmatism*（University of Minnesota Press, 1982）pp. 166–67.

⑳ Stephen L. Carter, *The Dissent of the Governed*（Harvard University Press, 1999）, p. 90.

㉑ 舉例而言，Linda Hirshman認為女人將扶養孩子視為優先，而拒絕將自身置於外面的世界，是錯誤的，既使這樣做是她們自由、自發性的選擇。「家庭——有其反覆的、社會上隱形的、實質的工作——是生命中必要的一部份，但與外面的領域如市場或政府相較，它只提供較少的機會，讓一個人去發展其完全的人性。家庭這個較不外展的領域，並非是女人自然或道德的責任。……女人將家庭承擔於自我，……是不公義的。（"Homeward Bound," in *The American Prospect* 16, no. 12（December 2005）. 請注意她的論點是基於「人類繁榮」，但這件事是永遠無法實證證明的。它的根基是建立

在對人類尊嚴與社會發展的觀點上的，表面上這是一種世俗觀點，但當然是無法證明、並有爭議的，所以最終還是繫於一個人信仰假設的世界觀，David Brooks挑戰Hirshman的觀點：「（她主張）高薪工作比親職更有益於人類繁榮。審視看看你的生命，哪種回憶讓你比較珍惜？是在你家中的，還是在你辦公室中的？」詳見" The Year of Domesticity," *New York Times,* January 1, 2006.

㉒ Gary Rosen, "Narrowing the Religion Gap?" *New York Times Sunday Magazine,* February 18, 2007.

㉓ This interchange is adapted from C. John Sommerville, "The Exhaustion of Secularism," *The Chronicle Review*（June 9, 2006）.

㉔ Michael J. Perry, *Under God? Religious Faith and Liberal Democracy*（Cambridge University Press, 2003）, p. 44. 然而，Perry 正確地指出，在一個自由民主的社會中，具有宗教基礎的公共論點必須是「慎重的」，而不能只是「教條的」。也就是說，主張者必須能就接納批判，或者回應批評，由而去闡述、辯論、並極力尋求讓自己的觀點，在對立的那方看來，更有說服力。

㉕ See Perry's Chapter 3: "Why Political Reliance on Religiously Grounded Morality Is Not Illegitimate in a Liberal Democracy" in *Under God?* above.

㉖ See John Witte, Jr., "God's Joust, God's Justice: An Illustration from the History of Marriage Law," in *Christian Perspectives on Legal Thought,* M. McConnell, R. Cochran, A. Carmella, eds.（Yale University Press, 2001）, pp. 406–425.

㉗ Stanley Fish, "Our Faith in Letting It All Hang Out," *New York Times,* February 12, 2006.

㉘ Miroslav Volf, "Soft Difference: Theological Reflections on the Relation Between Church and Culture in 1 Peter," *Ex Auditu* 10（1994）: 15–30.

㉙ 見C. S. Lewis's appendix, "Illustrations of the Tao" in *The Abolition of Man*（Macmillan, 1947）. Lewis 的觀點是，在各宗教間，關於道德有著明顯的重複同質性——這是有關於我們應該如何生活在世上的觀點。宗教間尖銳的差異，存在於另一個領域——「救世論」。各個宗教在如何與上帝連結、以及如何得到生命中屬靈的力量這些問題上，確實有著不同的指引。

㉚ 這樣的論述可能會讓某些讀者訝異，因為他們聽說那些較古老的宗教與異教，對女性還比基督教更正面。然而，在希臘羅馬世界裡，因為女性在社會中低落的地位，將新生的女嬰拋棄致死是極端普遍的，但教會禁止它們的會眾如此行事。希臘羅馬的社會裡，認為未婚的女性是沒價值的，因此一個寡

婦若在守寡兩年內還未再婚，就是違法的。但基督教是第一個不強迫寡婦再婚的宗教，她們在經濟上被教會支持，在尊嚴上也被基督徒社群肯定，所以如果她們不想再婚，也可以不必承受社群中巨大的壓力。異教的寡婦在再婚時，會喪失掉其前夫的財產繼承權，但教會允許其寡婦，繼續持有前夫的產業。最後，基督徒不同意同居，如果一個基督徒男人要與一個女人生活，他必須要先與她結婚，這給予女性更大的保障。此外，異教在男女之間有著雙重標準，一方面允許結婚男性可以有婚外性行為，而另一方面，卻對女性的外遇嚴格禁止。在這些方面，基督徒女性享受著比起周遭文化女性，更大的安全保障與平權。詳見Rodney Stark, *The Rise of Christianity*（Harper, 1996）, Chapter 5: "The Role of Women in Christian Growth."

㉛ 對於基督教如何因其在同情與正義上的實踐，比其他更老宗教與異端優勝的觀點，可以在下述書中找到很好的結論：Rodney Stark, *The Rise of Christianity*（Harper, 1996）, Chapter 4, 6, 7.

第二章──一個良善的上帝怎能容許苦難？

① 此一論點最典型的出處見於David Hume in *Dialogues Concerning Natural Religion,* ed. Richard Popkin（Hackett, 1980）.「伊比鳩魯的老問題還是沒有得到解答：若『上帝』有意願去防止邪惡卻無法做到，那祂是無能；若祂有此能力卻不願為之，那祂是惡意。若祂既有能力又有此意願，那邪惡之事又怎會發生？」（p.63）

② Ron Rosenbaum, "Disaster Ignites Debate: Was God in the Tsunami?" *New York Observer,* January 10, 2005. Of course Mackie was only articulating a very ancient question, from Epicurus through David Hume. See note 1 above.

③ W. P. Alston, "The Inductive Argument from Evil and the Human Cognitive Condition," *Philosophical Perspectives* 5:30–67. See also *The Evidential Argument from Evil,* Daniel Howard-Snyder, ed.,（Indiana University Press, 1996） for an extensive survey of the a-theological argument from evil.

④ Mackie的論點總結是基於Daniel Howard-Snyder 的論文" God, Evil, and Suffering," in *Reason for the Hope Within,* ed. M. J. Murray（Eerdmans, 1999）, p. 84. Howard-Snyder 的文章本身是一篇極佳的的總結論文，顯示在當下哲學家中，為何無法只因為有邪惡與苦難的存在，就可以強力主張上帝不存在。

確實，Mackie的書（1982）可能是這方面論點的最後一本鉅著。
⑤ 對於罪惡的問題，有關「吸血蠓蟲」（no-see-um）比喻的相關論點可見於 Alvin Plantinga, *Warranted Christian Belief*（Oxford, 2000）, pp. 466-467. See also Alvin Plantinga, "A Christian Life Partly Lived" in *Philosophers Who Believe,* ed. Kelly James Clark（IVP, 1993）p. 72.
⑥ C. S. Lewis, *Mere Christianity*（Macmillan, 1960）, p. 31.
⑦ Alvin Plantinga, "A Christian Life Partly Lived," *Philosophers Who Believe,* ed. Kelly James Clark（IVP, 1993）, p. 73.
⑧ William Lane, The Gospel According to Mark（Eerdmans, 1974）, p. 516.
⑨ Ibid, p. 573.
⑩ Jonathan Edwards 結論道：「基督在十架上身體所承受的痛苦，……只是祂最終受苦的微小部分，……如果祂所承受的痛苦只是來自於肉體，雖然這已經非常可怕了，我們還是不能理解，為何只是想到這樣的痛苦，就可以產生讓基督卻步的效果。許多受難的烈士，都曾經像基督一樣，歷嚴酷的身體苦刑，……但他們的靈魂卻沒有被擊垮。」詳見" Christ's Agony," *The works of Jonathan Edwards,* vol. 2 E. Hickman, ed.（Banner of Truth, 1972）.
⑪ 在神學的歷史中，曾有許多對於永恆上帝是否真有「熱情」、是否能經歷快樂、痛苦、與憂傷的爭論，在上帝「無知覺」論點的這一派，堅信聖經中有關於上帝情緒的描述，只是修辭學的用法；但其他人，如同Jurgen Moltmann（*The Crucified God*）強力主張上帝的「知覺」。比較平衡的論點見於Don Carson, in The Diffcult Doctrine of the Love of God（IVP. 2000）, pp.66-73. Carson一方面認為上帝確實經歷憂傷與痛苦，但另一方面，卻以謹慎的評論與平衡的主張，來護衛這樣的立場。
⑫ Essais（Gallimard, 1965）, p. 444. Translated and quoted by Bruce Ward in "Prometheus or Cain? Albert Camus's Account of the Western Quest for Justice," *Faith and Philosophy*（April 1991）: 213.
⑬ J. R. R. Tolkien, "The Field of Cormallen," *The Return of the King*（various editions）.
⑭ 這可能是為何George MacDonald 能夠說：「我們不知有多少我們生命中的快樂，是來自於交互糾結的哀傷。快樂『本身』無法揭開最深層的真理，雖然最深層的真理中，必然含有最深層的快樂。」*Phantastes: A Faerie Romance*（Eerdmans, 1981）, p. 67.

⑮ Fyodor Dostoevsky, The Brothers Karamazov, Chapter 34. 我認為應該說杜斯妥也夫斯基並沒有說可以去將邪惡合理化。比起不作為，邪惡的發生可以被上帝用來引致更大的良善，然而它本身無論如何還是惡事，因此不能被推諉，其本身也不能被合理化為良善。

⑯ C. S. Lewis, *The Great Divorce*（Macmillan, 1946）, p. 64.

第三章——基督教是件緊身衣

① M. Scott Peck, *The People of the Lie: The Hope for Healing Human Evil*（Simon and Schuster, 1983） Chapter 4, p. 168. Peck 用Charlene做為例子，說明心理的不健康之所以能侵蝕一個人，最重要的關鍵繫於那人內在需要與渴望的滿足。文中說：「心理健康必須建立在人類願意把自己，臣服於比自己更高的某些事物之下，要在此世上端正地活著，我們必須要臣服於某些原則之下，無論在何種時刻，將這些原則置於個人的需要與渴望之前。」p. 162.

② Emma Goldman, "The Failure of Christianity," first published in 1913, in Goldman's *Mother Earth* journal. Found at http:// dwardmac .pitzer .edu/ Anarchist _Archives/ goldman/ failureofchristianity.html accessed on December 26, 2005.

③ 這是來自於知名的「生命中的甜美奧秘」（Sweet Mystery of Life），陳述於美國最高法院意見，關於賓州計畫生育訴凱西（Planned Parenthood vs. Casey）一案之判例：「自由的核心，在於個人有權去定義一個人自我存在的意識、宇宙的意義、以及人類生命的奧秘。」請注意此一陳述中，並沒有說我們可以自由地去「發現」自我的真理，而是去「定義」與創造自我的真理。

④ From David Friend and the editors of *Life*, *The Meaning of Life: Reflections in Words and Pictures on Why We Are Here*（Little, Brown, 1991）, p. 33.

⑤ From "Truth and Power," in Michel Foucault, *Power/Knowledge: Selected Interviews and Other Writing 1972–1977,* ed. Colin Gordon（Pantheon, 1980）, p. 131.

⑥ C. S. Lewis, *The Abolition of Man*（Collins, 1978）, p. 48.

⑦ Emily Eakin, "The Latest Theory Is That Theory Doesn't Matter," *New York Times,* April 19, 2003, and "The Theory of Everything, RIP," *New York Times,* October 17, 2004. See also Dinitia Smith, "Cultural Theorists, Start Your Epitaphs," *New York Times,* January 3, 2004.

⑧ G. K. Chesterton, in Orthodoxy: *The Romance of Faith*（Double-day, 1990）, pp.

33, 41–42.
⑨ For a good summary of the faith-commitments underlying any "liberal democracy" see Michael J. Perry, *Under God?*, p. 36. See also Stanley Fish's November 10, 2006, *Chronicle of Higher Education* article, "The Trouble with Tolerance."
⑩ Alasdair MacIntyre, *After Virtue: A Study in Moral Theory*, 2nd ed.（University of Notre Dame Press, 1984）, and *Whose Justice? Which Rationality?*（University of Notre Dame Press, 1988）.
⑪ On this subject there are many good books. Among them are Stephen L. Carter, *The Dissent of the Governed*（Harvard University Press, 1999）, p. 90. See also Alasdair MacIntyre, *Whose Justice? Which Rationality?*（Duckworth, 1987）. Richard John Neuhaus, *The Naked Public Square: Religion and Democracy in America*, 2nd ed.（Eerdmans, 1986）, and Wilfred McClay, "Two Kinds of Secularism," *The Wilson Quarterly*（Summer 2000）. A sophisticated dialogue on this subject can be found in R. Audi and N. Wolterstorff, *Religion in the Public Square: The Place of Religious Convictions in Political Debate*（Rowman and Littlefield, 1997）. See Chapter 8 for more on the worldview soil that human rights need in order to grow.
⑫ Michael Foucault 指出西方社會之強調個人權力，以及「包容」少數民族、婦女等，是伴隨著一種「隱含的」排外性的。我們如何看待那些不接受西方個人權力與隱私觀念的人？Foucault指出那些對權力與理性現代觀點提出質疑的人，現在不是被貼上「不道德」、或是「異端」（如同中古世紀）的標籤，而是被視為「非理性」與「不文明」。有關Foucault對所謂西方「包容性」的批判，詳見Miroslav Volf, *Exclusion and Embrace: A Theological Explanation of Identity, Otherness, and Reconciliation*（Abingdon, 1996）, pp. 58-64.
⑬ 「激進的不決定⋯與持續趨向包容有關，那會剷平一切區別的界線。〔但是〕⋯這種不決定，不也是由包容所生出來的嗎？若無界線，我們將只能知道自己在對抗的是什麼，卻不能知道我們為何對抗。對排他行為有智識的對抗，需要有分類與規範的標準，可以讓我們在壓抑性的行為、與非壓抑性的行為之間，能夠加以區別。⋯⋯「無界限」代表著⋯既不快樂也無樂趣，既非自由也無正義，這樣就沒有事物能夠得以被辨識了。」Volf, *Exclusion and Embrace*, p. 61.

⑭ 一個明顯的例子,可見於Jerry Falwell 對Pat Robinson七百俱樂部（The 700 Club）在911攻擊後的批判:「我真的相信異教徒、墮胎人士、女權主義、以及男女同性戀者,那些極力想過另類生活形態的人,包含美國公民自由聯盟（ACLU）、美國之路維權組織（People for the American Way）,這些人都在努力要讓美國世俗化。我指著這些人的鼻子說『是你讓這件事情（指911恐怖攻擊）發生了。』之後,來自於教會內部撲天蓋地的反對與抱怨,讓Falwell在幾個小時之後,撤回這上述的說法。（詳見http://archives.cnn.com/2001/US/09/14/fallwell. apology. 最後可讀於March 5,2007.）

⑮ Lamin Sanneh, *Whose Religion Is Christianity?*（Eerdmans, 2003）, p. 15.

⑯ Philip Jenkins, *Christendom: The Coming of Global Christianity*（Oxford, 2002）, p. 56. *The Next Christendom: The Coming of Global Christianity*（Oxford University Press, 2002）, p. 56.

⑰ Ibid., p. 70.

⑱ David Aikman, *Jesus in Beijing: How Christianity Is Transforming China and Changing the Global Balance of Power*（Regnery, 2003）, p. 285.

⑲ Sanneh將這歸功於基督教的「可翻譯性」。身為一個甘比亞人、又曾經是回教徒,他把基督教對比於回教,回教堅持真正的可蘭經,是不能被翻譯的,若要真正聽到上帝的聲音,你必須學習阿拉伯語。然而,獨厚於一種語言,就是獨厚於一種文化,因為在任何語言中,真正的關鍵鑰字,都是根源於一種文化的傳統與思想模式。相較於回教,基督教（根據使徒行傳）是在五旬節的神蹟中誕生的,在那次的神蹟中,每個人都聽到用他們鄉音所傳揚出的福音,所以沒有一種語言或文化優於其他。聖經於是被翻譯成各種文化與語言。See Lamin Sanneh, "Translability in Islam and Christianity, with Special Reference to Africa," *Translating the Message: The Missionary Impact on Culture*（Orbis, 1987）, p. 211ff.

⑳ Lamin Sanneh, *Whose Religion Is Christianity?*（Eerdmans, 2003）, p. 43.

㉑ Ibid., pp. 43–44, 69–70.

㉒ Sanneh and Andrew F. Walls 並不否認,從一種文化出來的傳教士（比方說歐洲人）,通常會將他們原有文化的基督教形式,加諸在新入教者身上;但當新入教者用他們自己的語言讀聖經時,他們開始可以透過這「話」（Word）看到傳教士所壓抑的事物（像是驅邪）,以及他們所刻意放大的事物,這些都是隨著傳教士本身文化的觀點與偏見,所自然產生的。這可能引致一段對傳

教士信仰形式，產生反感的時期，但最終新入教者，會形成他們自有文化與傳統的調和——拒絕其中一部份、確認其中一部份，然後修改其中一部份，而這一切，都是根據他們自己讀經，所得著的光照而來的。

㉓ From R. Niebuhr, "Humour and Faith," *The Essential Reinhold Niebuhr*, R. M. Brown, ed.（Yale University Press, 1986）, p. 49ff. Quoted in Sommerville, *The Decline of the Secular University*, p. 129.

㉔ Andrew F. Walls, "The Expansion of Christianity: An Interview with Andrew Walls," Christian Century, August 2–9, 2000, p. 792.

㉕ 「基督教是一種有著超過兩千種語言群體的宗教，也是一種最常用多種語言禱告與崇拜的宗教。……很明顯，這種在文化與語言上的先驅事實，與基督教本身巨大的行為文化不包容性（堅持某些真理），是相衝突的。這常造成基督徒很深的罪惡情結，而所有的證據，都不足以對抗這種情結。然而，重要的是，要讓人們改變，因為他們所奉行、原始定義所以為的基督教，不過只是一種更大更新事物的過時文化碎片而已。」Sanneh, *Whose Religion Is Christianity?*, pp. 69-70.

㉖ This term comes from A. J. Conyers, "Can Postmodernism Be Used as a Template for Christian Theology?" *Christian Scholar's Review* 33（Spring 2004）: 3.

㉗ Kevin Vanhoozer, "Pilgrim's Digress: Christian Thinking on and About the Post/Modern Way," in *Christianity and the Postmodern Turn*, ed. Myron B. Penner（Brazos, 2005）, p. 74.

㉘ Quoted in John Stott, *The Contemporary Christian*（IVP, 1992）. The interview's English translation appeared in the Guardian Weekly, June 23, 1985.

㉙ C. S. Lewis, *The Four Loves*（Harcourt, 1960）, p. 123.

30 The unnamed "old author" is quoted in C. S. Lewis, *The Four Loves*（Harcourt, 1988）, p. 140.

第四章──教會要對這麼多不公義負責

① Mark Lilla, "Getting Religion: My Long-lost Years as a Teenage Evangelical," in the *New York Times Magazine*, September 18, 2005, p. 94–95.

② 「如果你所要的是一個反對基督教的理由，……你可以很容易找到一些愚蠢而不讓人滿意的基督徒，然後說……『這就是你所吹噓新造的人！我寧可要

原來的。』但如果一旦你開始看到，基督教在其他方面是有價值的，你就會從心裡明瞭，這種排斥信仰的方式，只是在迴避此一議題。你如何可以真正開始瞭解其他人的靈魂——他們的性情、他們的機會、他們的掙扎？但在所有創造中，只有一個靈魂是你確實瞭解的：而且這也是唯一那個命運放在你手中的人。如果真有一位上帝，在某種意義上，你就是與他同在的。你不能只是因為對隔壁鄰居的懷疑，或者因為你在讀書之後留存的記憶，就去拒絕祂。當麻醉的迷霧，我們稱之為「自然」或「真實世界」逐漸褪去，聖靈的呈現開始成為可觸知、當下、與無可避免時，那些閒聊或道聽途說，又算得了什麼呢？」C. S. Lewis, *Mere Christianity*（Macmillan, 1965）, p. 168.

③ Christopher Hitchens, *God Is Not Great: How Religion Poisons Everything*（Hachette, 2007）, pp. 35–36.

④ 某些現今世俗的思想家堅稱，每種宗教都有強迫的種子在其中。然而，這種觀點卻忽略了，在不同宗教裡，對於引人入教的觀點上，確實存有著巨大的差異。舉例而言，佛教與基督教要求入教者，必須先有基於個人決定，所產生的深入內在轉化；用外在規條強制產生的服從，被視為屬靈上的死亡。像這樣的信仰，比較可能會尋找一個重視宗教自由的社會，這樣個人才可以學習真理，並且自由的投身其中。Max Webber與其他人，已經證實基督教義，特別是在更正新教中，提供了個人權利與自由的基礎，這有助於民主與資本主義的成長。其他的哲學與信仰，比較不重視個人選擇的自由，基督教與回教在個人歸正定義上的差異，就是一個好例子：基督教的歸正涉及到的只是「去瞭解」上帝，並且個人地去「認識上帝」；多數回教徒則會認為，談到個人親密地去認識上帝，是一種浮誇冒犯的說法。一個在基督化家庭長大的孩子，在他十歲、十五、或二十歲時，就可能滔滔不絕談到他個人的信教經驗，但在一個回教家庭長大的孩子，從來不會談到他個人信奉回教的經歷，這種差異表示，基督教認為，把社會壓力加諸在別人的信仰歸正與維持，是一件沒價值的事，然而，回教卻毫無問題地運用法律與社會壓力，來讓其屬民保持回教徒的承諾。（這部分要謝謝Don Carson的洞見）。

⑤ Alister McGrath, *The Dawkins Delusion? Atheist Fundamentalism and the Denial of the Divine*（Inter-Varsity Press, 2007）, p. 81.

⑥ Merold Westphal, *Suspicion and Faith: The Religious Uses of Modern Atheism*（Eerdmans, 1993）, Chapters 32-34. See page 203:「我要⋯控告馬克斯抄襲剽竊。他對資本主義的批判，實質上，正是聖經上對孤兒寡婦的關懷，只不過

他將神學的基礎除去，然後應用到現世的狀況而已。」
⑦ Westphal, *Suspicion and Faith*, p. 205.
⑧ See Proverbs 14:31; 19:17; Matthew 25:31–46. Calvin's remark is from his commentary on Habbakuk 2:6 and is quoted in Westphal, *Suspicion and Faith*, p. 200.
⑨ C. John Sommerville, *The Decline of the Secular University*（Oxford University Press, 2006）, p. 63.
⑩ Ibid., pp. 69–70.
⑪ Ibid., p. 70.
⑫ Rodney Stark, For the Glory of *God: How Monotheism Led to Reformations, Science, Witch-Hunts, and the End of Slavery*（Princeton University Press, 2004）, p. 291. See pp. 338–53 for an overview of abolition movements.
⑬ 詳見申命記24：7，以及提摩太前書1：9-11，其中都禁止綁架人口。許多人（無論是在基督教信仰之內與之外的人）以為聖經支持奴隸制度，更多的說明見第6章。
⑭ 見Mark Noll's *The Civil War as a Theological Crisis*（University of North Caroline Press, 2006），其中對於基督徒間如何透過對聖經經文的不同解譯，對奴隸制度激烈辯論，有著深入的討論。Noll的書顯示有些教會領袖，透過聖經內容有關於奴隸的部分，來合理化奴隸買賣，但這些人對於當時非洲家產式的奴隸制度，與聖經中合約制的奴隸服務，有著巨大的差異，卻是盲目未見的。
⑮ Stark, *For the Glory of God*（Princeton, 2004）, pp. 350ff.
⑯ David L. Chappell, *A Stone of Hope: Prophetic Religion and the Death of Jim Crow*（University of North Carolina Press, 2003）.
⑰ 有關天主教會在1970與1980年代抗拒共產主義的敘述，可見於第17章 "Between Two Crosses," in Charles Colson and Ellen Vaughn, *The Body*（Thomas Nelson, 2003）.
⑱ Dietrich Bonhoeffer, *Letters and Papers from Prison: Enlarged Edition*, Eberhard Bethge, ed.（Macmillan, 1971）, p. 418.

第五章───一個有愛心的上帝怎能把人打下地獄？

① May 23, 2005, Pew Forum's biannual Faith Angle conference on religion, politics,

and public life in Key West, Florida. As of September 5, 2005, the transcript was found at http://pewforum. org/events/index.php?Event ID=80.
② Robert Bellah, et al., *Habits of the Heart: Individualism and Commitment in American Life,* 1st ed.,（University of California Press, 1985）, p. 228.
③ From C. S. Lewis, *The Abolition of Man*（Collins, 1978）, p. 46. On this subject see also Lewis, *English Literature in the Sixteenth Century, Excluding Drama* in the Oxford History of English Literature series（Oxford University Press, 1953）, pp. 13–14.
④ Lewis, *Abolition of Man,* p. 46.
⑤ 在他寫C. S. Lewis的自傳中，Alan Jacobs指出他極力主張自己對科學方法本身，並沒有任何的爭論不滿，這方法實際上假設了自然的均一性，而許多學者也指出正是因著基督教的世界觀，才提供這種均一性的存在基礎。但Lewis也指出，現代科學是起源於「對權力的夢想」。詳見Jacobs, The Narnian: *The Life and Imagination of C. S. Lewis*（Harper San Francisco, 2005）, pp. 184-187.
⑥ Rebecca Pippert, *Hope Has Its Reasons*（Harper, 1990）, Chapter 4, "What Kind of God Gets Angry?"
⑦ Miroslav Volf, *Exclusion and Embrace: A Theological Exploration of Identity, Otherness, and Reconciliation*（Abingdon, 1996）, pp. 303–304.
⑧ Volf, *Exclusion and Embrace,* p. 303.
⑨ Czeslaw Milosz, "The Discreet Charm of Nihilism," *New York Review of Books,* November 19, 1998.
⑩ 所有聖經中關於天堂與地獄的描述與勾勒，都是象徵性與隱喻性的，每種比喻，都只是地獄經驗的某一個面向（比方說：「火」告訴我們的是銷毀與分解，而「黑暗」則告訴我們孤立），這樣說一點也不是說地獄本身只是隱喻，它是實際存在的。耶穌復活升天（提醒你，是肉身的復活升天），聖經上清楚告訴我們天堂與地獄的實際存在，但也指出所有關於它們的描述語言，只是暗指的、隱喻的、與片面的而已。
⑪ For more on the likeness of sin to addiction, see Cornelius Plantinga, *Not the Way It's Supposed to Be: A Breviary of Sin*（Eerdmans, 1995）, Chapter 8, "The Tragedy of Addiction."
⑫ This is a compilation of quotes from three Lewis sources: *Mere Christianity*（Macmillan, 1964）, p. 59; *The Great Divorce*（Macmillan, 1963）, pp.

71–72; "The Trouble with X," in *God in the Dock: Essays on Theology and Ethics*（Eerdmans, 1970）, p. 155.
⑬ From C. S. Lewis, *The Problem of Pain*（Macmillan, 1961）, p. 116; *The Great Divorce*（Macmillan, 1963）, p. 69.

第六章──科學已經駁斥了基督教

① Richard Dawkins, *The Blind Watchmaker*（W. W. Norton, 1986）, p. 6.
② Richard Dawkins, *The God Delusion*（Boston: Houghton Mifflin, 2006）, p. 100.
③ 舉例而言，Van Harvey說，對批判歷史學家而言，他們絕不會認真去護衛奇蹟式的事件，因為這種想法違反了「我們現今所稱世界的常識觀」。Van Harvey, *The Historian and Beliver*（Macmillian, 1966）, p.68. See also his essay, "New Testament Scholarship and Christian Belief" in *Jesus in History and Myth*, R. Joseph Hoffman and Gerald A. Larue, ed.（Prometheus, 1986）.
④ John Macquarrie, *Principles of Christian Theology*（Scribner, 1977）, p. 248, quoted in Plantinga, *Warranted Christian Belief*, p. 394.
⑤ Plantinga, *Warrented Christian Belief*, p. 406. Plantiga 引用了哲學家William Alston的一篇重要論文，他認為一個人即便承認上帝已經成就、而且正在繼續施行奇蹟，還是可以從事科學事業。See "Divine Action, Shadow or Substance?" in *The God Who Acts: Philosophical and Theological Explorations*, Thomas F. Tracy, ed.（Pennsylvania State University Press, 1994）, pp. 49-50.
⑥ See John Paul II's Message to the Pontifical Academy of Sciences, October 22, 1996, "Magisterium Is Concerned with the Question of Evolution for It Involves Conception of Man."
⑦ Francis Collins, *The Language of God: A Scientist Presents Evidence for Belief*（Free Press, 2006）. 另一位頂尖科學家，相信宇宙為上帝所創造，卻拒絕接受智識創造論與進化論做為物質主義哲學的科學家，是哈佛的天文學家Owen Gingerich，他寫了God's Universe（Belknap Press, 2006）.
⑧ Ian Barbour, *When Science Meets Religion: Enemies, Strangers, or Partners?*（Harper, 2000）. Barbour主張基督徒可能接受任一種模式，但他所稱的「整合模式」卻是最好的。See Chapter 4 on "Evolution and Continuing Creation."
⑨ Christian Smith, ed., *The Secular Revolution: Power, Interests, and Conflict in the*

⑩ *Secularization of American Public Life*（University of California Press, 2003）.
⑩ Ibid., pp. 1–12. See also Alister McGrath's chapter, "Warfare: The Natural Sciences and the Advancement of Atheism," *The Twilight of Atheism*（Oxford University Press, 2002）, and Rodney Stark's chapter "God's Handiwork: The Religious Origins of Science," in *For the Glory of God*（Princeton University Press, 2004）.
⑪ Edward Larson and Larry Witham, "Scientists Are Still Keeping the Faith," *Nature*（April 3, 1997）. See also Stark, *To the Glory of God,* pp. 192–97.
⑫ Edward Larson and Larry Witham, "Leading Scientists Still Reject God," *Nature* 394, no. 6691（1998）: 313.
⑬ Alister McGrath, *The Dawkins Delusion?,* p. 44.
⑭ From Stephen Jay Gould, "Impeaching a Self-Appointed Judge," *Scientific American* 267, no. 1（1992）. Quoted in Alister McGrath, *The Dawkins Delusion?*（Inter-Varsity, 2007）, p. 34.
⑮ Thomas Nagel, "The Fear of Religion," *The New Republic*（October 23, 2006）.
⑯ Stark, *For the Glory of God,* pp. 192–97.
⑰ See Gordon Wenham, *Genesis 1–15*（Word, 1987）.
⑱ 儘管廣泛的認知不是如此，但現代創造科學，無論在教會內外，原來並不是19世紀保守與福音派更正教，對達爾文理論剛出來時的傳統反應。本來人們就廣泛相信，創世紀第一章所牽涉的是一段漫長的時間，而不是如字面上所說的幾天而已。 R. A. Torrey這位基本教義派的編輯，編輯了*The Foundamentalist*一書（於1910-1915間出刊，此書給了「基本教義派」原始定義），就說他可以「完全相信聖經的無誤，而仍然可以作為某種型態的進化主義者」（引述來自：Mark Noll, *Evangelical American Christianity: An Introduction* [Blackwells, 2001], P. 171.那位定義聖經無誤性教義、普林斯頓的B. B, Warfield（d. 1921） 也相信上帝可以使用像進化論這樣的工具，來讓生命型態發生。關於現代創造科學論最佳的說明，是由Ronald L. Numbers在他的書*The Creationists, the Evolution of Scientific Creationism*（Knopf, 1992）中提出的, see also Mark Noll, *The Scandal of Evangelical Mind*（Eerdmans, 1994）, "Thinking About Science," and Mark Noll and David Livingstone, *B. B. Warfield on Evolution, Scripture, and Science*（Baker, 2000）.
⑲ David Atkinson, The Message of Genesis 1-11（IVP,1990）, p31.

第七章──你不可能對聖經完全逐字接受

① Quoted in a review of *Christ the Lord: Out of Egypt* by George Sim Johnston in *The Wall Street Journal*, November 12–13, 2005.

② 舉例而言，對於基督神性有名的支持論點──"Liar, Lunatic, or Lord?"──必須要等到基督自稱為神聖一事被證實後，才能有效。C. S. Lewis就把這樣的主張，用他典型的辯論形式說：「一個人若只是一個人，卻說了耶穌所說的那些話，不會是一位偉大的道德教師，他若非瘋子──就好像有人說他正在孵蛋，或者他根本就是地獄的惡魔。你必須做出你的選擇，究竟他曾經是、現在也是：上帝之子，還是他是一個瘋子，或更糟糕的魔鬼；你可以把他當成一個傻瓜，拒絕於門外；你也可以俯伏在他腳前，稱他為主與上帝，但千萬別把他當偶像似的，當成一個偉大的人類教師，他並沒有把這樣的選項留給我們。」（Mere Christianity, Book 2, Chapter 3.）這種論點的問題，在於它假設所有聖經關於耶穌話語的記載與描述，都是確實的，這繫於聖經在歷史上必須是可信的，或至少絕大部分是如此的；一個更好的敘述應該是：耶穌應該是下述四種可能之一：「騙子、瘋子、傳說或真主」；除非我們能展示，耶穌在聖經中所呈現的圖像，並非完全是傳說，上述這有名的辯證，不會有效。

③ 耶穌研究會使用「雙重相異點準則」（double dissimilarity criteria）作為評估一段聖經內容的歷史可信度。那就是，他們堅稱聖經中的任一段經文，唯有在它的教導既不是來自一世紀的猶大教、也不是來自早期教會，才能被接受是歷史可信的；也就是說，它必須與我們所知的第一世紀猶太教，與早期教會的主流思想都不同，才能被接受為事實（否則，我們就不能確定，這段經文不是被杜撰，用來支持當時的主流信仰的）。但這樣的準則，假設耶穌不能被他當時的猶太傳統所影響，也不能去影響他的跟隨者；因為這是極不可能的，所以越來越多的聖經學者，對耶穌研究會的成果，當成是對聖經不必要的負面與偏見，因而加以反對。

④ 在此，我並非要去主張聖經的完全可信性，我只是要說：它其中對耶穌的生活與教導的描述，是歷史上正確的。若真如此，我們可以由聖經中所讀到的資訊，結論出耶穌是誰。若是最後的結果，我們願意將信心放在耶穌身上，那祂對聖經的觀點，也會成為我們的。就個人而言，我將整本聖經接受為可信的，並非因為我可以去「證明」，其中所有的都是事實；我之所以接受它，是因為我相信耶穌，也接受祂對聖經的觀點。

附註 ──────────────── 我為什麼相信？

⑤ 對「達文西密碼」一本學術性但也可讀的回應,可見Ben Witherington, *The Gospel Code*(IVP, 2004)。Withington對於達文西密碼背後的歷史假設,提出了毀滅性的反駁證據。

⑥ 有很多、也越來越多的知名學者,支持福音書的歷史可信性。因為數目龐大,細節可參考下述重要書籍:Richard Bauckham, *Jesus and the Witnessesses*(Eeerdmans, 2006), N. T. Wright, *Jesus and the Victory of God*(Fortress, 1998) and *The Resurrection of the Son of God*(Fortress, 2003), C. Blomberg, *The Historical Reliability of the Gospels*(IVP, 1987), and *the Historical Reliability of John's Gospel*(IVP, 2002), as well as the most popular and older F. F. Bruce, *The New Testament Documents: Are They Reliable?*(Eerdmans, reissued 2003 with a foreword by N. T. Wright)。大多數對聖經大力懷疑的批判,或許號稱植基於嚴謹的歷史研究,但事實上則是高度受到作者哲學前提(例如:不同信仰)的影響,要瞭解對這些哲學立場的分析,可見:C. Stephen Evans, *The Historical Christ and the Jesus of Faith*(Oxford University Press, 1996), and Alvin Plantinga, "Two(or More) Kinds of Scripture Scholarship," *Warranted Christian Belief*(Oxford University Press, 2002)。

⑦ 事實上,現今的歷史學家都同意。在十八世紀與十九世紀初期,歐洲學者受到啟蒙運動很深的影響,因此對聖經中的神蹟,抱持的前提假設是:這些奇蹟事件必定是在很後面,才加在原有的「事實」紀錄之上的。因為他們知道對歷史事件的傳奇式紀錄,必須要經過真實事件發生之後的很多年,才可以被慢慢醞釀而成,於是他們假設,這些福音書必定是在耶穌死後至少一百年後才被寫成的。但是經過上一世紀手卷的考古發現,這些證據迫使他們,即便是批判最力的學者,都結論認為這些福音書是在更早期就被寫成的。如果要看不同的新約文獻(包含福音書)是如何被考證其寫成時間的,可參考F. F. Bruce, *The New Testament Document: Are They Reliable?,* 有知名學者N. T. Wright為其新寫前言;或者參閱Paul Barnett, *The New Testament.* 大多數的看法是:馬可福音被寫成於西元70年,馬太與路加福音完成於西元80年,而約翰福音則是在西元90年寫成。這是合理的,因為它們的完成,是在使徒與其他見證人開始凋零之際,但當時還是有許多可以去諮詢查考的耆老仍然在世(見路加福音第一章,1-4節)。

⑧ Richard Bauckham, *Jesus and the Eyewitnesses,* Chapter 2, 3, and 6. 更有甚者,在Chapter 4, Bauckham 經過對其中聖經故事角色姓名的完整考察,他歸結這些

名字反映的是，在耶路撒冷西元七十年被毀滅之前，猶太人在巴勒斯坦的名字，而不是那些看來很不一樣，在西元70年被毀壞之後，散居各地猶太人的名字。由此可見，說福音書的故事是來自於較後期、處身於巴勒斯坦之外的猶太社群，應是高度不可能的。

⑨ N. T. Wright, *Simply Christian*（Harper, 2006），p. 97.

⑩ Gopnik 補充：「在紙莎草手卷中，並沒有新的信仰、新的論點、當然也沒有新的證據，足以讓任何過去沒有疑問的人，去產生新的懷疑。」他所指的，是關於諾斯底福音書手卷內容的The Gospel of Judas. 詳見 "Jesus Laughed," *The New Yorker*, April 17, 2006.

⑪ 若要查閱更多關於新約正典形成的經過，參閱Bruce M. Metzger, *The Canon of the New Testament: Its origin, Development, and Significance*（Oxford University Press, 1987）. 若要閱讀簡單點的調查，參閱David G. Dunbar, "The Biblical Canon," in *Hermeneutic, Authority, and Canon,* D, Carson and J. Woodbridge, eds.（Zondervan, 1986）.

⑫ C. John Sommerville, *The Decline of the Secular University,* pp. 105–106.

⑬ We will pay more attention to this feature of the gospel narratives in Chapter 12.

⑭ Bauckham, *Eyewitnesses,* pp. 170–78.

⑮ Wright, *Simply Christian,* p. 97.

⑯ C. S. Lewis, *Christian Reflections,* Walter Hooper, ed.（Eerdmans, 1967），p. 155.

⑰ Bauckham, *Eyewitnesses,* pp. 324–346.

⑱ Ibid., p. 273.

⑲ David Van Biema, "Rewriting the Gospels," *Time, March* 7, 2007.

⑳ Vincent Taylor, *The Formation of the Gospel Tradition* 2nd ed.（Macmillan, 1935），p. 41. Also quoted and commented on in Bauckham, p. 7.

㉑ 在他的書中，Bauckham 呼籲新約學者，要與老式、對聖經持懷疑觀點、特別是與Rudolph Bultmann有關、被稱為「形式批判」的那種取向，做出清楚的切割。這種趨勢是否正在發生，是一個觀點問題，但像Bauckham與Wright這些人的書，卻開啓許多年輕學者，在對聖經可信的證據上，採取更開放的態度。若要考察這一段關於懷疑派聖經批判，對於聖經起源的有趣資料，參考Hans Frei, *The Eclipse of Biblical Narrative*（Yale University Press, 1974）若要瞭解最近學者對於福音書的歷史性，為何比老派學者較不質疑，可參閱Craig Blomberg寫的介紹 "Where Do We Study Jesus?" in *Jesus Under Fire: Modern*

Scholarship Reinvents the Historical Jesus, M. J. Wilkins and J. P. Moreland, eds.（Zondervan, 1995）.關於耶穌學研究最好的一套全集，是B. Witherington, *The Jesus Quest,* 2nd ed.（IVP, 1997）.關於近來越來越多學者，對聖經較以往更尊重，可參考寫過許多三一論的學者John P. Meier 所寫的, *A Marginal Jew: Rethinking the Historical Jesus.* 他是一位溫和、立場中庸的學者，對某些聖經內容，認為是歷史上可疑的，然而他卻對那些老派的懷疑論強烈批判；也認為將耶穌的話語行為，當成可信的傳統觀點，透過他詳盡的歷史研究，在基本觀點上是沒有錯誤的。

㉒ 詳見Murray J. Harris, *Slave of Christ: A New Testament Metaphor for Total Devotion to Christ*（IVP, 1999）, pp. 44, 70. Also see Andrew Lincoln, Ephesians, World Bible Commentary, 1990, pp.416-17:「『聖經的』現代讀者，需要由一些關於第一世紀奴隸制度的假設中解放出來，包含以為當時在奴隸與自由人間有顯著的地位差異這樣的假設……包含當時的奴隸，都想盡辦法想要由這樣的捆鎖中恢復自由……在羅馬與希臘社會中，在奴隸與自由人的地位中間，有極為寬廣的連續帶。希臘奴隸的主人能夠擁有財產，包含他們的奴隸，也可以在奴隸的應盡義務之外，另外在取得其同意後，付費雇用他們做其他的工作……通常解放奴隸對主人而言反是有利的，因為如果他們的奴隸成為自由人，他們反而可以用更便宜的價格，來取得其服務，……雖然無疑地奴隸制度中還是會有殘忍、暴虐、與不公義；但當時在奴隸之間，一般是沒有那種不安的氣氛存在的。」

㉓ 「雖然一般流行的作法是去否認它，但反奴隸教義出現在基督教神學，卻是在羅馬衰亡之後，伴隨著整個奴隸制度消失於除了邊緣地區外的整個歐洲。當歐洲人接著將奴隸制度帶到新大陸時，這樣的作法是受到教廷的強力反對的，然而，這樣的事實卻從歷史上「被遺失了」，直到最近才被重新發掘。最後，新大陸的奴隸制度的廢止，也是被基督徒活躍份子所促使並完成的。…奴隸制度曾經在所有負擔得起的社會中普及，但唯有在西方社會，才興起足夠的道德力量來反對它，直到它被廢止。」（Rodney Stark, *For the Glory of God,* Princeton University Press, 2004, p. 291）.

中場休息

① Dawkins, *The God Delusion,* p. 31ff.

② For a nontechnical introduction to the difference between strong and critical rationalism, see Victor Reppert, *C. S. Lewis's Dangerous Idea*（Inter-Varsity, 2003）, pp. 30–44.
③ W. K Clifford關於此知名的論著為"The Ethics of Belief,"在其中，他說：「不論在哪裡，或對任何人而言，僅僅根據不夠充分的『實證』證據就去相信，那總是錯的！」
④ See Reppert for examples.
⑤ Alasdair MacIntyre的 *Whose Justice, Which Rationality?*（Notre Dame University Press, 1988） 前瞻地、也使人信服地顯示出在西方社會，存在有幾種不同的理性「傳統」——亞理斯多德派、奧古斯丁/多馬派、常識派等等理性。每種理性派別都有自己的邏輯與推理方式，透過對事物（比方說對人性、理性對感情與意志的關係、個體對社會情境與傳統的關係等）不同的基本假設，而運作著。一種「理性」的主張，被定義是在一套特定的傳統（理性派別）之內、在一套完整的信念之中，所保持的一致性。在這些不同的理性派別中，是有不少重複之處，某些主張可能在不只一個派別中被接受為理性的；然而，關於上帝的說法，要能在所有的理性派別或傳統裡，得到全面的支持，是有疑問的（對MacIntyre而言，是不可能的）。
⑥ 對於啟蒙運動要求的強烈理性，最有力的批判見於 *Faith and Rationality: On Reason and Belief in God,* A. Plantinga and N. Wolterstorff, ed.（Notre Dame University Press, 1983）。啟蒙運動的觀點被稱為經典或笛卡兒哲學的「基本教義派」，而其方法已經被幾乎所有的哲學家都摒棄了。你也可以參照Nicholas Wolterstorff, *Reason Within the Bounds of Religion*（Eerdmans, 1984）.
⑦ Thomas Nagel, *The Last Word*（Oxford University Press: 1997）, p. 130.
⑧ Terry Eagleton, "Lunging, Flailing, Mispunching"：A Review of Richard Dawkins's *The God Delusions in London Review of Books,* vol. 28, no. 20, October 19, 2006.
⑨ 在H. Siegel, *Relativism Refuted: A Critique of Contemporary Epistemological Relativism*（D. Reidel, 1987） 一書中，你可以找到一個更精緻複雜的例子。相對主義者堅持，「真理」只有在一個人的信念架構下，才是真的；而每個信念架構都是與其他架構同等有效的，但相對主義者認為沒有一個更高的信念架構，可以用來評論比較，所有的真理宣告。但就如Siegel指出的，相對主義者認為所有的架構（不只是他們自己的）都是同等的，這樣的宣告，本身就

是高於所有信念架構的,也成為一種對真理評價的基準。在這樣的宣告下,他們推出他們自己的架構,然後用這樣的架構去評論其他的架構——這本身就是他們所拒絕別人的地方。「因此,除非接受自我矛盾、自我失敗,否則相對主義不是能宣揚它自己,甚至不能確立它自己的。」(p. 43)

⑩ A readable treatment of critical rationalism is in Reppert, *C. S. Lewis's Dangerous Idea*, p. 36ff.

⑪ From *A Devil's Chaplain*(Weidenfield and Nicolson, 2003),p. 81. Quoted in A. McGrath, *The Dawkins Delusion*(Inter-Varsity, 2007),p. 100 n16.

⑫ 「我論點的基本架構是:科學家、史學家、與偵探,觀察資料與產出,然後歸結出什麼最能解釋這些資料結果的出現。我們可以分析他們用以獲致結論的準則,然後斷定某一理論,會優於另一理論。……運用同樣的準則,我們發現上帝存在的觀點,對我們看得到的每件事物,而非只是某些狹窄範圍內的資料,可以提供最好的解釋。」Richard Swinburne, *Is There a God*?(Oxford University Press, 1996),p. 2.

⑬ C. S. Lewis, "Is Theology Poetry?" *The Weight of Glory and Other Addresses*(HarperCollins, 1980),p. 140.

第八章——上帝的線索

① A survey can be found in Alvin Plantinga's lecture notes, "Two Dozen (or so) Theistic Arguments," available at http://www.homestead.com/philofreligion/files/Theisticarguments.html and many other places on the Internet. See also the summary of William C. Davis, "Theistic Arguments," in Murray, *Reason for the Hope Within*.

② Stephen Hawking and Robert Penrose, *The Nature of Time and Space*(Princeton University Press, 1996),p. 20.

③ In an interview on Salon .com, http://www.salon.com/books/int/2006/08/07/collins/index2.html, last accessed on March 9, 2007.

④ Found at http://www.truthdig.com/report/page2/20060815_ sam_harris _language_ignorance/, last accessed on March 9, 2007.

⑤ For a short summary of this argument see Robin Collins, "A Scientific Argument for the Existence of God: The Fine-Tuning Design Argument," *Reason for the*

Hope Within, Michael J. Murray, ed.（Eerdmans, 1999）.
⑥ In an interview on Salon.com, http://www.salon.com/books/int/2006/08/07/collins/index2.html, last accessed March 9, 2007.
⑦ Quoted in Francis Collins, *The Language of God: A Scientist Presents Evidence for Belief*（Free Press, 2006）, p. 75.
⑧ See Richard Dawkins, *The God Delusion*（Houghton Mifflin, 2006）, p. 107.
⑨ From Alvin Plantinga, "Dennett's Dangerous Idea," in *Books and Culture*（May–June 1996）: 35.
⑩ Recounted in Collins, "A Scientific Argument," p. 77.
⑪ See "Science Gets Strange" in C. John Sommerville, *The Decline of the Secular University*（Oxford University Press, 2006）. See also Diogenes Allen, *Christian Belief in a Post-Modern World*（John Knox, 1989）.
⑫ Arthur Danto, "Pas de Deux, en Masse: Shirin Neshat's Rapture," *The Nation,* June 28, 1999.
⑬ From Leonard Bernstein's "The Joy of Music"（Simon and Schuster, 2004）, p. 105.
⑭ Quoted by Robin Marantz Henig in her article "Why Do We Believe?" in *The New York Times Magazine,* March 4, 2007, p. 58.
⑮ The classic statement of this argument is found in the chapter on "Hope" in C. S. Lewis, *Mere Christianity*（Macmillan）.
⑯ N. T. Wright 指出基督徒眼中的美感，與柏拉圖式的美感不同。柏拉圖與希臘哲學家相信，所有人世間可經歷的美感，都將我們引導遠離這個物質的、如影般的世界，進入那種終極才會實現的永恆靈性世界。但聖經上對救恩的觀點是，有一個新天新地，我們未滿足的渴望不僅是在追求一個屬靈的、永恆的世界，也是為著今世今生，我們可以將這世界導正，而讓它完美（見 Wright, *Simply Christian,* pp. 44-45）。這是一個很重要的新觀點，因為C. S. Lewis在他的*Mere Christianity*一書中，那個著名的「由渴望而出的論點」，太接近柏拉圖的模式了。
⑰ Quoted in Leon Wieseltier, "The God Genome," *New York Times Book Review,* February 19, 2006.
⑱ *The New York Times Magazine,* March 4, 2007.
⑲ Henig, "Why Do We Believe?" p. 43.

⑳ Ibid., p. 58.
㉑ Dawkins, *The God Delusions,* p. 367ff, "Our brains themselves are evolved organs ...... evolved to help us survive."
㉒ Henig, p. 7.
㉓ 在他為Richard Dawkins作品*The Selfish Gene*一書所寫的前言中，Robert Trivers留意到Dawkins強調欺騙在動物生活中的角色，於是說「如果欺騙是動物溝通的基礎，那就應該有很強的天擇力量，得以去發現欺騙行為；而其結果，應該會留存一些自我欺騙的因子，在不自覺中，給予不背叛行為一些事實與動機──這是透過自我認知很微妙的訊號──告訴你欺騙正在進行。」因此，「傳統觀點以為天擇有利於神經系統，可以對世界認知，產生更精準的影像，看來必然只是心智演化的一個幼稚看法。」引述來自Robert Wright, *The Moral Animal*（Pantheon, 1994）, pp. 263-264. 認知心理學家Justin Barrett寫道：「某些認知科學家假設，因為我們的腦與其功能都被自然天擇所『設計』過，所以我們可以信任它們，會告訴我們真實；這樣的假設在認識論上，是值得懷疑的，只是因為我們能成功存活，一點也不能保證我們的整個心智，能告訴我們有關任何事物的真實狀態──特別是關於複雜的思考，……對於人類心智，從一個全然自然主義觀點而言，只能說我們的心智，對我們在過去的存活是有效的。」Justin L. Barrett, *Why Would Anyone Believe in God?*（AltaMira Press, 2004）, p. 19.
㉔ Patricia S. Churchland, "Epistemology in the Age of Neuroscience," *Journal of Philosophy*（October 1987）, p. 548. Quoted in Plantinga, *Warrant and Proper Function*（Oxford University Press, 2000）, p. 218.
㉕ Nagel, The Last Word, pp. 134–35.
㉖ Quoted in Alvin Plantinga, "Is Naturalism Irrational?" in *Warrant and Proper Function*（Oxford University Press, 2000）, p. 219.
㉗ For the full argument, see A. Plantinga, Chapters 11 and 12 in *Warrant and Proper Function*（Oxford University Press, 2000）.
㉘ From Alvin Plantinga's review of Richard Dawkins's *The God Confusion in Books and Culture*（March/April 2007）: 24.
㉙ Wieseltier's review, "The God Genome," appeared in the *New York Times,* February 19, 2006.
㉚ C. S. Lewis, "On Living in an Atomic Age," in *Present Concerns*（Collins,

1986), p. 76.

第九章——對上帝的認知

① Quoted in Michael J. Perry, *Toward a Theory of Human Rights: Religion, Law, Courts*（Cambridge University Press, 2007）, p. 28.

② Christian Smith, *Moral Believing Animals: Human Personhood and Culture*（Oxford University Press, 2003）, p. 8.

③ Works that try to explain our sense of moral obligation as a product of natural selection include Edward O. Wilson, *On Human Nature*（Harvard University Press, 1978）and "The Biological Basis for Morality" in *Atlantic Monthly,* April 1998; Richard Dawkins, *The Selfish Gene*（Oxford University Press, 1976）and Robert Wright, *The Moral Animal: Evolutionary Psychology and Everyday Life*（Pantheon, 1994）. For some fairly scathing critiques of this approach see Philip Kitcher, *Vaulting Ambition: Sociobiology and the Quest for Human Nature*（MIT Press, 1985）; Hilary Rose and Steven Rose, *Alas, Poor Darwin: Arguments Against Evolutionary Psychology*（Harmony, 2000）; John Dupre, *Human Nature and the Limits of Science*（Oxford University Press, 2001）.

④ Francis Collins, *The Language of God,* p. 28, 其中他反駁一個常被引用的例子：不生育的工蟻犧牲性地辛勞，只是為了創造一個適合的環境給母蟻，好讓母蟻產出更多它們的兄弟姊妹。「但『工蟻的利他』，就進化論而言，以為這種促使工蟻自我犧牲的基因，會透過母蟻的生產，完整地傳遞給它們極力幫助、所生產出的兄弟姊妹。但是，那種不尋常、直接的DNA連結，並不適用於更複雜的族群，在這些族群中，連進化論學者也幾乎一致地同意：自然天擇只運作在個體層次，而非族群層次。」See Also George Williams, *Adaption and Natural Selection,* reprint ed., （Princeton University Press, 1996）, 他也主張族群的自然天擇並未發生。

⑤ 「如果（如我們所假設的）自然……是宇宙中唯一的事物，那……我們不會因為它是真的，而去思考一個想法，因為我們之所以思考，只是盲目的自然力量迫使我們如此思考；我們也不會因為它是對的，就去採取一種行為，因為我們之所以採取行為，只是因為自然驅迫我們去做它。……「但是」實際上，這種……結論是讓人難以置信的。只要想一件事就好：唯有透過對自我

心智的信任,我們才會認識自然本身,⋯⋯現在科學本身已經成了原子的機率問題,我們也就沒有理由去相信它,⋯⋯人類的感覺只是像我們這種的類人猿在其腦殼內的原子,正處在某種狀態,而這些狀態是被一些非理性、非人性、無關道德的原因所造成的。⋯⋯要解開這死結,只有一種方法:我們必須接受,我們是自由的靈、是自由與理性的生物,只是正巧處在一個非理性的宇宙,由而,我們也可結論說,我們不是由這個宇宙所產生的。」(C. S. Lewis, "On Living in an Atomic Age" in *Present Concerns*).

⑥ "Cultural Relativism and Universal Human Rights" by Carolyn Fleuhr-Lobban, *The Chronicle of Higher Education,* June 9, 1995. This article was cited and used to make a similar argument in George M. Marsden's *The Outrageous Idea of Christian Scholarship*(Oxford University Press, 1997), p. 86.

⑦ Quoted in Michael J. Perry, *Toward a Theory of Human Rights: Religion, Law, Courts*(Cambridge University Press, 2007), p. 3.

⑧ Ibid., p. 6.

⑨ Chapter 1 of Alan M. Dershowitz, *Shouting Fire: Civil Liberties in a Turbulent Age*(Little, Brown, 2002).

⑩ Ibid., p. 15.

⑪ Quoted in Perry, p. 20.

⑫ Perry, p. 21.

⑬ 參照沙特(Sartre)著名的論文 "Existentialisn Is a Humanism." 「上帝不存在,於是⋯⋯因祂的缺席,必然就會一路導引出下述的最後結果:⋯⋯不會有任何先驗存在的良善,因為不再有無限而完美的良心去思考;沒有地方會寫著『良善』存在,告訴你一個人必須誠實、不可說謊,因為我們都處在一個只有人類的平面上。杜斯妥也夫斯基曾說:『如果上帝不存在,每件事都是被允許的。』⋯⋯確實如果上帝不存在,每件事都是被允許的,而人類也因而處於被遺棄的孤獨,因為無論在其內外,他都沒有任何事物,可以依賴。」This essay can be found in *Existentialism from Dostoyevsky to Sartre,* ed. Walter Kaufman(Meridian, 1989). It can be found online at http://www.marxists.org/reference/archive/sartre/works/exist/sartre.htm as of March 17, 2007.

⑭ Perry, *Toward a Theory of Human Rights,* p. xi.

⑮ Ibid., p. 23. Another recent book on this subject is E. Bucar and B. Barnett, eds., *Does Human Rights Need God?*(Eerdmans, 2005).

⑯ Arthur Allen Leff, "Unspeakable Ethics, Unnatural Law," *Duke Law Journal* (December 1979).
⑰ F. Nietzsche, *Thus Spoke Zarathustra,* part IV, "On the Higher Man," near the end of section I.
⑱ Raimond Gaita, *A Common Humanity: Thinking About Love and Truth and Justice.* (Quoted in Michael J. Perry, *Toward a Theory of Human Rights,* pp. 7 and 17–18.)
⑲ From Chapter 10, "Fecundity," in Annie Dillard, *Pilgrim at Tinker Creek* (HarperCollins, 1974).
⑳ Quoted in Peter C. Moore, *One Lord, One Faith* (Thomas Nelson, 1994), p. 128.
㉑ C. S. Lewis, "On Living in an Atomic Age" (1948), reprinted in the volume *Present Concerns,* pp. 73–80.

第十章——罪的問題

① Barbara B. Taylor, *Speaking of Sin: The Lost Language of Salvation* (Cowley, 2000), pp. 57–67.
② Andrew Delbanco, *The Real American Dream: A Meditation on Hope* (Harvard University Press, 2000), p. 25
③ Soren Kierkegaard, *The Sickness Unto Death: A Christian Psychological Exposition for Edification and Awakening* (Penguin, 1989), pp. 111, 113.
④ Ernest Becker, *The Denial of Death* (Free Press, 1973), pp. 3, 7.
⑤ Ibid., p. 160.
⑥ Ibid., p. 109.
⑦ Ibid., p. 166. It is important to note that Becker was not trying to promote faith. He was an atheist, so that was not his agenda.
⑧ 如果我們用齊克果（Kierkegaard）的定義，可以分類出不同類別的「上帝替代品」，以及每一個替代品所能帶來的生命破碎與傷害。其中的一些，可以歸結如下：

・如果你將生命與自我價值以配偶或伴侶為中心，在感情上你會成為依賴的、嫉妒的、有控制欲的。發生在對方的問題，對你將會是難以承受的。

・如果你將生命與自我價值以家庭或孩子為中心，你會努力透過你的孩子，

活出自己的生命,一直到他們討厭你,或失去他們的自我。最壞的狀況,你可能會因為他們不能取悅你,而虐待他們。

．如果你將生命與自我價值以工作與事業為中心,你會變成一個被驅動的工作狂,一個無聊而淺薄的人。最壞的狀況,你會失去你的家庭與朋友;而且,如果你的事業發展不順,會產生很深的抑鬱。

．如果你將生命與自我價值以金錢或財產為中心,你會被對金錢的擔憂或嫉妒所吞噬;你會願意去進行一些不道德的勾當,只是要去維持你的生活方式;而這樣的生活方式,最終卻會毀了你的生命。

．如果你將生命與自我價值以享樂、喜悅、與舒適為中心,你會發現自己將沈迷於某些東西;你會受制於某種的「解脫策略」,唯有透過這些策略,你才得以避免掉生命中的艱苦。

．如果你將生命與自我價值以關係與認同為中心,你會常常被別人的批評所過度傷害,因而常常失去朋友。你會恐懼去面對、去挑戰別人,因此會變成一個沒有用處的朋友。

．如果你將生命與自我價值以追求一個「高貴的理由」為中心,你會將世界分別成「好」與「壞」兩部分,然後妖魔化你的對手。反諷的是:你反而會被對手所控制。但若沒有這種高貴的理由,你的生命會變得無意義。

．如果你將生命與自我價值以宗教與道德為中心,如果你活出自己的道德標準,你會變得高傲、自以為義、嚴酷不仁;但如果你活不出自己設立的標準,你內心的罪惡感,又會產生終極的毀滅性。

⑨ Thomas C. Oden, *Two Worlds: Notes on the Death of Modernity in America and Russia*(IVP, 1992), Chapter 6.

⑩ 重要的是,要記得當你寬恕一個人時,並不代表你不再要他們,為其所作所為負責,這並不是一個是或非的單一選項──你必須兩者都要做到。當這兩位婦人在進行寬恕的諮商輔導時,並不代表她們被建議,要對丈夫的惡行加以寬容,不去面對或挑戰,而任由其進行。這個部分在第十一章有更多細節說明。

⑪ Darcey Steinke, *Easter Everywhere: A Memoir*(Bloomsbury, 2007), p. 114.

⑫ Cynthia Heimel, "Tongue in Chic" column, in *The Village Voice,* January 2, 1990, pp. 38–40.

⑬ Dorothy L. Sayers, *Creed or Chaos?*(Harcourt and Brace, 1949), pp. 38–39.

⑭ By far the best edition of this remarkable treatise is printed in Paul Ramsay, *The Works of Jonathan Edwards: Ethical Writings,* vol. 8(Yale University Press,

1989）. The introductory notes by Ramsay are very important.
⑮ Debra Rienstra, *So Much More: An Invitation to Christian Spirituality*（Jossey-Bass, 2005）, p. 41.

第十一章──宗教與福音

① 就一個更廣義的角度而言，宗教是任何一套終極價值的信仰體系，它會形塑我們在世上所追求的一種特定生活方式；基於此，我們也可以公平地把現世主義（Scularism）與基督教並列為宗教。然而，事實上，所有的宗教都要有某種透過美德達到自我救贖的形式，它要求人們要透過不同的儀式、遵行、與行為，來趨近上帝，而成為有價值；這也是多數人想到宗教時的想法。若以此而言，根據新約聖經而成的基督教，就顯得非常不同了，這也是為何在這章中，我們將基督教視為一種獨特型態的「宗教」。
② Flannery O'Connor, *Wise Blood: Three by Flannery O'Connor*（Signet, 1962）, p.16.
③ Richard Lovelace, *The Dynamics of Spiritual Life*（IVP, 1979）, pp. 212ff.
④ On how self is created by exclusion—Miroslav Volf, *Exclusion and Embrace*（Abingdon, 1996）.
⑤ Victor Hugo, *Les Miserables,* Book One, Chapter 13, "Little Gervais."

第十二章──十字架的（真實）故事

① C. S. Lewis, *Letters to Malcolm: Chiefly on Prayer*（Harcourt Brace, and World, 1964）, p. 106.
② For a full discussion of Bonhoeffer's example of forgiveness, see Chapter 1, "The Cost of Forgiveness: Dietrich Bonhoeffer and the Reclamation of a Christian Vision and Practice," in L. Gregory Jones, *Embodying Forgiveness: A Theological Analysis*（Eerdmans, 1995）.
③ Dietrich Bonhoeffer, *The Cost of Discipleship*（Macmillan, 1967）, p. 100.
④ Eberhard Bethge, Dietrich Bonhoeffer, eds. Letters and Papers from Prison, abridged.（London: SCM Press, 1953）, p. 144.
⑤ 有人指控十字架是一種「聖子的虐待」，這似乎假設在天上的天父才是真正的上帝，而耶穌只是某種被殺害的有靈個體。但這講法卻無法在三一真神的基督教義裡，得到合理化。基督徒相信雖然聖父與聖子是兩個不同的位格個

體，祂們卻有著相同的神格與本質，所以當耶穌承擔起寬恕的代價時，事實上也就是上帝成就了這些。對於三位一體論，更多的細節，詳見第十三章。

⑥ 有一個良好的舉例：想像你正與一位朋友沿著河流走，朋友突然對你說：「我要向你顯示我愛你多深！」然後，他跳進河裡淹死了。對此，你難道會回應說：「他真是愛我啊！」當然不會，你只會懷疑這個朋友的心智狀態。但如果你們在沿河走路時，是你不慎掉進河裡了，而你不會游泳；如果這時他跳進河裡，把你推上安全的岸邊，而自己卻捲入波濤中，因而淹死了，這時，你才會回應說：「你看，他是何等愛我！」耶穌基督的例子，如果只是一個就這樣發生的事件，就不是一個好例子。若不是因我們正處在危難中，而祂是為了救我們脫離危難──如果除了祂的死之外，我們並沒有迷失──那祂犧牲之愛的典範，也就不會感動人，而且能改變生命；因為祂的死只是瘋狂的，但卻無意義。除非耶穌是成為我們的替身，為我們而死，祂的死就不會是一種犧牲之愛的動人例子。

⑦ Quoted in David Van Biema, "Why Did Jesus Have to Die?" *Time,* April 12, 2004, p. 59.

⑧ John Stott, *The Cross of Christ*（Inter-Varsity Press, 1986）, p. 160.

⑨ JoAnne Terrell's story is recounted in Van Biema, "Why Did Jesus Have to Die?," p. 61. The John Stott quote is found on the same page.

⑩ N. T. Wright, *Simply Christian*（Harper, 2006）, p. 110.

⑪ Matthew 27:45–46.

⑫ 「福音書涵蓋了……一個包含了大部分其他故事本質的故事，但這個故事卻進入歷史與世界的大舞台。……這個〔他的〕故事是高超的；而且它是真實的。」J. R. R. Tolkien, "On Fairy Stories," in *The Tolkien Reader*（Del Rey, 1986）.

第十三章──復活的事實

① Bauckham, *Eyewitnesses,* p. 273.

② N. T. Wright, The Resurrection of the Son of God（Fortress, 2003）, p. 608.

③ Ibid., pp. 686, 688.

④ 在古代近東所有宗教中，人們常有宣告發現了「死而復活的神」這種觀念。是的，這樣的迷思是存在的，但是即便你假設耶穌的跟隨者，知道這些異教徒的傳說（這些故事一點都不確定），但包含異教、卻沒有人相信這種死而復活的事，會發生在一個人類的身上。詳見N. T. Wright, *Simply Christian,* p. 113, 以及他對死而復活之神的迷思，所做的深入研究成果 *Resurrection of the Son of God.*

⑤ Wright., *The Resurrection of the Son of God*（Fortress, 2003）, pp. 200–206.
⑥ Wright, *Who Was Jesus?*（Eerdmans, 1993）, p. 63.
⑦ Wright, *The Resurrection of the Son of God*（Fortress, 2003）, pp. 578–83.
⑧ Ibid., p. 552.
⑨ Ibid., p. 707 and n. 63.
⑩ N. T. Wright, *For All God's Worth: True Worship and the Calling of the Church*（Eerdmans, 1997）, pp. 65–66.

第十四章──上帝之舞

① Hilary of Poitiers, in *Concerning the Trinity*（3:1）, 稱：三位一體中的每一位「互相地包含了其他，所以每一位都永遠地包覆其他兩位、也被祂所包覆的其他兩位，所永遠地包覆。」See also Robert Letham on Tom Torrance: *The Holy Trinity: In Scripture, History, Theology, and Worship*（Presbyterian and Reformed, 2004）, pp. 265, 373.「『互滲互存』（Perichoresis）涉及到彼此相互的動作，以及相互的內住。正是因為有愛或愛之團契的永恆運動，這種狀態才會讓三一真神，持續存在。」
② Cornelius Plantinga, *Engaging God's World: A Christian Vision of Faith, Learning, and Living*（Eerdmans, 2002）.
③ C. S. Lewis, "The Good Infection," in *Mere Christianity*.
④ 在過去幾世紀，有很多思想家從三一真神的思想裡，導引出許多深刻的引申意涵。古代對於個體與多數的問題──從柏拉圖、亞里斯多德，一直到現代與後現代主義──曾經困惑了哲學家幾百年之久。難道群體合一比個體特異更重要嗎？還是反之為真？難道個體比群體更重要嗎？還是反之為真？難道整體巨觀比個體微觀及內容更重要嗎？還是反之為真？許多文化必須在絕對主義與相對主義之間、在個體主義與集體主義之間作取捨。但如果上帝是三位一體的，祂既是個體、也是整體，那三一哲學思想，就不該落入集體主義與個體主義連續帶的選擇中；既非個體、亦非家族/宗族，應該是社會的基本單位；既非絕對的律法主義、亦非相對主義，應該成為道德哲學的主幹。對於這些由三一論思想出發，所衍生出相當激勵人心的反思，可見於Colin Gunton, 特別是*The One, The Three, and the Many*（Bampton Lectures）（Cambridge University Prress, 1993）; *The Triune Creator: A Historical and Systematic Study*（Eerdmans, 1998）; and *The Promise of Trinitarian Theology*（T.

& T. Clark, 2004）.

⑤ 思考一下1994年，當鞭刑Michael Fay的爭議鬧得沸沸揚揚時，新加坡總理李光耀對西方記者說：「對我們在亞洲的人而言，一個人就好像一隻螞蟻，但對你們而言，他卻是上帝之子；這是一種讓人訝異的觀念。」引述自 Daniel C. Dennett, *Dwrwin's Dangerous Idea: Evolution and the Meaning of Life*（1995）, p. 474.

⑥ G. K. Chesterton, *Orthodoxy*（Dodd, Mead, 1959）, p. 245. Quoted in Rienstra, *So Much More,* p. 37.

⑦ 「於是，我們所看見的，是一個愛人上帝的圖像，即便在任何事物被創造以前，祂都是以他人為導向的。……在上帝的本性中，始終有一種以他人為導向的特質。……憑藉著上帝三位一體內部的愛，我們就是祂的朋友，因此祂在永恆的時間中所構思的救贖計畫，在我們的歷史時空中，得以在恰當的時機點，就這樣爆發。」D. A. Carson, *The Difficult Doctrine of the Love of God*（IVP/UK, 2000）, pp. 44-45.

⑧ George Marsden, *Jonathan Edwards: A Life*（Yale University Press, 2003）, pp. 462–63.

⑨ Rienstra, *So Much More,* p. 38.

⑩ C. S. Lewis, *The Problem of Pain*（Macmillan, 1961）, p. 140.

⑪ Vinoth Ramachandra, The Scandal of Jesus（IVP, 2001）.

⑫ C. S. Lewis, *The Last Battle*（Collier, 1970）, pp. 171, 184.

後記

① "Letter to Mr.–." *Flannery O'Connor: Collected Works*（Library of America, 1988）, p. 1148.

② "The Fiction Writer and His Country." *Flannery O'Connor: Collected Works*（Library of America, 1988）, pp. 804–805.

③ From a sermon by Dick Lucas, Matthew 11.

④ Quotes from "Revelation" in *Three by Flannery O'Connor*（Penguin, 1983）.

⑤ Joseph Epstein, "The Green Eyed Monster: Envy Is Nothing to Be Jealous Of," *Washington Monthly,* July/August 2003.

Road 003	
我為什麼相信？（暢銷封面版）	
作　者｜提摩太・凱勒	
譯　者｜趙郁文	
出版者｜大田出版有限公司	
台北市一○四四五中山北路二段二十六巷二號二樓	
E-mail｜titan@morningstar.com.tw　http://www.titan3.com.tw	
編輯部專線｜(02) 2562-1383　傳真：(02) 2581-8761	
【如果您對本書或本出版公司有任何意見，歡迎來電】	
總　編　輯｜莊培園	
副總編輯｜蔡鳳儀	
行政編輯｜鄭鈺澐	
校　　對｜趙郁文／蘇淑惠	
暢銷封面版｜二○二五年三月十二日　定價：三八○元	
二版一刷｜二○二五年四月十日	
網路書店｜http://www.morningstar.com.tw（晨星網路書店）	
TEL: (04) 23595819 FAX: (04) 23595493	
購書Email｜service@morningstar.com.tw	
郵政劃撥｜15060393（知己圖書股份有限公司）	
印　　刷｜上好印刷股份有限公司	
國際書碼｜978-986-179-930-8　CIP:242.9/114000064	

① 填回函雙重禮
② 立即送購書優惠券
　抽獎小禮物

國家圖書館出版品預行編目資料

我為什麼相信？／提摩太・凱勒著；趙郁文譯.
——初版——臺北市：大田，民 114.03
面；公分 .——（Road；003）

ISBN 978-986-179-930-8（平裝）

1. 護教

242.9　　　　　　　　　　　　114000064

Copyright © 2008 by Timothy Keller
This edition arranged with McCormick & Williams
through Andrew Nurnberg Associates International Limited.

版權所有　翻印必究
如有破損或裝訂錯誤，請寄回本公司更換
法律顧問：陳思成